「内なるグローバル化」による新成長戦略と商社

～世界人材・企業と拓く新生ジャパン

猿山純夫［監修］
日本貿易会
「内なるグローバル化と商社の役割」特別研究会［著］

70th SINCE 1947

文眞堂

はじめに

本書は、日本の立ち遅れが著しい「内なるグローバル化」についての議論を、商社という切り口を生かしてまとめたものである。だが、この内なるグローバル化という言葉は、分かりにくい、腹落ちしないとよく言われる。

言葉の詳細な説明や定義は本文に譲るが、この問題を意識するようになったきっかけの一つが、シリコンバレーでの経験である。商社人生の大半をＩＣＴ（情報通信技術）分野で過ごしてきたこともあり、いまだに年に1回は彼の地を訪れている。そこで感じる感覚こそが、「内なるグローバル化」そのものではないかと思っている。

すなわち、世界中の企業が進出し、世界中の優秀な人材がわれ先にと集まってくる。あらゆる人種、宗教、言語がそこには存在し、そこで活発に展開される議論、競争、協力、あるいは摩擦や葛藤までが、新たな知恵と技術を産み出していく。食うか食われるかの厳しい世界ではあるが、ここ20年以上、世界のＩＣＴをリードしてきたのは間違いなくシリコンバレーである。

同じこの期間、日本は停滞し、「失われた20年」などと形容されもした。進化を止め、世界の優れた企業や人材に背を向けて閉じこもる姿は、「ガラパゴス」などと揶揄《やゆ》された。その結果として内なるグローバル化はすっかり立ち遅れ、このままでは誰も日本に見向きもしなくなる、そういう瀬戸際まで来ているのである。

この間、政府も手をこまねいていたわけではなく、むしろ、小泉政権以降、対内投資誘致や高度外国人材の呼び込みに積極的に動いており、安倍政権においても法制度整備は加速している。企業もまた、努力を始めた。新興国経済の成長が加速して、海外から日本への輸入だけでなく、日本を介さない外国間の貿易、あるいは、海外に投資を行いそこで事業を展開するなど、商社ビジネスは近年、急速に国際化が進んでいる。そうした中で、外国人材を戦力化し幹部に登用するニーズもまた急速に高まってきたのである。

だが、こうした官民の試みは、着実に前進してはいるものの、その歩みは決して十分ではない。それどころか、国際的な投資獲得競争、人材獲得競争が激化する中では、少しでも油断をすれば、他国との差が一層開いていってしまう恐れすらある。

日本貿易会では、こうした危機意識、問題意識に基づいて2015年より特別研究会を立ち上げて、「内なるグローバル化」推進に向けた課題と、商社業界の実情や役割について議論を重ねてきた。政府は入国管理など法制度の改善を通じて外国企業や外国人材が入りやすくすることはできるが、入ってきた企業と取引し、外国人材を雇用するのは民間企業である。そして、その結果、民間企業にとってメリットがあると判断しなければ、受け入れは進まない。法制度の問題だけではなく、企業活動の中にも、内なるグローバル化推進を阻む障害はある。

では、実際、民間企業――商社では、外国人材の活用について、どのような取り組みを進め、どのような課題にぶつかっているのか。その課題解消のために、どのような努力をしているのか。また、対内投資案件では、商社はどのようなケースで、外国企業との間にＷＩＮ－ＷＩＮのビジネスモデルを作ることができたのか。国際交流や日本のＰＲでの貢献はどうか。研究会では、マクロ経済面や法制度問題に加えて、こうした「企業目線」での検討も進めた。

内なるグローバル化問題に企業の現場からアプローチした議論は、意外と少ないのではないかと思う。この試みが果たしてどれほど成功したのか、その評価は読者諸氏にお任せするとしても、本書が日本の内なるグローバル化推進に少しでも貢献でき、その結果、日本が世界中から企業や人材の集まってくる、活力あふれる場所となることを願っている。

２０１７年10月

一般社団法人日本貿易会 会長　小林栄三

目　次

第2章　海外からの人の受け入れ

第1章

「内なるグローバル化」とは何か——世界の知恵と活力を日本に

グローバル化。多くの日本企業にとってこの言葉は、海外を「市場」と考え、輸出や投資の形で成果を上げるため、国内から海外へと人や組織を配置・整備することを指す場合が多かったはずだ。内から外へのグローバル化だ。ところが、気付いてみると海外の人や企業を国内に呼び込む逆方向の流れが細いままだ。21世紀になって明確になっているのは、経済成長のフロンティアが新興国や一部のIT（情報技術）企業などに移っていることだ。成長の中心が先進国や工業製品であるうちは、日本の製品・生産手法を内から外へと広げる手法が有効だった。しかし、日本人がこれまでの日本流を続けるだけでは、成長から取り残される恐れが強くなっている。新時代に日本が活力を保つには、海外の知恵や発想、それを体現する人や企業を国内に招き寄せる「内なるグローバル化」が重要になっている。内と外、二つのグローバル化を点検し、なぜ日本企業や市場の変革を図る内なるグローバル化が必要なのかを考える。

1節　一方向だったグローバル化——外からの人材・企業　なお低調

まず外向きと内向き、それぞれのグローバル化を振り返ろう。数字を追うと、外へのグローバル化がさらに進展している一方、国内への人や投資の流れが低調という対照的な姿が見えてくる。日本は人口減少が始まり成長市場との期待が描けないことや、企業のコストを高める規制や慣行が、日本にヒトとカネを引き寄せる磁力を弱めている。

1．「外」へのグローバル化は進展

(1) 日本の直接投資　対外に偏る

企業が国境を越えて外国に投資するのが直接投資だ。生産・物流拠点の設置や、既存企業を対象とした買収・出資などがこれに当たる。主要国の対外投資と対内投資の残高を、国内総生産（GDP）比で見たのが図表1－1－1だ。企業投資という「カネ」の視点からグローバル化の度合いを見たものと言える。横軸に対外投資、縦軸に対内投資をとっている。1990年から15年まで5年おきに六つの点をプロットしている。二つがバランスしていれば、45度線近くにデータが分布し、右上に行くほど対内・対外二つの流れがGDP比で深まっていること

図表 1-1-1　出て行くばかりだった直接投資

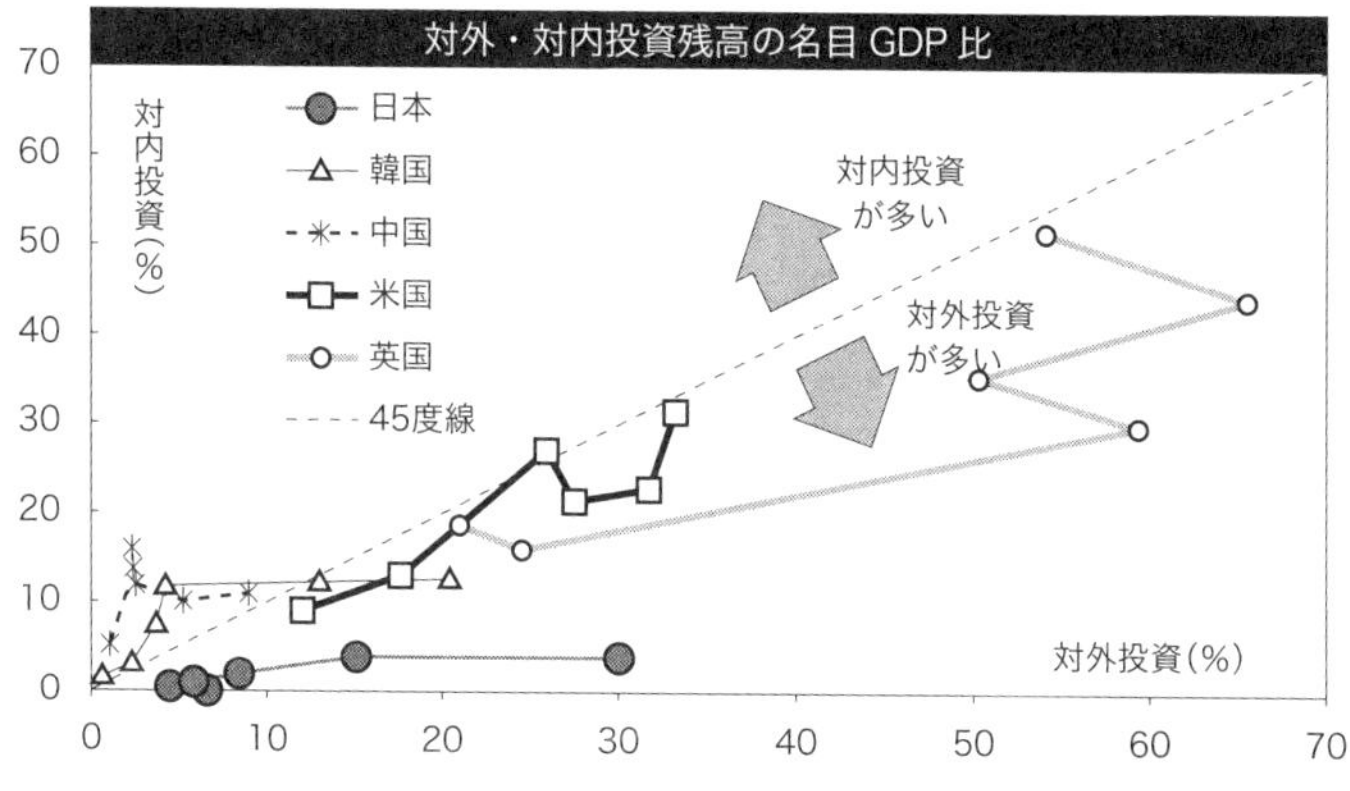

(注) 原点に近い方から 1990 ～ 2015 年まで 5 年おきの値
(資料) UNCTAD 統計から作成

を表す。

図からは二つのことがわかる。一つは日本だけ分布の位置が45度線から外れていることだ。他の国は外向きと内向きがほぼ釣り合っているのに対し、日本だけ横軸に接近している。対外投資は伸ばしたが、対内投資が他の国に比べて著しく小さい。日本の直接投資が対外に偏重していることがわかる。対内投資のＧＤＰ比率は、経済協力開発機構（ＯＥＣＤ）加盟国中、最下位だ。

もう一つは、日本の外へのグローバル化がこの10年（２００５年から15年）に加速していることだ。対内投資もわずかに増えているが、対外の伸びが格段に大きい。

日中韓３カ国を見ると、中国が足元では対外投資を増やしているが、積極的に対内投資を取り入れてきたこと、韓国は日中の中間に位置しており、以前は投資の受け入れ国だったのが徐々に出し手側に回っていることもわかる。米英というグローバル化の先進国は対内、対外共に深化の度合いが高い。

(2)　成長市場求め、中小企業も外へ

なぜ、なお外への投資が加速しているのか。一つは海外市場の成長が見込めるからだ。経済産業省の「海外事業活動基本調査」で対外投資をした企業に、何が投資のポイントだったかを聞いたのが図表１－１－２だ。

２００４年には「良質で安価な労働力が確保できる」という海外生産のコスト面での利点を挙げる回答が比較的多かった。その回答が10年後の14年には半減し、代わりに海外需要への期待を理由としたものが増えている。現地ないし近隣国での需要が旺盛またはその拡大が見込めるからと答えた企業の割合は、04年の34％から14年には50％まで高まっている。

外への投資が増えているもう一つの理由は、企業の裾野が広がっていることだ。同調査の対象企業のうち、その年に対外投資をした企業数は、04年から14年にかけて４割増えた。総務省「経済センサス」などから、海外子会社のある企業数を算出してみると、従業員規模で１００～２９９人といった中堅企業が数では最も多く、年とともに増える傾向がある。組み立てメーカーの現地進出に合わせ、部品メーカーなどのサプライヤーが歩調を合わせて出て

図表 1-1-2　投資の目的　コストから現地需要へ

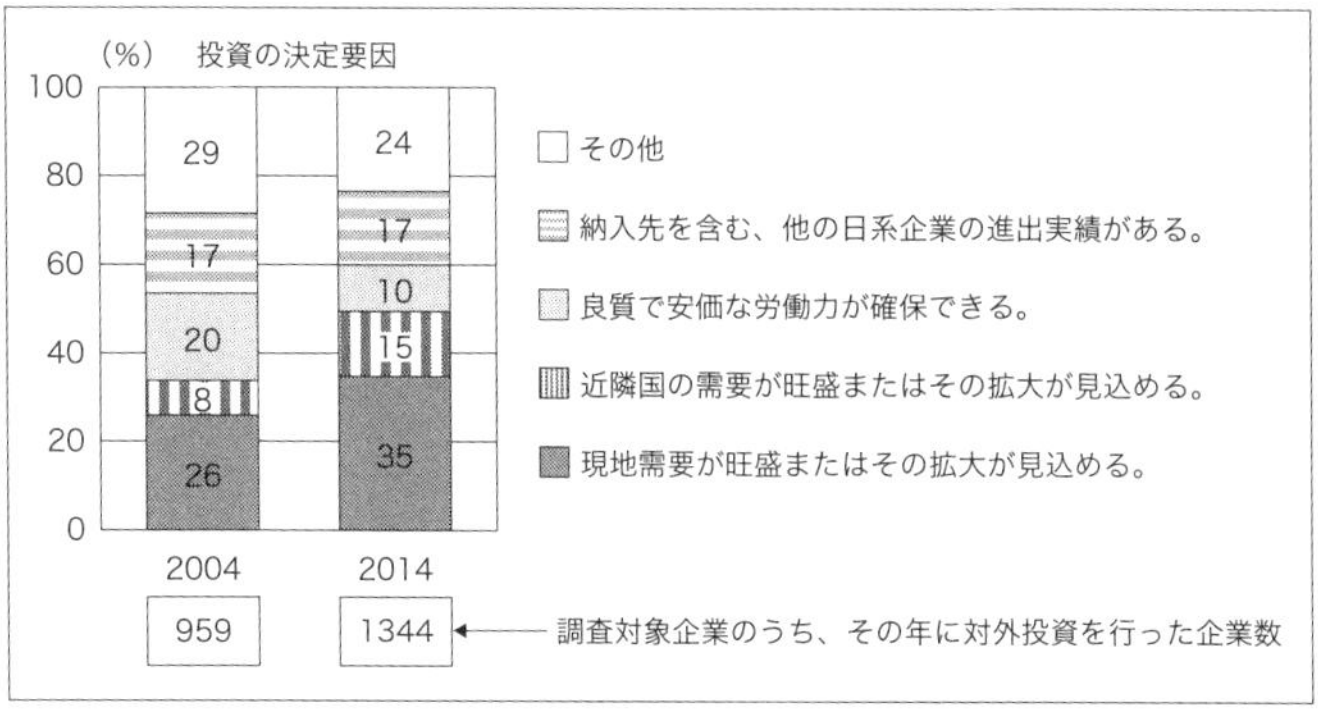

（注）複数回答（この他の選択肢もある）を合計が100となるように再集計している

（資料）経済産業省「海外事業活動基本調査」

行くという例も多く、中堅・中小企業の対外投資も増えている。

2. 外国企業・人材が素通り

(1) 外国企業の上場　風前のともしび

対内直接投資ではないが、国内での外国企業の存在感を象徴するのが、国内の証券市場に上場する外国企業の数だ。株式市場が活況に湧いたバブル経済期の1990年末には120社を超えていたのが、その後減り続け、16年末にはわずか6社になった。

上場を維持するにはコストがかかる一方、東京市場は取引が薄く、資金が集まりにくいという。東証（現在の日本取引所グループ）は10年秋に、上場審査にかかわる手続きを英語化するなどの改革提言を打ち出したが、退潮は止められていない。アジアで外国企業の上場数を見ると、シンガポールが圧倒しており、東京は台湾、韓国、香港などを下回る状況だ（図表1－1－3）。

図表 1-1-3　外国企業の上場数　退潮続く

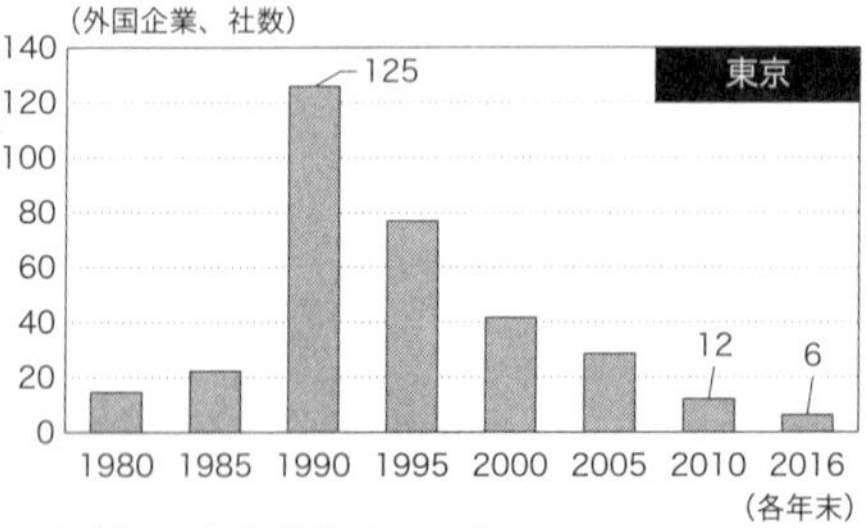

市場	外国企業数
シンガポール	315
台湾	20
韓国	16
香港	14
東京	12

(2010年9月末時点)

(資料) 日本取引所グループ

(2) 外国人比率、OECDで最下位圏

人の動きはどうか。外務省の統計によると、海外に在留する日本人（在外公館に在留届を出している日本人を指し、旅行などの短期滞在者を除く）は2015年で131万人と、00年から6割増えた。在留先から永住権を得ている永住者を除いた滞在者の5割以上を民間企業関係が占めており、海外事業所への赴任や長期出張といった目的での外国滞在が増えていることがうかがえる。

これに対し、日本に在留する外国人数は緩やかに増えているものの、15年末で217万人と00年比26％増にとどまっている。数の上では、海外にいる日本人よりも多いが、人口に占める外国人の比率で見ると、日本における外国人の少なさがわかる。同比率はOECD加盟国の平均が13％なのに対し、日本は2％に満たない（図表1－1－4）。人の流れも、外向きが優勢であり、「内なるグローバル化」の余地が大きいことがわかる。

図表 1-1-4　人口に占める外国人の比率

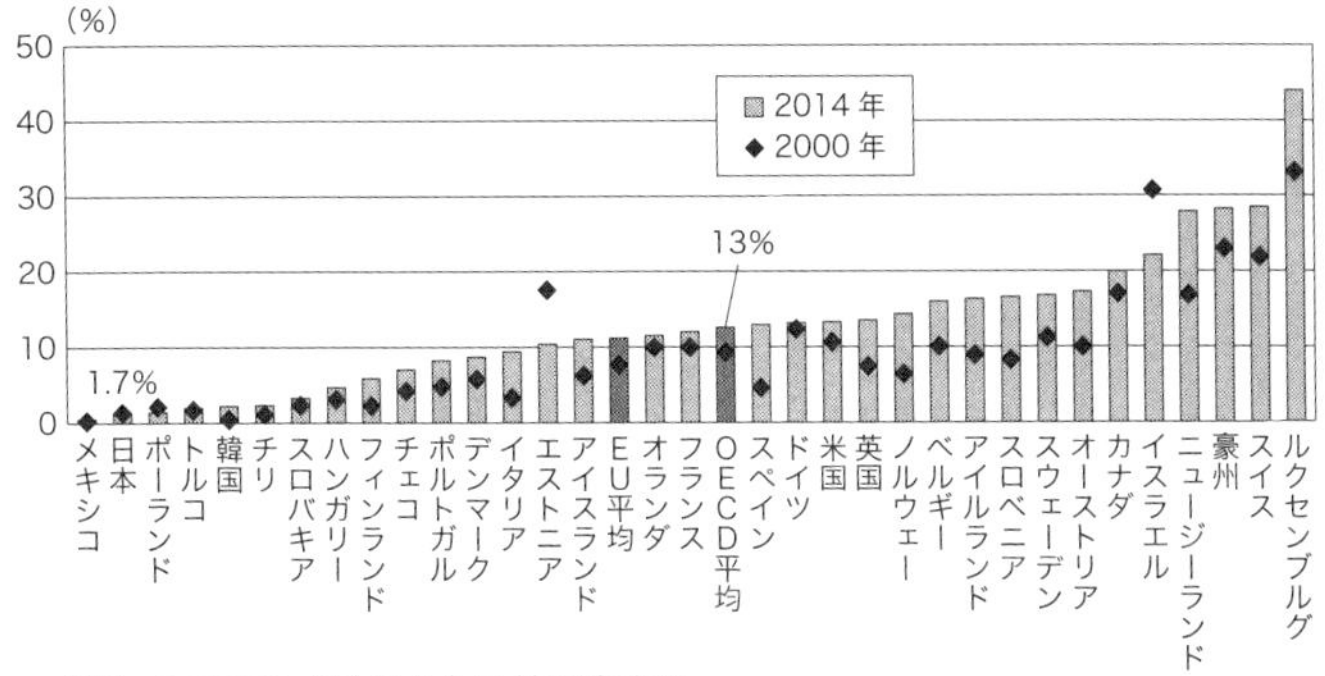

(注) ここでの「外国人」は外国生まれ
(資料) OECD, “International Migration Outlook”

(3) 慣行や規制が参入を阻害

日本は、対内投資のGDP比率でも、人口に占める外国人比率でもOECDで最下位圏だ。外国人材や外国企業の投資が日本をいわば素通りするのはなぜだろうか。第2章と第3章でこの問題を改めて考えるが、ここでは三つの点を指摘しておこう。

第一に、人の面で言えば、日本的な文化・慣行が壁になっていることだ。端的な例が雇用制度だ。就職先として日本企業を考える外国人がいたとしよう。彼・彼女はどう考えるか。自分の専門性を前提にどんな仕事をし、どんなポジションに就くのかを、就職に先立ち雇用契約に盛り込もうとする。いわゆるジョブ・ディスクリプション（職務契約書）だ。職務が達成できれば、昇進や昇給は当たり前と考える。しかも、一つの企業に長くいることは、想定していない。意欲があり能力のある人ほど、数年で職や地域を変えながらステップアップしようとする。

こうしたキャリア観は日本型雇用となじみにくい。終身雇用を前提に、まずは経験を積みながら、与えられた仕事やポストを引き受けるのが日本的な働き方だ。外国人には、非常に無限定で曖昧なものに映るはずだ。政府は専門性に優れる外国の高度人材を、ビザ発給や永住権の取得条件を緩和して集める意向だが、彼らが快く力を発揮できる場が日本国内には乏しい可能性がある。

第二に、投資の面で言えば、日本が必ずしも企業活動のしやすい市場と見られていないことだ。法人税は近年の改正で2016年度にようやく30％を切った。しかし、日本が立地獲得を競うアジア諸国は20％前後から25％程度までの国が多い。企業を自国に誘うため、各国の法人税率はどんどん下がっている。日本がこれで引き下げを打ち止めにすれば、また後れをとる。

手続きや規制などの面からビジネスのしやすさを指標化した世界銀行のビジネス環境ランキングの２０１７年版では、日本は世界で34位にとどまった。「起業のしやすさ」や「資金調達」「税の支払い」「建設許可の取りやすさ」などの順位が特に低い。安倍政権は日本の順位を「20年までに先進国中3位以内」にする目標を掲げているが、ＯＥＣＤ加盟国でも23位にとどまる。経済産業省や日本貿易振興機構（ジェトロ）が、制度や手続き面での利便性を高める対応を重ねているものの、まだ改革の余地がある。

第三に、人口が減り市場の拡大が見込みにくい国は投資を引き付けにくいことだ。これは日本企業が外に出て行く動機の裏返しだ。外国企業の上場数が減っている背景にも、同じ理由があるだろう。人口減が当面避けられないとすれば、それを踏まえてなお日本という国・市場の魅力を高めることが重要になる。

2節　なぜ「内なるグローバル化」が必要か――革新促し　豊かさ引き寄せる

国を開き、多様な人材・企業を招き入れる「内なるグローバル化」がなぜ望ましいのかを考えよう。キーワードは、新しい発想や事業モデルを携えた企業が古いものに取って代わる「創造的な破壊」だ。それを促進することが、結果として人々の利便性を高め、豊かさを引き寄せる。特に今の時代は新しいアイデアが新興国や海外のＩＴ企業から生まれることが多い。内なるグローバル化が従来にも増して重要になっている。

1. 開放度が経済成長を左右

(1) 創造的破壊で経済が進化

やや遠回りだが、経済成長とは何かから考えよう。消費や投資といった需要が増えれば、国内総生産（ＧＤＰ）が増える。そんな説明を耳にすることが多い。しかし、長い目で見ると、売れるものをどう生み出すか、供給側の進化が欠かせない。

小売業を例に考える。地方の駅前商店街に店を構える商店があったとしよう。商店が所得を生み出すには、店舗という資本（設備）とそこで働く労働力が必要だ。同じ資本と労働の量を使っても、販促策を含めた営業力や、商店の信用といったブランドで収益には差がでるだろう。事業の生産性（効率性）には違いが生まれる（図表１－２－１）。

図表 1-2-1　所得と生産性の関係

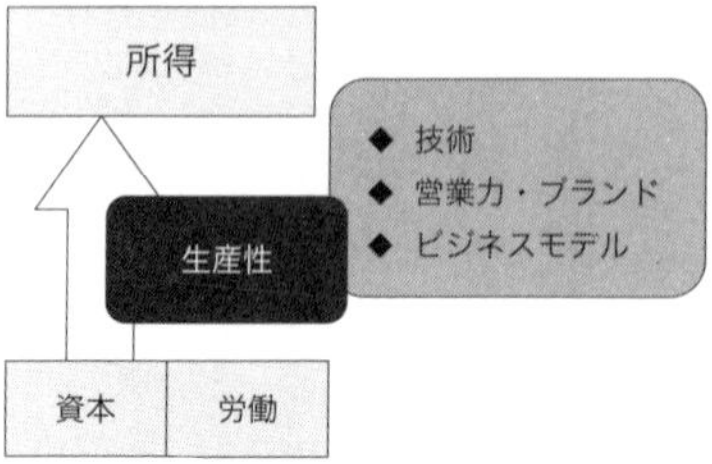

ここで郊外に大型店、街角にコンビニエンスストアが進出してきたとする。大型店はモータリゼーションの波をとらえて広域から集客、コンビニは利便性で消費者を引き付ける。大型店やコンビニは、新しい事業モデル（技術）を携えて市場に参入し、より高い生産性を実現する。消費者は自分の満足度がより高まる新しい事業者を支持する。これが新しいものが古いものに取って代わる創造的破壊だ。

しかし、大型店も安閑としてはいられない。ユニクロのような製造工程にも関与して商品を投入する事業者（SPA＝製造小売業）が現れ、インターネット通販も消費者の財布を狙う。コンビニも、いれ立てコーヒーを売り始めたり、各種手続きを代行したりするなどして、客の呼び込みを図る。経済成長とは創意工夫でニーズをつかむ競争だ。

労働を設備で置き換える機械化によっても経済成長は可能だ。しかし、最も重要なのが生産性の向上だ。長期間の統計データや、先進国・途上国の差を見ると、所得水準の差の多くを生産性が説明している。ノーベル経済学賞を受賞した米国の経済学者、ポール・クルーグマンは「生産性はすべてではないが、長期ではほとんどすべてだ」[(1)]と語る。

（1）"The Age of Diminished Expectations", MIT Press, 1994.

(2) 開放度高いほど所得が高い

では、生産性はどうしたら伸びるのか。研究開発を増やす、ITを導入するといった答えが思い浮かぶ。それも一つの要素だが、経済学の研究でわかってきたのは、制度条件が重要という点だ。ここでいう制度は、普段使う制度という言葉とはちょっと違う。例えば、法に沿って紛争が解決されるとか、官僚の汚職がない、女性の権利が保障されているなど、社会を土台から規定するより広い枠組みやルールを指す。

制度が重要なのは、制度の質が高いほど、人々が切磋琢磨《せっさたくま》し、成功に向けた努力を惜しまないようになるからだ。研究開発やIT導入は努力の一形態だ。例えば、専制政治家が勝手にルールを変えたり、経済性より縁故や権力が幅を利かせたりするようでは、人々は努力しても

図表 1-2-2　市場開放度とは

貿易自由度 ①関税の高さ ②非関税障壁	100 点満点	市場開放度 3 項目の平均
投資自由度 ①対内投資の内国民待遇 ②対内投資規制の曖昧さや煩雑さ ③土地の保有規制 ④投資分野の規制 ⑤正当な対価のない国家収用 ⑥外為取引の規制 ⑦資本取引の規制	100 点満点 各項目の規制の強さを考慮して減点していく	
金融自由度 ①金融取引の規制 ②銀行や金融サービスへの政府介入 ③金融・資本市場の発展度合い ④信用供与に関する政府の介入度合い ⑤海外との競争	同上	

（資料）米国ヘリテージ財団「経済自由度指数」より

無駄だと思ってしまう。

制度条件の中で重要なものの一つが「開放度」だ。海外からのヒト、モノ、カネ、アイデアの受け入れに障壁を設けていないほど、開放度は高い。先進国では政治の質にはあまり差がなく、開放度が経済成長の鍵を握ることが多い。

日本経済研究センターは、2014年に公表した長期予測で、制度条件をもとにした50年の未来図を描いた。そこで用いた「市場開放度」が図表1－2－2だ。米国ヘリテージ財団が細かな評価項目をもとに数値化したもので、貿易、投資、金融、3側面から見た経済活動の自由度や内外障壁の低さを表している。

市場開放度と1人当たり所得（国民総所得）の関係を2010年時点で見たのが図表1－2－3だ。世界の主要24カ国をプロットしている。右寄りに行くほど市場開放度が高く、上に行くほど1人当たり所得が高く国民が豊かであることを示す。このグラフから二つのことがわかる。

図表1-2-3　市場開放度と1人当たり所得（豊かさ）の関係

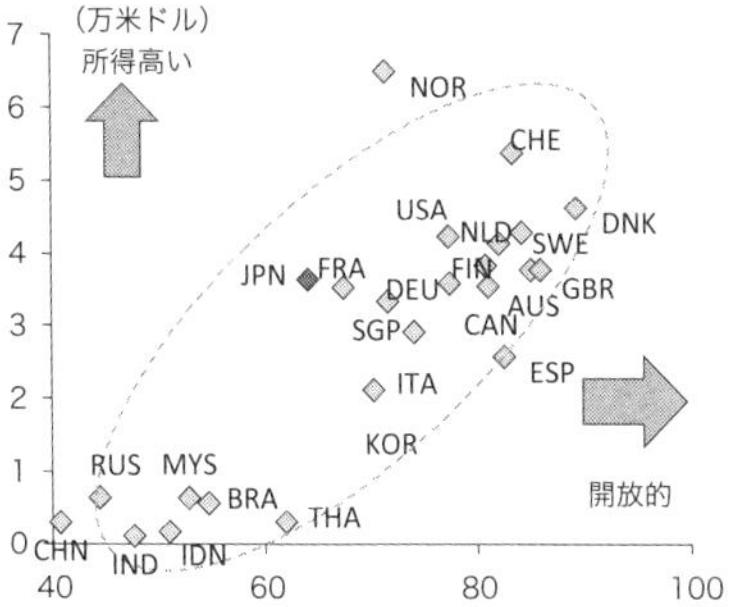

国	記号	国	記号
米国	USA	ロシア	RUS
カナダ	CAN	ドイツ	DEU
ブラジル	BRA	英国	GBR
日本	JPN	フランス	FRA
中国	CHN	オランダ	NLD
韓国	KOR	スイス	CHE
インドネシア	IDN	イタリア	ITA
タイ	THA	スペイン	ESP
マレーシア	MYS	スウェーデン	SWE
シンガポール	SGP	デンマーク	DNK
インド	IND	ノルウェー	NOR
豪州	AUS	フィンランド	FIN

（注）2010年の値。主な24カ国を抽出。縦軸は1人当たりGDP
（資料）米国ヘリテージ財団

一つは、開放度が高いほど、所得水準も高いという右上がりの関係があることだ。右上には、スイスや英国、デンマークやスウェーデンといった欧州諸国が並び、逆に中国、インド、ブラジルといった新興国は左下に集中している。

もう一つは日本の開放度が先進国では下位に位置することだ。日本は貿易の自由度は高いが、投資や金融の自由度が低い。ヘリテージ財団は細かな根拠を明らかにしていないが、日本では、電子部品メーカーやインフラ（電力・空港）分野への外国資本の出資・買収をそれが表面化した後になって、政府や官製ファンドが阻止してしまう例があった。外国企業から見ると、投資ルールが不透明で、ビジネスの不確実性が高い国と見られている可能性がある。金融の自由度が低いのは、公的金融の比重が大きいことや、中小企業の金融面から保護が厚いことが理由として考えられる。

(3)　市場閉ざせば衰退へ

開放度が高いほど、新しい試みが起きやすいことを、小売業の例に即して考えてみよう。例えば、ユニクロは流通業の枠にとどまらず、外国の労働力を製造工程に動員している。アマゾンも米国で蓄え培った資本・技術を持ち込み、日本のネット通販市場をリードしている。どちらも、日本の消費者に大きな恩恵・利便性をもたらしている。国を閉ざしていたら、どちらも実現しなかったはずだ。

障壁を設けている産業もある。農業、特にコメが典型だ。高い関税で輸入品が流れ込むのを阻止し、企業による参入にもさまざまな制限を設けてきた。また、価格を下支えするために、事業者（農家）には生産量を減らすこと（減反）を求めてきた。零細な農家を守ろうとして、自由な試みに待ったをかけてきたのである。これが意欲ある事業者の意欲をそぐことは容易に想像できる。農業は政治を動員し、前向きな努力にブレーキをかける「制度」を築いた。重要なのは、こうした保護や規制は一時の安定をもたらすものの、長い目で見た市場の活力を奪うことだ。農業を志す若者や企業が減り、後継者難から農地も荒れるなど、産業としての存続も危うくなっている。

(4) 日本の三つの未来

市場の開放を進めた場合と閉ざした場合で、将来はどう変わるのか、日本経済研究センターの試算を紹介しよう。三つのケースを考える。一つは現状維持型のシナリオ（停滞シナリオ）だ。開放度は横ばいと想定する。これに対し、経済統合を加速するなどして、２０５０年に先進国平均まで開放度が高まるケース（成長シナリオ）を考える。

制度条件としては、開放度の他に「女性登用」「労働自由度」も織り込む。女性登用は、政治や経済活動への女性参加度を指数化したもの、労働自由度は労働時間や解雇、最低賃金に関わる規制が緩いほど数値が高くなる指数だ。成長シナリオでは女性登用がオランダ並みに進むこと（同国はフルタイムと短時間労働者の賃金・社会保障面での均等処遇を実現しているほか、出産・育児期の離職が少ない）、労働自由度が米国並みになることをあわせて想定する。逆に、三つ目の破綻シナリオでは、これまで緩やかに上昇してきた女性登用や労働自由度の指数の改善も止まることを想定する（図表１－２－４）。

これらの前提で試算すると、停滞シナリオでは日本の１人当たり国民総所得は緩やかに増え、２０１０年の４・２万米ドル

図表 1-2-4　日本の３つの未来

１人当たり国民総所得の予測

（万米ドル）

順位	2010年		順位	2050年	
1	ノルウェー	8.7	1	ノルウェー	15.4
2	スイス	7.4	2	スイス	12.2
3	デンマーク	6.0	3	日本（成長）	9.0
4	スウェーデン	5.1	4	スウェーデン	8.7
5	米国	4.9	5	カナダ	8.7
6	オランダ	4.9	6	米国	8.7
7	フィンランド	4.7	7	豪州	8.5
8	オーストリア	4.7	8	デンマーク	7.9
9	豪州	4.6	9	シンガポール	7.7
10	ベルギー	4.6	10	オーストリア	7.3
11	ドイツ	4.3	11	フィンランド	7.2
12	カナダ	4.3	12	ベルギー	7.0
13	アイルランド	4.3	13	フランス	6.8
14	シンガポール	4.3	14	オランダ	6.7
15	フランス	4.2	15	イスラエル	6.5
16	日本	4.2		：	
	：		18	日本（停滞）	5.7
	：			：	
	：		23	日本（破綻）	4.0

前提条件

	制度条件		
	市場開放度	女性登用	労働自由度
成長シナリオ	経済統合を加速 2050年に先進国平均に	オランダ並みに登用進む	米国並みに
停滞シナリオ	横ばい	上昇傾向	上昇傾向
破綻シナリオ	横ばい	横ばい	横ばい

（資料）日本経済研究センター（2014）の長期予測による

から50年には5・7万米ドルになる。女性登用や労働自由度が従来からの傾向に沿い改善するためだ。ただし、世界での順位は10年の16位から18位に後退する。

これに対し、開放度の上昇を織り込んだ成長シナリオでは50年の同所得は9・0万米ドルと10年から倍増し、世界3位に躍進する。破綻シナリオでは、逆に同所得が減り世界23位に沈む。生活水準が下がる中で、負担増を求める増税などが難しくなり、財政破綻と背中合わせになる。

試算で用いた開放度と、本書が主にテーマとする外国人材・企業の活躍は直接重ならない部分もあるが、積極的に外国からモノやカネを取り入れ、切磋琢磨《せっさたくま》・融合する環境を作ることが、長い目で見て経済成長を促し、豊かさをもたらすことがわかる。

2. 多様性がイノベーションを誘発

(1) 同質な集団からはアイデア生まれず

外国の人・企業は日本という均一な社会に、異質なものや新しいものをもたらしてくれる。さらに一歩進めると、単に国内と外国という二分法ではなく、より多様なものが交わることが望ましいという考え方もできる。

都市や地域と経済活動の相互関係を研究する「空間経済学」の第一人者である甲南大学の藤田昌久・特別客員教授（前・経済産業研究所長）は、新しい知識の創造には多様性が欠かせないと説く。[2] 同じ地域に住み同じ言葉を持っていると、意思疎通は楽だ。移動や翻訳はいらず、習慣の違いで手間取ることもない。集団の中で「共有知識」を増やし、独自の文化を築くことができる。しかし、その状態を続けていると、やがて「共有知識」の成長が止まってしまう。同質の集団からは新しいアイデアが生まれないからだ。互いに差異化された知識を持った人材が集まることで、新しい知恵が生まれることを、「3人寄れば文殊の知恵」ということわざになぞらえて説明する。

(2) 日本の組織　イノベーションに不向き

多様性の必要性を説く声は実務家からも聞こえてくる。米国で「日本のビル・ゲイツ」とも呼ばれた齋藤ウィリアム浩幸氏がその一人だ。同氏は米国生まれの日系人企業家で、独自の生体認証システム技術などを開発、最近では起業やITビジネスのコンサルタントとしても活動する。同氏は、日本の組織は多様性が欠けていると指摘する。同質化した集団はキャッチアップには向いているが、イノベーションで戦う今のグローバルな世界には向いていないと、日本の企業や組織に警鐘を鳴らす。[3]

多様性がイノベーション促進に有効であることを実証した研究もある。データの制約からいずれも海外の事例だが、例えばデンマークでは、従業員の多様性が増すほど（出身国、言語、教育水準などで区別)、特許出願の回数が多く、出願する技術分野も多岐にわたる傾向があった。[4] また、英国では外国人が経営に参加している企業ほど、新しい製品を生み出す傾向が確認されている。[5]

(3) 新たな商機も拓く

外国人は出身国と日本との橋渡し役にもなる。日本企業は先進国に工業製品を売り込むことについては、一定の成果を収めてきた。しかし、相手が新興国であったり、売る対象がサービスになったりすると、言葉や習慣、制度の壁が大きくなることが予想される。それぞれの国の実情を知る外国人の登用は、日本企業の海外での新たな商機開拓に寄与するはずだ。

英国では、外国人が多く集まる地域の企業ほど、彼らの母国へのサービス輸出を増やす傾向があったという。[6] 特に、法律、会計、不動産管理など制度知識が必要なサービスや、人材仲介、コンサルティング、広報、広告、放送、出版、市場調査、娯楽サービスといった言語や人材に関わ

(2) 藤田・バリアント(2011)。
(3) 齋藤(2012)。
(4) Parrotta, Pozzoli and Mariola (2012).
(5) Lee (2012).
(6) Ottaviano, Peri and Wright (2015).

るサービスでその傾向が強かった。日本では、外国からの高度人材が増えると、その国から日本への対内直接投資が増える傾向があったとする研究も報告されている。(7) 外国人が国内で活躍する内なるグローバル化が、外へのグローバル化を後押しする効果も期待できそうだ。

3. 日本は開国堅持を――米英は「反統合」へ一歩

(1) 保護主義は誰の得にもならず

世界ではグローバル化（統合）に待ったをかける動きがある。例えば、英国は欧州連合（EU）からの離脱を選び、米国は保護主義を前面に掲げるトランプ氏を大統領に選んだ。こうした中にあっても、日本はさらに国を開くべきと言えるのだろうか。

第一に、世界から孤立し保護主義を強めることは、誰の得にもならないことだ。関税引き上げなどの輸入障壁を設ければ、海外の安価で優れた商品が利用できず、国全体が貧しくなる。こちらが関税を上げれば、相手も上げるという報復合戦が起き、世界全体が縮小均衡に陥る。移民の拒絶は、イノベーションの枯渇につながる恐れもある。日本の農業の例で述べたように、弱い産業を保護しても、結局衰退を止められないことが多い。

第二に重要なのは、国を開きつつ、グローバル化が生み出す痛みや格差を和らげる対策を講じることだ。グローバル化は大きな経済的利益を生む一方、勝者と敗者を作り出す。反グローバル化の根にあるのは、国全体としての果実が広い階層に届いていないことだ。成長分野へのシフトが円滑に進むよう、職業訓練や学び直しの機会を充実すること、労働市場の流動性を高めることなどが重要だ。特に教育の充実は、格差が世代を超えて連鎖しないよう、機会の平等を確保する上で重要だ。

(2) 内なるグローバル化、着実に

第三に、日本はまだ内なるグローバル化の最後尾におり、その副作用を心配する段階にないことだ。反グローバル化に動いたのは、米国と英国というグローバル化の先頭を歩く2国だ。英国は「ウィンブルドン現象」と言われるように、外国人を積極的に受け入れ、金融センターの地位を高めた。米国は、積極的な起業の一翼を外国出身者が担い、IT分野を中心に成長産業を生み出した。グローバル化が一面で成功したために、格差が際立つ結果になった。日本はむしろ横並びの行き過ぎが、外国の高度人材から敬遠されているのが現状だ。日本は開国を堅持し、彼らが働きたい場所になるような環境整備を積み重ねるべきだ。

(7) Tomohara (2015).

留学生受け入れの現状と課題：先進大学としての振り返り

立命館アジア太平洋大学 教授・入学部 部長　近藤祐一

1．APUの受け入れの現状

立命館アジア太平洋大学（APU）は2000年大分県別府市に県・市の協力の下に開学した。開学時の設計から国際的な大学教育を目指し、3項目から成る「50の目標」を立てた。学生の50％は最低50カ国・地域から招き、教員の50％も外国籍の教員とし、多文化教育環境を構築するという当時としては画期的な構想であった。そのために授業料減免制度、合格通知送付時に授業料減免額の提示、入学前に日本語の要件を課さない、全ての授業を英語と日本語で開講、初年次国際生（APUでは留学生とは呼ばない）全員を学内宿舎収容、キャンパス全体での日英2言語サービス等の諸策を実施した。現在ではどの50も達成しており、2014年に選出されたスーパーグローバル大学創成支援においては新たに四つの100を目指し、大学のさらなる国際化を図っている。

APUの留学生受け入れ状況であるが2017年5月1日現在、APUの総学生数は5887人であり、国際生が2947人（約50％）となっている。この中で学士号取得課程在籍国際生は2669人である。近年、学生に多様性のある教育を提供するために、入試戦略として東アジアではなく、他の地域（例えばＡＳＥＡＮ諸国出身１２１４人）において積極的に学生募集を行い、次のターゲットとして南アジア（現在３０５人）、およびアフリカで展開を行っている。海外でのＡＰＵのブランドがある程度浸透してきており、安定的に国際生の募集を行うことが可能となった。

ＡＰＵの教育の根源は国際生と国内生の協働であり、開学準備時からかなりのリソースをかけて受け入れシステムを構築し、運用してきた。入学担当の部署では国内入試とほぼ同数の職員が国際入試に関わっている。また海外での「事務所」（国により設置方法が違う）を現在7カ所設置している。入試は書類審査と面接により行っている。国際生は授業言語を日本語または英語から選択するが、入学生の多くは英語による入学で、入学後に集中日本語教育を卒業要件の一部として履修する。受験生には合否情報とともに学費減免額の通知と、キャンパス内の宿舎への入寮許可が送付される。

さらに事務所設置国を中心に大学説明会、入学手続き説明会を行うとともに「ドブ板営業」も行っており、筆者も入学部長として多い時で年に50校程度を訪問、３０００人以上の高校生に直接ＡＰＵの魅力を訴えている。また開学以来１３５カ国・地域から学生を受け入れており、力強いサポーターとして現地広報に卒業生の協力を得ている。

2. APUの受け入れの課題

円高や東日本大震災、数々の世界的な危機を乗り越えながら国際生募集を行ってきたが、幾つか大きな課題もある。第一に国内大学との海外での国際生獲得競争であり、さらに海外の大学との競争である。多くの国内の大学は大学院生募集が主であり、競合はないが、幾つかの国内大学で学部での国際プログラム展開が進んでおり、シビアな競争が起きている。これよりも脅威なのが、欧米、オセアニア、中国、台湾、シンガポールの大学との競争である。留学生を伝統的に多く受け入れ、入試や教育の面で圧倒的な強さを誇る欧米・オセアニア、安価な学費と言語でマーケット力がある中台の大学、アジアでランキングナンバーワンのシンガポール等の大学との競争は避けられず、それらの大学との直接対決は避けられない。ある国ではAPUとの併願校は東京大学ではなく、それよりも格上のシンガポール国立大学や北京大学である。

第二の課題は人的なつながりである。入学に関わる業務は多くのステークホルダーとの関係を時間をかけて構築するもので、担当が変わった途端積み上げたものが瓦解《がかい》するケースもある。小規模のAPUが人的・予算的なリソースの配分をどこまで継続できるかが課題となる。前述した海外の競争相手校は多大なリソース投下を行っており、ここで手を緩めるわけにはいかない。

国際生の受け入れには入試システムと同時にキャンパスのインフラも整備する必要がある。APUは開学当初から国際生比率、2言語対応を念頭に設計されてきたが、最大の課題は大学教育の質の向上である。英語で授業を開講している限り、前述の通り比較先は他の日本の大学ではない。教育の質を高める欧米の教育方法の積極導入、また国際経営学部が挑戦しているAACSB認証による世界的なスタンダードの導入など、これまでの大学の教育に関する概念を突き破る改革が求められている。これにはコストと時間との競争ではあるが、5年以内には成果を挙げることが期待されている。

3. これからの施策

ＡＰＵのこれまでの経験から国際生の受け入れ施策について考察したい。重要なのは教育の質とシステムを「グローバルスタンダード」に合わせることである。留学生の増加、英語コースの設置、９月入学制度導入などが他大学で行われている。それらは表層的な改革であり、大学教育の中身についての根本的な改革は行われていない。学部教育の目的の変化に応じて教育方法が変革しているのに対して、多くの日本の大学はそれに対応しきれていない。教育の世界的自由市場に日本の大学がいることを再確認する必要がある。また、留学生の受け入れに関わる広報や審査等にも弱さが目立つ。ＡＰＵ程度の入試部門を持ち、戦略的募集をしない限り、グローバル競争に参加もできない。

留学生をめぐる獲得合戦が熾烈《しれつ》を極める中、日本の大学はその確保に困難が増すであろう。理系の大学院は先端技術と奨学金により当分安定した受け入れが可能かと思われるが、人文社会系の大学院と学部においては難しいものがある。日本の若者が大学において他国の学生との協働学習や生活を経験せずに卒業することは、日本がグローバル化に出遅れるだけでなく、世界市民としての教育が行われていないことに等しい。留学生受け入れについては日本全体の構造改革の問題として捉える必要がある。長期的ビジョンによる政府予算の安定配分、企業のグローバル化との調整、思い切った大学の改革等大きなシステム改変が必要である。

※本稿は『日本貿易会月報』２０１６年3月号に掲載された記事を近藤氏により一部アップデートしたもの。

第2章　海外からの人の受け入れ

本章では、まず1節で、外国人材がどの程度日本に増えてきたのか全体像を確認する。2節では商社がどのような「グローバル人材」を求め、その活用に向けどのような試みを重ねているのか、いくつかの事例を紹介する。3節では外国人材が融合した強い組織づくりに向けた提言をまとめている。

1節　日本の海外からの人の受け入れの現状

1．日本における外国人材の受け入れ状況

(1)　2016年に100万人を超えた外国人労働者数

海外からの人の受け入れは、対日投資と共に「内なるグローバル化」を進める両輪となる。日本では、2009年以降人口減少局面に入っていること、さらに高齢化が進展していることから、外国人材の受け入れ拡大は日本経済の活性化につながることが期待される。また、日本企業においては、海外市場が一段と重要な収益源となっていること、ダイバーシティ経営の重要性に対する認識が高まっていることなどから、外国人材の活用は戦略的に重要な分野となっている。

本節では、第一に日本の海外からの外国人労働者の受け入れ状況について概観した上で、第二

に日本企業における外国人材の活用状況について分析し、最後に日本政府の高度外国人材の受け入れ促進のための政策の現状を確認する。

日本における外国人労働者の受け入れ状況は「外国人雇用状況の届出状況について」（厚生労働省）によって定期的に発表されている。同統計によると、2008年（10月末時点）には49万人であったが、16年（同）は108万人とこの8年間で倍増している。13年以降は4年連続で増加し、かつ増加幅も毎年拡大し、16年には外国人労働者が初めて100万人の大台を超えた（図表2－1－1）。

厚生労働省によると、外国人労働者は①身分に基づく在留資格、②就労目的で在留が認められる者、③技能実習、④特定活動、⑤資格外活動の五つに分類されている。「身分に基づく在留資格」とは永住者・定住者・日本人の配偶者などが対象であり、同在留資格は活動に制限なく、幅広い分野で就労活動が認められている。「就労目的で在留が認められる者」とは、技術・人文知識・国際業務や企業内転勤、高度専門職など、いわゆる「専門的・技術的分野」[1]に該当する在留資格と位置付けられる。「技能実習」は、技能移転を通じた開発途上国への国際協力を

(1) 専門的・技術的分野に該当する主な在留資格として、教授、高度専門職（ポイント制による高度人材）、経営者・管理者、弁護士・公認会計士、医師・看護師、研究者、教育関係者、技術・通訳・デザイナー・マーケティング業務従事者、外国の事業者からの転勤者、調理師・スポーツ指導者・航空機の操縦者などが挙げられる（厚生労働省）。

目的に創設された資格であり、建設業や製造現場などでの勤務を通じ、技能を習得することを目的に就労が認められる。「特定活動」は、経済連携協定（EPA）に基づく外国人看護師・介護福祉士候補者、ワーキングホリデーなどが対象となっており、「資格外活動」は一定の条件（週28時間を上限等）の下で認められる就労資格で、留学生のアルバイトなどが対象となる。

これらの資格別に見ると、2016年実績では身分に基づく在留資格が全体の約4割を占め、次いで、専門的・技術分野の在留資格、技能実習・特定活動、資格外活動がそれぞれ約2割を占めている。08年比で見ると、資格外

図表 2-1-1　日本における外国人労働者数の推移

（単位：万人、％）

	2008年	2010年	2014年	2015年	2016年	構成比（%）	2008年比（倍）
身分に基づく在留資格	22.4	29.7	33.9	36.7	41.3	38.1	1.8
永住者	9.2	13.7	18.8	20.8	23.7	21.8	2.6
日本人の配偶者	5.7	7.1	7.0	7.3	7.9	7.3	1.4
永住者の配偶者	0.3	0.5	0.8	0.9	1.0	1.0	3.4
定住者	7.1	8.4	7.3	7.7	8.7	8.0	1.2
専門的・技術的分野の在留資格	8.5	11.1	14.7	16.7	20.1	18.5	2.4
人文知識・国際業務・技術	6.0	7.7	10.5	12.1	14.9	13.7	2.5
その他	2.5	3.3	4.2	4.6	5.2	4.8	2.1
技能実習・特定活動			15.5	18.1	23.0	21.2	2.4
技能実習	9.5	13.4	14.5	16.8	21.1	19.5	-
特定活動			0.9	1.3	1.9	1.7	-
資格外活動	8.3	10.8	14.7	19.2	24.0	22.1	2.9
留学	7.1	9.1	12.5	16.8	21.0	19.3	3.0
その他	1.2	1.7	2.1	2.5	3.0	2.8	2.5
外国人労働者総数	48.6	65.0	78.8	90.8	108.4	100.0	2.2
増減	-	8.7	7.0	12.0	17.6	-	-
外国人を雇用する事業所数（万社）	7.7	10.9	13.7	15.2	17.3	-	2.2

（注）① 各項目の合計と総数の差は不明の人数、② 2010 年 7 月に技能実習の在留資格が新設。それ以前は技能実習生は「特定活動」に含まれている

（資料）「外国人雇用状況の届出状況表一覧」（厚生労働省）から作成

活動が2・9倍になっており、これは留学生の増加などが寄与していると考えられる。専門的・技術分野の在留資格、技能実習・特定活動もそれぞれ2・4倍に拡大している。外国人を雇用する事業所数を見ても、08年の7・7万社から16年には17・3万社まで2・2倍に増加している。

また、外国人労働者総数（2016年実績）を国籍別に見ると、中国が31・8%を占め、最も多く、ベトナム（15・9%）、フィリピン（11・8%）、ブラジル（9・8%）が続いている（図表2－1－2）。特に、近年はベトナム国籍の外国人労働者が増加している点が特徴で、統計が取得可能な12年（2・7万人）と比較すると、16年は6・4倍の17・2万人まで増加している。ベトナム国籍の資格別内訳（16年）では、資格外活動が44・3%、技能実習が42・3%を占め、留学生の増加と建設・製造現場などでの技能実習生の増加が押し上げ

図表 2-1-2　日本における外国人労働者の主要な国籍別内訳の推移

（単位：万人、%）

	2008年	2010年	2014年	2015年	2016年	
						構成比（%）
中国（香港等を含む）	21.1	28.7	31.2	32.3	34.5	31.8
ベトナム	–	–	6.1	11.0	17.2	15.9
フィリピン	4.1	6.2	9.2	10.7	12.8	11.8
ブラジル	9.9	11.6	9.4	9.7	10.7	9.8
ネパール	–	–	2.4	3.9	5.3	4.9
韓国	2.1	2.9	3.7	4.1	4.8	4.4
米国	–	2.0	2.5	2.6	2.9	2.7
ペルー	1.5	2.3	2.3	2.4	2.6	2.4
英国	–	0.8	0.9	1.0	1.1	1.0
その他	10.0	10.5	11.0	13.1	16.6	15.3
外国人労働者総数	48.6	65.0	78.8	90.8	108.4	100.0

（注）2008年と2010年の「その他」には統計非掲載の国（「–」の国）も含まれる
（資料）「外国人雇用状況の届出状況表一覧」（厚生労働省）から作成

要因となっている。国籍出身者を専門的・技術的分野（計20万人）に限定してみると、中国（41・9％）、ベトナム（6・2％）に加え、韓国（10・4％）、米国（8・8％）、英国（3・2％）など先進国が上位に入ってくる点が特徴だ。

さらに業種別に見ると、全体では製造業（31・2％）や各種サービス業が上位を占めている（図表2－1－3）。一方、専門的・技術的分野では製造業（15・4％）よりもサービス業が相対的に多数を占めている。技能実習では製造業（63・7％）と建設業（13・8％）で8割近くを占め、資格外活動では宿泊業・飲食サービス業が34・3％と多数を占めている点が特徴となっている。

図表 2-1-3　日本における外国人労働者の主要な産業別内訳の推移

（単位：万人、％）

	2009年	2010年	2014年	2015年	2016年	構成比（％）
農業、林業	0.9	1.2	1.8	2.0	2.4	2.2
建設業	1.2	1.3	2.1	2.9	4.1	3.8
製造業	21.9	25.9	27.3	29.6	33.9	31.2
情報通信業	2.2	2.5	3.2	3.7	4.4	4.0
運輸業、郵便業	1.4	1.6	2.6	3.7	4.4	4.1
卸売業、小売業	5.5	6.3	9.2	11.3	13.9	12.9
金融業、保険業	0.7	0.8	0.8	0.8	0.9	0.8
不動産業、物品賃貸業	0.4	0.4	0.5	0.6	0.8	0.7
学術研究、専門・技術サービス業	1.8	2.1	2.7	3.1	3.8	3.5
宿泊業、飲食サービス業	6.4	7.2	9.2	10.7	13.1	12.1
生活関連サービス業、娯楽業	0.7	0.8	1.2	1.3	1.6	1.5
教育、学習支援業	4.2	4.5	5.3	5.6	6.0	5.5
医療、福祉	0.5	0.7	1.2	1.4	1.7	1.6
複合サービス事業	0.2	0.2	0.2	0.2	0.3	0.3
サービス業（他に分類されないもの）	7.4	8.4	10.3	12.4	15.4	14.2
公務（他に分類されるものを除く）	0.7	0.7	0.8	0.9	0.9	0.9
外国人労働者総数	56.3	65.0	78.8	90.8	108.4	100.0

（資料）「外国人雇用状況の届出状況表一覧」（厚生労働省）から作成

(2) 日本で働く外国人材の重要な母集団となる留学生

日本で働く外国人材、とりわけ専門的・技術的分野の外国人材を増やしていく上で、その重要な母集団の一つとなるのが日本への留学生である。卒業後に日本企業に就職する外国人材となることが期待されるためだ。日本への留学生数と卒業後の進路はどのような状況にあるのだろうか。

日本への留学生に関する統計については、日本学生支援機構が定期的に統計を公表している。日本への留学生総数は15・2万人（2015年）で、10年前の05年（12・2万人）からは増加しているものの、その伸びはゆるやかなものにとどまっている（図表2－1－4）。留学生の内訳は、大学院が4・1万人、学部が6・7万人、専修学校が3・9万人などから成る。この他、語学教育機関で学ぶ留学生が5・6万人おり、これを合わせると留学生総数は20・8万人となる。

高等教育機関における留学生の国別内訳（2015年）

図表 2-1-4　日本における留学生総数と留学生卒業者数・進路状況の推移

			2005年	2007年	2009年	2010年	2013年	2014年	2015年
留学生総数	高等教育機関在籍者数（万人）		12.2	11.8	13.3	14.2	13.6	13.9	15.2
	日本語教育機関在籍者含む（万人）		–	–	–	–	16.8	18.4	20.8
留学生卒業者数（万人）			3.3	3.4	3.6	3.7	4.0	3.7	4.3
進路（%）	日本国内	就職	26.5	30.6	17.8	19.0	24.7	27.0	30.1
		進学	40.9	36.3	41.4	35.8	27.1	28.7	30.0
	出身国（地域）	就職	9.2	8.7	8.8	10.5	10.4	10.4	8.5
		進学	0.7	0.6	0.9	1.0	0.8	1.0	0.6
	日本・出身国（地域）以外	就職	0.4	0.4	0.4	0.4	0.3	0.4	0.3
		進学	0.4	0.4	0.4	0.4	0.7	0.6	0.6

（注）進路に関する比率は、留学生卒業者数から不明者数を除いた値（ただし、進路未定者など就職、進学以外の卒業者数を含む）を分母としている

（資料）「外国人留学生進路状況・学位授与状況調査結果」、「外国人留学生在籍状況調査結果」（いずれも日本学生支援機構）から作成

を見ると、中国が49・3％（7・5万人）と圧倒的なシェアを占め、ベトナムが13・2％（2・0万人）で続いている。ベトナムからの留学生は急速に増加しており、10年（0・4万人）から5倍以上の水準に増加している。この他、韓国やその他ASEAN諸国などアジア諸国からの留学生は、全体の91・4％を占めており、ほとんどの留学生がアジアからの留学生という状況にある。欧州からの留学生は3・8％、北米からの留学生はわずかに1・7％という状況にあり、欧米からの留学生を増やすことが課題となっている。一方、日本においてはアジア諸国出身の留学生が多いことは、今後、アジア諸国の所得水準の向上によって、これら諸国からの留学生の増加を見込める一つの要素となる。また、日本の大学でも国際大学や国際教養大学、立命館アジア太平洋大学、早稲田大学国際教養学部など英語による講義が幅広く提供されている大学も増加しており、こうした大学の増加は留学生を呼び込む上でプラスとなると考えられる。

一方で、日本語学校への留学生などで資格外活動で認められる上限時間を超えた不法就労の事案や日本語学校の日本人関係者が留学生の不法就労を助長し、入管難民法違反で逮捕される事案が散見されており、留学生の増加とともに、こうした課題への対策強化も必要となる。

次に、日本における留学生の卒業者数と進路状況を見ると、毎年、3～4万人の留学生が卒業している。卒業者数（進路不明者を除く）の内、日本国内で就職した留学生は2015年で30・1％（1万2325人）となっている。過去10年間で、最も就職率が高かった年はリーマンショック前の07年の30・6%（9684人）である。リーマンショック後の09年には17・8%（6073人）まで低下したが、その後の景気回復とともに、現在は07年とほぼ同水準まで上昇している。なお、卒業者数から進学者を除いた値を分母にすると日本での就職率は43・9%となる。

留学生に関する国際的な統計は国際連合教育科学文化機関（ユネスコ）によって公表されている。同統計によると、2014年の世界の留学生数は430万人で、05年の285万人から1・5倍に拡大している。一方、日本への留学生数は同期間に1・1倍にとどまっており、世界の留学生に占める日本への留学生の比率は4・4%から3・1%に低下している状況にある。この間、米国（1・4倍）、英国（1・3倍）、豪州（1・5倍）など英語圏の国が留学生を増やしている。

日本で働く専門的・技術的分野の外国人材を増やす観点からは、日本への留学生そのものを増加させるとともに、日本での就職率を高めていくことが課題となっている。後述するように日本政府や自治体による留学生と企業のマッチング事業などが強化されており、こうした対策をさらに強化していくことが望まれる。

(3) 訪日外国人は、年平均3割の伸び率で増加

外国人材とは様相が異なるが、関連する事項として訪日外国人の状況を見ておこう。訪日外国人は広く日本への関心を高める効果が期待される。日本政府観光局（JNTO）によると、2016年の訪日外国人数は2404万人と、64年以降で過去最高の水準となっている（図表2－1－5）。

訪日外国人数は2011年（622万人）以降、5年連続で前年を上回っており、年平均31％の伸び率で増加を続けている。増加の要因としては、円安、訪日観光客の85％を占めるアジア諸国の所得水準の向上に加え、格安航空会社（LCC）など航空路線の拡充、入国査証の緩和などが挙げられる。

訪日外国人数の増加により、日本の旅行収支（国際収支）は2015年に1・1兆円、16年には1・3兆円の黒字を計上している。ジェトロ（2016a）に

図表 2-1-5　訪日外国人数と旅行収支（国際収支ベース）の推移

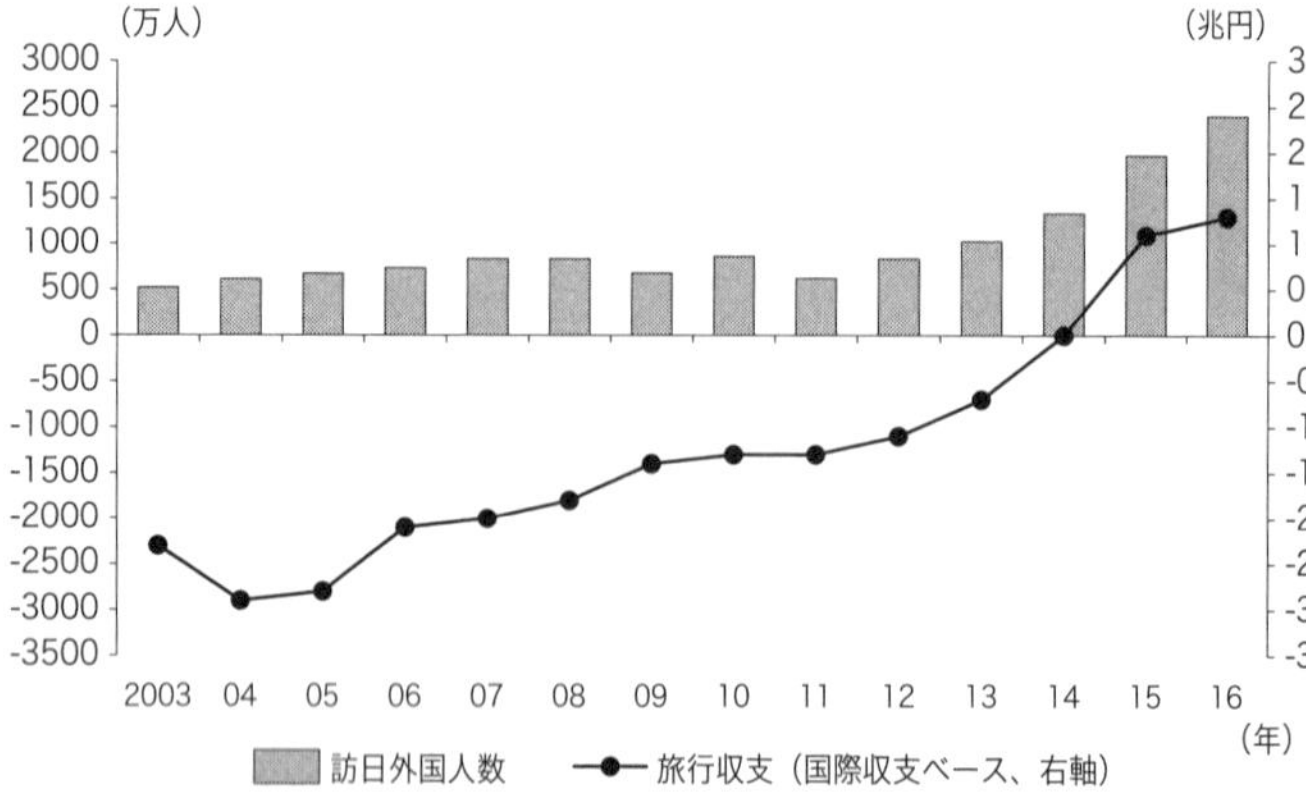

（資料）日本政府観光局（JNTO）、「国際収支」（財務省、日本銀行）から作成

よると、旅行収支が黒字化するのは62年以来、実に53年ぶりのことである。

訪日外国人数の増加は、観光業など関連する分野への対日直接投資を促進する効果も期待される。実際に、観光関連分野では近年、対日直接投資案件が増加傾向にあり、具体的には、ホテル、両替事業への投資、大型小売店の買収などが挙げられる（ジェトロ　２０１６ａ）。

2. 日本企業の外国人材の活用状況

(1)　拡大する企業による外国人材雇用

それでは、日本企業において、外国人材採用はどの程度進んでいるのであろうか。日本企業における外国人材の雇用状況の調査については、ジェトロが毎年、日本企業約1万社を対象に実施している「日本企業の海外事業展開に関するアンケート調査」がある。同アンケート調査では２０１４年度以降、毎年、外国人の雇用状況について定点観測を行っている。

同アンケート調査の主要な結果を見たものが図表２－１－６である。まず同アンケートでは、日本企業に対して海外ビジネスを行う上での課題や不足している点を尋ねている。２０１３年度、15年度、16年度に同一の質問を実施しているが、15年度以降は「海外ビジネスを担う人材」が最大の課題と認識されており、同課題を認識している企業の比率は、13年度の41・２％から15年度の52・８％、16年度の55・３％と大幅に上昇しており、日本企業にとってグローバルな事業展開が重要性を増す中、グローバル人材が不足している実態が年々高まっていることがうかがえる。

続いて、海外ビジネス拡大に向けた人材確保の方針については、5割弱の企業が「日本人社員のグローバル人材育成」を挙げるとともに、約4社に1社は「外国人社員の採用・登用」を挙げている点が着目される。

こうした認識のもと、実際に外国人を雇用している企業の比率は、2014年度には全回答企業の42.

図表 2-1-6　日本企業の外国人社員の雇用状況に関するアンケート結果

（単位：%）

			2014	2015	2016
海外ビジネスの課題	海外ビジネスを担う人材		41.2（注①）	52.8	55.3
海外ビジネス拡大に向けた人材確保の方針	日本人社員のグローバル人材育成		45.1	—	48.1
	外国人社員の採用・登用		23.1	—	23.1
外国人社員雇用の有無	外国人を雇用している		42.2	44.4	46.0
		大企業	70.3	72.7	73.1
		中小企業	34.2	36.7	38.6
	現在、外国人を雇用していないが、今後、採用を検討したい		20.8	20.0	21.9
外国人社員の採用方法	日本国内の外国人留学生を採用		48.0	47.9	47.8
	日本国内の外国人（留学生を除く）を採用		40.6	46.1	46.0
	海外在住の外国人を採用		34.6	30.5	32.9

（注）①「海外ビジネスを担う人材」の2014年度数値は2013年度結果。②上記は各質問の抜粋であり、各設問では複数の選択肢から回答が行われている。③母集団は2013年度は3471社、2014年度は2995社、2015年度は3005社、2016年度は2995社。ただし、外国人の採用方法については、「外国人を雇用している」もしくは「今後採用を検討したい」を回答した企業が母数（2014年度は1905社、2015年度は1934社、2016年度は2033社）。④本アンケートの母集団は毎年、2割が大企業、8割が中小企業となっている

（資料）「日本企業の海外事業展開に関するアンケート調査」（ジェトロ）から作成

2%、15年度は44・4%、16年度には46・0%とじわりと拡大している。また、「現在、外国人を雇用していないが、今後、採用を検討したい」と回答している企業も2割程度あり、これから新規に外国人雇用を検討している企業も多いことがわかる。なお、外国人雇用企業を規模別に見ると、大企業では外国人を雇用している企業は7割強、中小企業では4割弱となっている。

また、外国人社員の採用方法についても尋ねているが、「日本国内の外国人留学生を採用」する企業は5割弱に及んでおり、日本企業の外国人採用の母集団として日本への留学生が大きな供給源となっていることが確認される。また、海外在住の外国人を採用する企業もあり、実際に日本国内での採用だけではなく、技術者などグローバルに高度な技能を有した外国人を海外でリクルートし、本社採用する企業もある。

(2) 収益基盤のグローバル化が外国人材雇用ニーズを高める

それでは、外国人材をそもそもなぜ採用するのかを考えてみたい。第一に、前述の通り、日本企業のグローバル事業展開が重要性を増していることが挙げられる。国際連合の人口見通しによると、日本の人口は2009年（1億2857万人）を頂点に減少に転じ、16年の人口は1億2775万人、30年には1億2158万人（中位推計値）まで減少すると見込まれる。さらに、高齢化も進行しており、人口ボーナス期は終了している。人口ボーナス期とは、総人口に占める生産年齢人口（15歳以上65歳未満）が増加する局面であるが、同期間が終了すると、社会保障費の負担増や貯蓄率の低下などにつながる。こうした中、日本企業は海外での収益基盤の獲得を目的に近年、海外事業展開を強化している。ジェトロ（２０１６ａ）によると、日本の主要な上場企業の海外売上高比率（海外法人の所在地別の売上高を集計、日本からの輸出は含まない）は00年度には28・６％であったが、15年度には実に58・３％とこの間、29・７％も上昇している。(2)海外関係の売り上げの重要性が高まる中で、外国人材の活用の必要性が高まっていることが挙げられる。(3)

第二に、ダイバーシティが新たな経営の価値を生み出すとの考えが広がりを持ってきていることが挙げられる。米国のシリコンバレーに代表されるイノベーションの源泉にはダイバーシティがあると考えられているが、日本においても、女性活用のみならず、外国人材の活用も含めたダイバーシティ経営の重要性が一段と認識されつつある。

上記の要素は、専門的・技術的ないわゆる高度な外国人材を採用する理由と位置付けられるが、この他、近年のように失業率が低下する局面では、製造現場や外食産業などでの人手不足が外国人材の採用を押し上げている側面がある。

また、日本企業において外国人材活用は、日本国内の本社のみならず、海外拠点でも経営の現地化との関連で課題となっている。前述のジェトロのアンケート調査（２０１５年度）では、海外に拠点がある企業（1469社）に対して、経営の現地化の必要性を尋ねたところ、約半数（48・4％）の企業が「海外拠点の現地化を一段と進める必要がある」と回答している。その理由としては、「現地ニーズを一段と取り入れた経営を行うため」が最も多く挙げられている。

その背景には、日本企業はグローバルな事業展開の中で、日系企業間での取引を中心とする形態から非日系企業との取引が増加してきていることがあると考えられる。また、アジアなどでの新興国では、現地で生産して日本に逆輸出する時代から、現地の消費者を対象にした事業展開の重要性が増している。さらに、製造業のみならず、サービス業も海外事業展開を強化するようになっている。サービスは現地の消費者を相手に提供されてその場で消費されるものであるため製造業よりも言葉の壁や文化の壁が大きいと考えられている。こうした課題克服のために外国人材の活用が効果を発揮することが期待される。

一方で、日本企業の外国人材活用には、課題もある。前述のアンケート調査（2015年度）では、外国人材の採用・雇用上の課題について尋ねているが、「組織のビジョンの共有が難

（2）椎野（2015）によると、日本の人口ボーナス期を、子どもや高齢者などを指す従属人口の比率が低下かつ生産年齢人口／従属人口が2以上の期間と定義すると1992年に終了、生産年齢人口／従属人口が2以上の期間と定義すると2005年に終了している。

（3）集計企業の対象は大企業がほとんどであり、中小企業は含まれていないことには留意が必要である。

しい」（回答企業総数の20・1％）、「日本人社員とのコミュニケーションに支障が多い」（同19・0％）、さらに「外国人の処遇や人事管理の方法がわからない」も同18・2％に及んでおり、外国人の活用方法で課題を認識している企業が多いことがわかる。

3．政府、自治体も外国人材活用促進に向けた取り組みを強化

外国人材に対する日本政府の政策面を概観すると、日本政府は高度外国人材については、日本経済を活性化する観点から積極的に受け入れる方針を示している。日本政府の外国人材受け入れ政策の基本方針は、政府が定期的に発表する「日本再興戦略」（２０１７年以降は「未来投資戦略」）に盛り込まれている。

これまでの具体的成果としては、２０１２年5月から導入された高度外国人材ポイント制の導入が挙げられる。高度外国人材ポイント制とは、学歴、職歴、年収などの要素に基づきポイントが付与され、一定のポイント数を超えた外国人材については出入国管理上の優遇措置が与えられる制度である。具体的には5年の在留期間の付与、永住許可要件の緩和、一定条件の下での親や家事使用人の帯同などが付与される。この内、永住許可要件の緩和について、日本政府は、「日本再興戦略２０１６」において、「日本版高度外国人材グリーンカード」の創設方針を掲げ、永住許可要件の在留要件を5年から3年に短縮するとともに、ポイントの高い外国人材には最短1

年で許可を付与する内容に緩和している。「未来投資戦略２０１７」では、高度外国人材の在留資格認定の迅速化、国内外での広報活動の積極化、教育・医療面での外国人材の生活環境の整備などが盛り込まれている。

留学生については、「日本再興戦略２０１６」に基づき、現在の就職率を３割程度から５割程度に引き上げることを目標に掲げ、インターンシップの促進策、就職関連セミナーの拡充、日本の政府開発援助（ＯＤＡ）による高度人材育成事業の拡充などが盛り込まれ、「未来投資戦略２０１７」においても同様の内容の強化策が盛り込まれている。

また、技能実習においても、「日本再興戦略２０１４」において、緩和方針が盛り込まれた。具体的には、技能実習のもとでの実習期間は最大３年とされているが、優良な実習実施者・監理団体を対象に実習期間が最大５年に緩和される。関連法案（外国人の技能実習の適正な実施及び技能実習生の保護に関する法律）が２０１６年11月に成立しており、17年11月１日に施行される予定である。

さらに、近年では、地方自治体でも外国人材の活用に向けた取り組みが積極化している点も注目される。一部の地方自治体では留学生を支援し、かつ地元企業とのマッチング事業などを通じて、地元企業への就職活動の支援を行っている。例えば、広島県では、広島県留学生活躍支援センターを設立し、留学生の生活・勉学への支援、さらには就職支援などの総合的な支援事業を展開している。同様に福岡県においても、福岡県留学生サポートセンターを設立し、総合的な支援活動を行っている。こうした自治体による先駆的な事例は徐々に他の自治体にも広がりを見せている。

日本の外国人材の受け入れは徐々に拡大し、外国人材を雇用する日本企業の裾野の広がりが見られている。また、日本企業にとってグローバル市場での収益基盤が重要性を増しつつある中、高度外国人材をいかに採用・活用していくかは戦略的な重要性を増している。一方、こうした外国人材の処遇の方法に悩む日本企業も多く、企業内での外国人材の処遇方法を検討し、定着率を高めていく取り組みが求められる。また、日本企業で働く外国人材の重要な母集団に留学生があるが、日本への留学生の誘致政策を政府や大学、自治体などが連携して進めていくことも重要である。

2節　人材多様化に挑む商社――海外の事業創造を、国内にも新風期待

日本全体で見ると外国人材の活躍は他国に比べてまだ少ない（第1章1節 図表1－1－4）。日本企業の中でいち早く海外に展開した商社ではどうか。海外事業を動かす人材に加え、日本の本社にも新風を吹き込んでくれる人材が必要になっている。本節では、内と外での人材ニーズ、

国内での幹部登用、人材管理の基礎になる人事データベース――などの点から、共通項をまず整理した上で、商社の事例に加えてグローバル化の先陣を切るメーカーの事例として日立製作所についても紹介する。

1. 内・外の区別超え活躍を――商社のグローバル人材像

商社での外国人材登用はどこまで進んだのか。どんな人材を必要としているのか――。各社の聞き取りから浮かび上がってきた共通項を整理してみよう。

(1) 海外事業「現地発」が課題に

従来、商社ビジネスで比重が高かったのは、内と外をつなぐトレーディングや、日系進出企業を顧客・パートナーとする事業だ。今、重要性を増しているのが、現地企業を顧客・パートナーとする現地発の事業創造だ。それぞれの地域・国に根差したグローバルビジネスを創造していくことがますます重要になってきている。

このような環境の下で、ビジネスの繰り回し方が近年変わってきたという声が多い。それに対応していくには、現地に出向く本社社員だけでなく、現地スタッフの育成や登用が喫緊の課題であり、海外現地法人や出資先企業が増える中で、日本人だけで事業を回すのは、物理的に難しくなっている。少子化を反映して、将来の日本人採用を減らさざるを得ない可能性も考えておく必要がある。

さらに、現地事業では日本人社員とナショナルスタッフの二つの区分をベースに考える場合が多かったが、ビジネスがグローバル化し複雑化する中で、国籍にかかわらず自社の企業理念や価値観を十分に理解した上で、世界で新しい価値を生み出せる人材の獲得・育成が急務になってきたと考える会社も多い。このような状況に対応するためには、日本人でもナショナルスタッフでもない人材、いわば国籍を問わず、内・外の区別を超え活躍してくれる人材が必要になっている。

(2) 若手には定着例も、本格登用はこれから

国内での外国人材はどうか。本社での新人採用や育成などでの試行は、数の上ではまだ限られている。開始してさほど年数がたっていないこともあって、一部を除いては中堅役職者への登用にも至っていない場合がほとんどだ。

ただし、若手の中には、本社採用でも、定着する外国人社員が出てきている。日本人社員の間にも、拒否反応はないようだ。このような状況の中で、本社の総合職での採用だけでなく、専門性が高い職種において、待遇面も考慮して高度外国人材を職務型雇用の形で増やしている例もある。

幹部層への登用事例は少ない。海外拠点や海外法人では、現地国籍の拠点長は増え、海外事業会社でもトップを含めて外国籍幹部が増加しているものの、今回研究会に参加した商社7社中で、本社で外国籍の執行役員を擁するのは1社のみだった。本節最後に紹介する日立製作所のようなメーカーとは差がある。

(3) 顧客との「共栄」、外国人にも求める

外国人材に求める資質として共通するのは、顧客との共存共栄という考え方だ。例えば伊藤忠商事の『三方よし』、双日の『「社会に還元する価値」と「双日が得る価値」という「2つの価値」の最大化』、豊田通商の『現地・現物・現実』など、日本の商社はそれぞれ独自の企業理念に基づいて、さまざまなステークホルダーと共に発展を目指すという長期的視点を大切にしてきた。ビジネスがグローバル化していく中においても、短期的な自社・自国の利益だけでなく、進出先国とその国民の利益・発展に貢献することで互いの長期的な利益につなげていくという姿勢だ。このような商社の理念・哲学・姿勢は、国際社会貢献センター（ABIC）活動会員数約2800人のうち7割超が商社出身者であり、彼らが同センターの広範囲な活動に手弁当で参加・協力しているという部分にもつながっている（第4章2節参照）。

以上のような理念を理解し、十分にグローバル（国内と現地）の舞台で戦える人材の採用と育成が必要であろう。

(4)　日本人社員も意識改革を

グローバル人材という意味では、現地社員だけでなく、本社日本人社員のグローバル化も重要であることは各社の共通認識だ。本社採用の総合職社員は、各社共、4～8年目位までに全員が何らかの形で海外勤務（駐在、研修など）を経験する体制をとっており、社員のグローバル化教育もさまざまな研修制度を活用しながら進められている。外国人を理解する力を高めて、外国人材受け入れを促進していくためにも、日本人社員のグローバル化に向けた教育は必要だろう。

(5)　人事管理データベースは進展

人材の内外交流活性化に向けたグローバルな人事管理データベースの開発・運用も一部で進んでいる。これは適材適所の考えの下、日本人社員が海外拠点に出ていくだけでなく、海外拠点の外国人社員もまた日本の本社に入れるなど、いわゆる人材の「双方向でのグローバル化」を実現するものだ。このグローバル人材開発プログラムでは、全世界・全階層を対象とした統一の評価基準の設定などを通じて、幹部層の研修に利用することなども進みつつある。

以下、これらの観点に沿って各社の事例を見ていこう。

2. グローバル人材を求めて――採用や育成に腐心（双日）

双日では、ここ数年来、国籍を問わず「海外でビジネスを拡大」できる潜在力をもったグローバル人材を採用し、試行錯誤しながら外国人材の活用・育成に努めてきた。一部、定着して活躍する人材が出てきていることもあり、最近では本社での外国人材の必要性を痛切に感じている。

(1) 国籍問わず、価値創造できる人材を

グローバル人材の必要性を強く感じるようになったのは、国内は少子高齢化が進み、人口減少の下でビジネスを伸ばすのがますます難しくなっているからだ。これにより、海外でのビジネス拡大がより重要になり、とりわけ伸長著しいアジア諸国の成長をビジネスに取り込んでいくのが使命となってきている。ただし、そこで求められる人材は、より高度化・グローバル化した人材である。かつて、商社の社員は日本人社員と海外拠点のナショナルスタッフに分けて考えられてきたが、経済そしてビジネスがグローバル化し複雑化する中で、国籍にかかわらず「双日の企業理念や価値観を十分に理解した上で、世界で新しい価値を生み出せる人材」を全世界ベースで育てることが急務になっている。具体的には、専門性を有し、語学力を含めたコミュニケーション

能力や的確な情報伝達能力があり、異なる文化・価値観、多様性への対応力を含めた相互理解力があることがベースに求められる。これらの資質や能力を兼ね備え、常に新しい価値を世界に提供し続けることができる人材、それは、日本人とナショナルスタッフの強みを総合した新しいカテゴリーの人材だ。

(2) 留学生に加え海外でもリクルート

双日では「双日の価値観を十分に備えた外国人社員を本社で育成する」方針の下、本社での外国人採用を活発化している。起業家精神と情熱を兼ね備えつつ、日本の価値観、文化やマナーを理解し尊重できる人という基準だ。現状の本社での外国人採用は、留学生、海外大生やＪＥＴ（語学指導等を行う外国青年招致事業、後掲〈ＪＥＴとは〉参照）の経験者もあわせ、年間10人程度となっている。

まず留学生採用である。そこでは外国人枠は設けず、日本

図表 2-2-1　グローバル人材とは

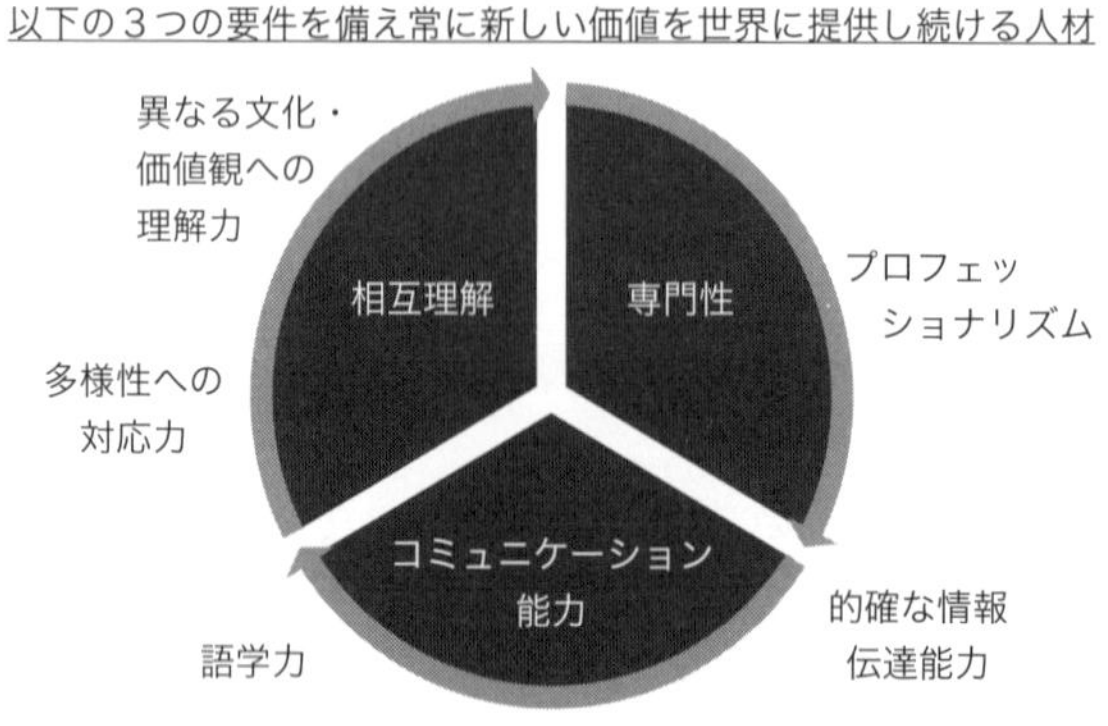

人学生と同じ基準で採用している。受験者の中には日本語が堪能で日本文化を熟知しているものもいるが、ポイントは、いかに双日の求める人材像に合致した人材を採用できるかにある。日本の「アニメ」ファンであるからといって、ビジネスができるとは限らない。

双日では従来からＪＥＴ出身者を活用してきた。ＪＥＴ出身者については、毎年変動するが2人程度までのＪＥＴ枠を設けて採用している。効果と課題は留学生と同様のものである。

しかし、近年では日本だけでは双日の求める人材像に合致した優秀な外国人を毎年一定数採用していくことは難しく、海外の大学にも人材を求めてリクルートに出ている。主に中国、シンガポール、タイ、インドネシアなどである。これらアジア諸国のトップクラスの大学を卒業する人材を本社で採用し、双日流のビジネスのやり方を習得してもらって戦力化するわけだ。その際に最も重要な点は、日本語能力ではなく、自社への適性、その人材の将来性、さらには情熱である。合格者には入社から配属まで半年から1年の日本語集中研修や社内実務研修等を行っている。２０１２年度からこの制度を開始し、これまで26人の外国人が入社した。17年度も4～5人が入社する予定だ。

(3) 徐々に戦力化が進む

① キャリア観の違い、丁寧に対応

いかに採用した外国人社員を定着させて成功事例を積み上げていけるかという点については、

まだ歴史が浅いので評価は難しいが、5合目くらいまでは到達したのではないかというのが人事担当者の実感という。

例えば2011年以降、定着した外国人社員の出身国・地域や現在の職務を見てみると次のようになっている。

・11年入社　男性（米国出身）　機械事業投資サポート
・12年入社　男性（中国出身）　鉱産物関連の海外市場拡大
・13年入社　女性（香港出身）　化学関連のアジア向け新規市場拡大
　　　　　　男性（インドネシア出身）　エネルギー資源関連プロジェクト管理
・14年入社　男性（マレーシア出身）　海外投資マネジメント管理

彼らの不満としてよく聞かれるのは、
・商社というものの機能がわかりにくい、ひいては自分の仕事の意味がわからない、
・自分のキャリアを自分で決められない、
・大学で学んだことを生かすことができない、
・20代での昇格スピードが遅い、

・「石の上にも三年」とはいうが、3年後に同じ会社にいるかどうかわからないし、それほど悠長に待てない、

・独身寮の集団生活に違和感があるため、家を借りるサポートがほしい、

などがある。これらに対しては、丁寧に説明するよう心掛けている。例えば、キャリアに対する価値観の違いをどう埋めるかは大きな問題である。キャリアプランを策定し、より細かいメッシュでフォローしていくよう早目に準備するだけでなく、早期の海外派遣、ローテーションなどを含め個別キャリアプランについて本人にも説明している。

② プロ意識高く、日本人にも刺激

上記5人の外国人社員の一般的な特徴としては、全般に非常に優秀で、仕事やキャリアに対してアグレッシブであることだ。プロ意識が高く、自分の意見をしっかり持ち、主張もロジカルに説明できる。それを受けて、本社人材の多様化が進み、日本人社員に対しても大変良い刺激を与えている。

③ 企業理念をしっかり、日本語は徐々に

まず、採用時には、いかに日本企業の文化・働き方、さらには商社の業態を正しく理解してもらうかが最初の関門となる。「外国人社員の強みを生かす」ことに、より注力していくという方針から、日本語・日本のマナーも最初は完璧なものを求めないというスタンスだ。ただ、双日の

独自の企業理念は最初の研修からしっかり身に付けてもらう。双日では、職位に応じた必修研修で、企業理念・行動理念を徹底し、企業としての一体感（コーポレートアイデンティティー）の醸成を目指しており、「新入社員導入研修」でもその方針は貫いている。

最大の関門は、新人研修後の最初の配属先である。最初の配属をより慎重に行うことが重要であるがこれは育成の問題としてこの後で述べる。

外国人採用については、待遇面などでは特別扱いはできないものの、将来的には「外国人駐在員」として、現地社員と本社社員との懸け橋になってほしいとの期待は高く、双日では引き続き、粘り強く外国人採用を進めていく方針だ。

(4) 特別扱いなし、最初の配属が重要

最初の研修は、4月の一般新入社員全員を対象とする「新入社員導入研修」に始まる。配属後も、他の新入社員と同じサイクルで社内研修や試験を受けるシステムをとっている。入社後、いかに会社組織に適応させていくか、適材適所をどう実現していくかについては、適性も見て配属先を決め研修で細かく対応している。加えて、最初の配属先が非常に重要である。外国人社員が配属される部署の課長・指導員に対しては、配属前にグローバル採用の目的や現状、育成における留意点等の説明を必ず行っている。さらに、配属後も所属長に対し年に1、2回面談するなど

フォローアップも欠かせない。

本社採用の社員として、外国人でも待遇面で特別扱いはしない原則だ。経常的な母国への帰国補助（ホームリーブ）や日本での住居補助など、金銭面での補助もしていない。また本社社員である以上、昇進・昇給においても特別扱いはしない。ただ、入社以降のキャリアについては日本人より短いスパンで考える傾向があるため、個別にヒアリングや面談を行い、キャリアプランについても早めに一緒に考えるなど対応は必要だ。

(5) 本社日本人社員のグローバル化

グローバル人材という意味では、単に外国人社員を採用するだけではなく、本社社員のグローバル化も重要だ。日本人社員のグローバル化は、入社後5年目までに全員を海外に派遣するトレーニー制度や語学研修、ＭＢＡ留学制度など、さまざまな研修制度も活用しながら進めている。しかし、よりスピード感を持って海外でビジネスを拡大できるグローバル人材を育成するために、日本人のグローバル化と並行して本社での外国人材の採用が欠かせないことを痛感している。

(6) 日本人の強みとその生かし方

日本人の持つ強みとしてしばしば指摘される、誠実、勤勉、思いやり、長期的信用構築、正確性、粘り強さ、忍耐、チームワークといったものは日本人の特長である。世界においてもその価値は評価されている。また一方、弱みとして、語学力、主張の弱さ、遠慮がち、過剰な調和志向、多様性への順応度が低い、などといった点がある。日本人の強みを生かして日本企業として世界で存在感のある会社であり続けるのが目標だ。

〔トピックス〕 JETとは――語学指導など担う 双日では出身者5人が活躍

JETはThe Japan Exchange and Teaching Programmeの略称で、外国語教育の充実と地域レベルの国際交流の推進を目的として、1987年に創始されたプログラムだ。地方自治体が総務省、外務省、文部科学省および一般財団法人自治体国際化協会の協力のもとに実施している。

その30周年記念式典が、2016年11月7日、皇太子ご夫妻をお迎えし、東京で開催された。創設初年の87年には、プログラムの参加者は4カ国848人だったものが、16年には40カ国からの4952人に増えた。800人を超える記念式典参加者の中には、日本各地でのJETプログラムを終えて双日に入社し、現在も勤務する5人の姿もあった。

同プログラムの足跡をたどってみよう。初年度に招致した参加者は、地方公共団体で国際交流業務に従事する「国際交流員」35人と、公立中・高等学校で外国語指導の補助を行う「外国語指導助手」が813

人で、合計848人だった。米国、英国、豪州、ニュージーランドの4カ国から、招致対象言語は英語のみだった。翌年カナダ、アイルランドが加わり、3年目の89年には招致対象言語がドイツ語、フランス語にも広がって、招致国にもドイツ、フランスが加わった。また、その年にはJETプログラム同窓会が37支部で発足し（12年現在50支部）、再契約予定者研修も開始された。

その後、1994年に職種として、スポーツ指導を通じた国際交流業務に従事する「スポーツ国際交流員」を増やしたことなども寄与して参加者、対象言語も増え、02年には40カ国から6273人の参加者を迎えた。その後も毎年4〜5000人台の参加者を40カ国前後から迎えており、07年以降は、最長5年まで滞在延長が可能となっている。

30周年式典に参加した5人のJET出身の双日社員のうちの一人がジェームズ・リージェントさんだ。彼は、人事総務部勤務、双日インドネシアでの半年間のトレーニーを経て、現在、機械関係のコントローラー室に勤務し、機械関連のプロジェクト支援などに従事している。彼は米国ピッツバーグ出身、ワシントンDCのジョージタウン大学に進学して言語学を学んだ後、2009年にJETプログラムで来日した。埼玉県久喜市での外国語指導助手を経験した後、11年に双日に入社した。英語の指導助手で生徒に対して行った授業経験や、授業計画を先生と共同で作成して、根回しを含めて提案から実行（授業）までの全体のプロセスを把握するといった研修企画のJETでの経験は、入社後の仕事に大変役に立っているという。

採用・育成を担当したグローバル・人材育成課課長によれば、JETが企業にとって魅力的なのは、滞在経験を通じて、外国人が日本企業で成功するために必要な素養を身に付けられるという点だと言う。日本語や日本の文化の習得だけでなく、日本特有の仕組みを理解し、それに自らを適応させていくプロセスに進むことができる。また、双日にとっても、このような外国人材の増加が日本人社員の意識や企業文化の内なるグローバル化を実現し、成長の新たなきっかけになっていくことを期待したいということだ。

3. 人材管理、国内・海外共通で（伊藤忠商事）

伊藤忠商事では、商社を取り巻く環境変化、具体的には、新興国経済の成長等によって増加する海外完結型ビジネスなどに対応するために、グループの人材もまた変化させ、グローバル化させていく必要があると考えている。ここで言う「グローバル化」とは、ただ単に語学が堪能というだけではなく、国籍を問わず、「世界中、どこの国に行っても、その国の社会・慣習に対応してビジネスを遂行できる人物」のことである。

そこで伊藤忠商事では、「世界人材戦略」と銘打ち、およそ10年にわたり、包括的な人事戦略を積極的に進めてきた。このうち、外国人材活用に関連する施策は、①グローバル人材開発プログラム、②本社日本人社員のグローバル人材化策の二つであり、これらを早期に立ち上げ、運営しているところに特徴がある。

⑴　グローバルな人材マネジメントを実現

まず、①のグローバル人材開発プログラムは、海外拠点や海外法人で従事する外国人社員の活用推進を中心に据えている。このプログラムの背景には、伊藤忠グループのグローバル展開が進む中で、従業員（連結ベース）に占める外国人の比率も上昇し、外国人材活用の重要性が増してきていることがある。伊藤忠商事では、２０１７年３月時点で、連結従業員数９万５９４４人のうち海外法人の従業員が３万７３５人おり、国内人員に集計されている Dole International Holdings の海外従業員約１万９０００人も含めると、人員規模で見れば半数が外国人であり、その数は10年前の２・６倍にも達している。この従業員が活《い》き活《い》きと活躍することこそが、グループ全体の収益向上につながる。そうした中で、適材適所の考えの下、日本人社員が海外拠点に出ていくだけでなく、海外拠点の外国人社員もまた日本の本社に入ってくる、いわゆる人材の「双方向でのグローバル化」実現が理想形である。

グループ全世界ベースでの人材価値の最大化・全体最適を目指した同プログラムは、２００７年度から開始された。まず、07年10月に、ニューヨーク、ロンドン、シンガポール、上海の４都市に、「世界人材開発センター」（本部：東京）を開設し、伊藤忠グループの海外主要４拠点をつなぐ人材マネジメントネットワークを構築した。

翌２００８年には、全世界・全階層を対象にして、職務・職責の大きさを測り、人材マネジメントの基盤とする「グローバル共通グレード」（ＩＧＣ：Itochu Global Classification）を構築した（図表２－２－２参照）。これは、各拠点における職務をそれぞれ８段階に分けて、拠点間でどの職務階級とどの職務階級が同等に当たるかを明らかにするものである。例えば、日本の本社の課長職は米国包括子会社ではDirectorあるいはSenior Managerに相当し、中国拠点では部長と同等という具合である。

ＩＧＣは、各拠点のナショナルスタッフの報酬水準を決めるものではないが、人材の採用・育成・配置を進めていくための世界共通の目安となる。実際に、ＩＧＣを適用することにより、各拠点から同等の職務階級の従業員を集めた研修が可能となった。

図表 2-2-2　グローバルな人材マネジメントの基盤構築

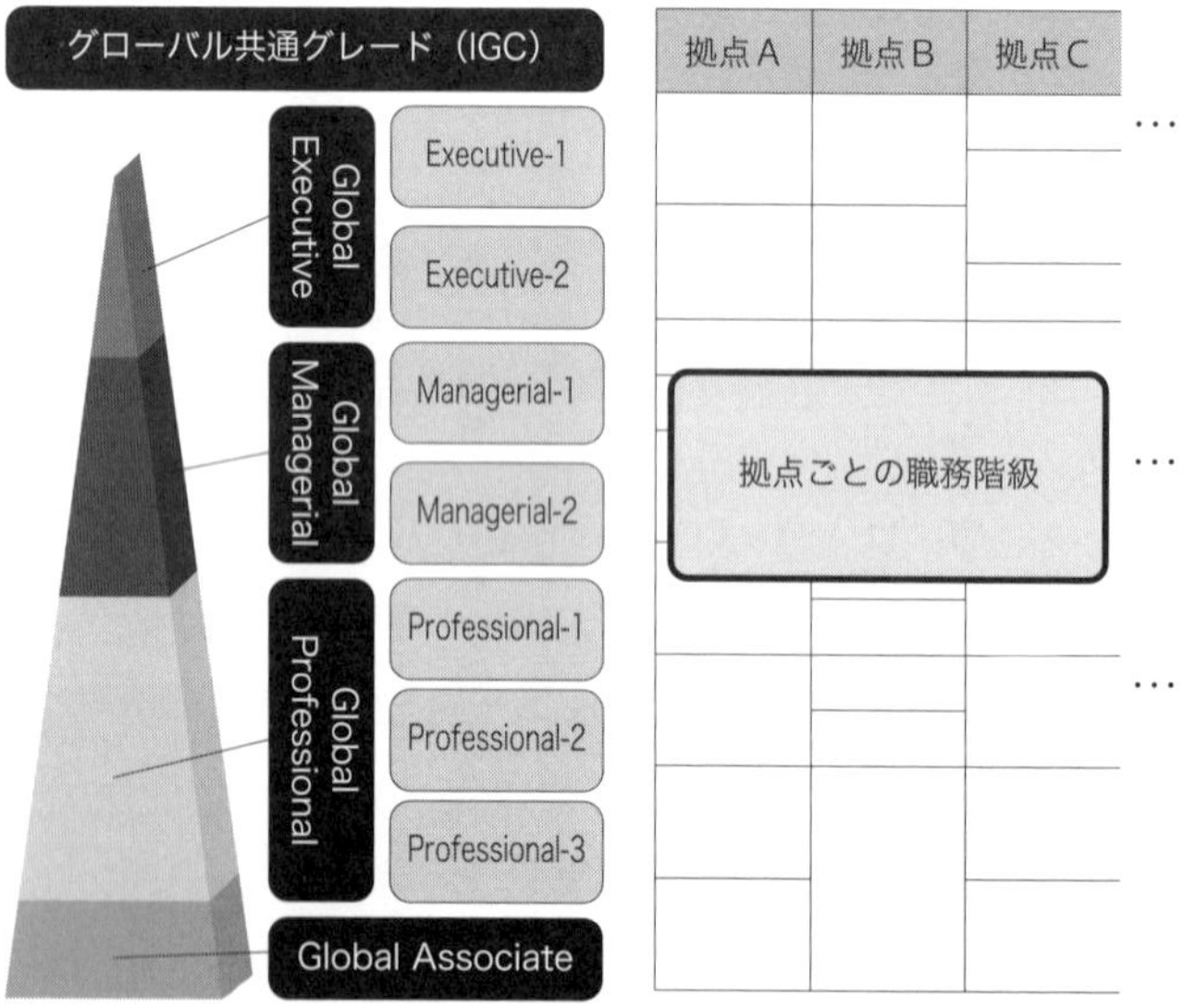

こうした基盤を元に、毎年本社に世界各地の海外法人からナショナルスタッフを集めて行う研修プログラムを展開しており、現在は5種類のプログラムに毎年百数十人が参加し、本社で伊藤忠商事のグローバルビジネスマインドや会社の沿革などを学んでいる。全世界のナショナルスタッフが利用可能なオンライン研修プログラムも運用されており、1000人近いナショナルスタッフが活用できるようになっている。

また、伊藤忠商事では、本社全社員および海外店の中堅以上社員5000人弱のポジションの人材データをグローバルベースで管理している。データベースには、氏名、職位等の基礎情報に加えて、人事評価、職歴、資格、キャリア計画などが収められ、グローバルな適材適所の人材配置を行うための基礎となっている。

さらには2008年から、ナショナルスタッフの本社派遣プログラムが開始された。累計で86人、17年は10人の海外ナショナルスタッフが本社に1~2年駐在しての実務研修を経験している。業務自体のみならず、日本の本社の「空気を吸う」ことが、帰国後の本社とのやり取りにおいて大きな武器となっている。

この他、グローバル採用ホームページ、後継者計画（サクセッション・プラン）、海外拠点間の異動の際の処遇ガイドラインなどが運用されている。

これらのプログラムは既に全社ベースで稼働しているが、現在は、利用状況などを見て、そこから引き続き全社ベースで管理した方が良いものと、地域ごと、あるいは事業カンパニーごとの管理とした方が良いものとに色分けするなど、運営改善を進めている段階である。

(2) 海外法人には多くの外国人経営陣

こうした活性化策の下、海外拠点や海外法人における外国人の幹部登用状況は、個社ごとの事情によりさまざまではあるものの、総じて進んできており、外国人経営者層の重要性が増している。特に、事業会社については、既に十分な基盤を持つ優良企業に出資・買収した場合などでは、それまで経営陣の地位にあった現地の外国人がそのまま事業会社のトップを務めるケースも少なくない。また、新規に出資・買収した企業ではなくても、業歴が長く、人材が育っている場合には、トップや経営陣に現地の外国人が登用されているケースも出てきている。他方において、新規に合弁企業などを立ち上げるケースや、経営に梃入《てこい》れが必要なケースにおいては、本社から派遣される日本人がトップを務めることが多い。また、伊藤忠商事の支社、あるいは地域事業を総括する直轄子会社については、トップは本社採用の日本人となっており、幹部クラスの一部に現地採用の外国人を登用する形である。

海外収益の拡大に伴い、経営の地場化も進み、そうした組織・領域においては、まさに適材適所が実施される中で外国人の占める割合やその役割は自然と大きくなっている。

(3) 海外採用外国人社員をいかにグローバル化するか

しかしながら、外国人幹部の国境を跨《また》いでの異動（例えば、ニューヨークからロンドン、あるいはバンコクからシンガポールなど）、さらには、海外拠点から日本の本社への異動は、まだまだ不十分であり、人材の双方向のグローバル化という理想には到達していない。制度的にはこれを支えるＩＧＣやグローバルな人材データベースが稼働しているが、実際には異動が進まないその一因として、伊藤忠商事が世界各国に展開する支社や子会社、事業会社レベルでは、業務の中心は当該国内や域内でのビジネスとなるため、そこでの採用に関しては、当該国において活躍できることが主眼となっていることが挙げられる。採用する側もされる側も、他地域や日本本社への異動を将来的に見据えるという考えが薄い。

この他、外国人トップの中には、日本人幹部より高額の年俸を稼ぎ、それに見合った業績を上げている者もあり、こうした人材にとっては、日本本社への異動がモチベーションとならない。海外法人の外国人社員が地域を超えてグローバルに活躍できるようにするためには、社員のグローバル人材としての認識をさらに強化する必要がある。伊藤忠商事では、ＩＧＣを活用して世界各拠点から社員を集めての集合研修や本社派遣プログラムを進めているが、これらは「グローバル人材」の自覚を促すツールとなっている。今後、こうした努力をさらに積み重ねていくとともに、海外拠点での採用時にも「グローバル人材」をより意識していくことも必要であろう。

(4) 国内では増えない外国人社員

ここまでは、海外拠点の外国人社員活用を中心として、日本の本社の外国人活用についても、海外拠点や海外法人からの異動という面から見てきた。以下では、視点を日本側に移して、本社での外国人社員採用の現状を見てみたい。

伊藤忠商事では、本社採用する総合職全員に、「グローバル人材」であることを求める。これは、上述の通り、「世界中、どこの国に行っても、その国の社会・慣習に対応してビジネスを遂行できる」スキルであり、この点がクリアされていれば、日本人であろうと外国人であろうと、分け隔てすることなく採用の対象となる。「どこの国に行っても対応できる」能力には、伊藤忠商事は本社が日本にある企業である以上、日本の社会・慣習にも対応できる人材という条件が当然含まれることになる。外国人材だからという理由であえて枠を設ける、あるいは優遇するといった措置は取ってはいない。結果として、外国人の本社採用は毎年数人という実績になっている。

本社の外国人社員については、ビザの更新など必要な手続き費用は全て会社負担としている。住居等についての特別な扱いはない（会社の寮・社宅が（日本人社員と同様に）利用可能）。優秀な外国人ほど、キャリアパスに対する考え方が明確であり、そのパスから外れていないことを早期の昇進によって確認したがる傾向が強い。商社は日本企業としては実力主義が浸透しており、実績さえ上げれば昇進は比較的早いが、それでも昇進スピードが合わずに退職していく外国人社員も少なくない。その結果、本社採用の外国人（単体）は現在31人であり、従業員全体（4370人）に占める割合も0・7％にとどまる。

(5) グローバルなセンス、日本人にも――「日本的慣習」正すことも

今後、中長期的に見れば、少子高齢化が進展する日本と、グローバル化が進む経済状況を前提とすれば、国内での外国人活用の重要性はますます高まっていくだろう。

しかし、無理に外国人枠を設定して、日本の社会文化に対応できない人材を採用したとしても、現場でのあつれきや早期離職者を増やすだけであり、生産的ではないというのが共通認識だ。例えば、従来から、社内文書や本社ビル内での表示などの一部で英語を併用するなど、2カ国語環境の整備を進めてきた。もちろん、それ自体、大切なことではあるが、他方において、それだけでは解決にはならない。より重要な解決策は、外国人社員増加に向けて、遠回りではあるが、日本人社員の外国人理解をさらに深めることであろう。

冒頭、伊藤忠商事の外国人材活用に関連する施策として二つ目に挙げた、本社日本人社員のグローバル人材化策はそのような考えの下で実施されている。伊藤忠商事では、海外で事業を推進していくためだけでなく、社内に外国人を受け入れて活用していくためにも、日本人社員自身が

グローバルなセンスを身に付ける必要があるという考え方に基づき、1999年から、入社4年以内に全総合職を海外に派遣している。具体的には、英語が得意な社員には海外駐在での実務研修、あるいは、第2外国語語学派遣を行い、英語が苦手な社員については英語の短期集中レッスンの後に、第2外国語語学派遣に出している。特に最近は第2外国語として中国語の習得に注力しており、18年3月には1000人の中国語人材を擁するに至ることを計画している。

また、これまで「日本独自」とされてきた企業内の制度や文化についても、正すべきところは正していくことが必要であろう。具体的には、深夜残業などの長時間労働や低い有給休暇取得率などは、業務の効率性を損なうだけでなく、心と体の健康面にも悪影響を及ぼす。こうした点を改善しグローバルなスタンダードにより近い働き方ができる環境をつくることも、外国人のビジネスパーソンを引きつける大事な一歩となるはずである。今後も無理はせずに、しかし先々を見据えて、着実に足元から固めていく方針である。

4. 外国人材とのすり合わせ密に（豊田通商）

(1) 部長クラスや本社執行役員に

豊田通商では、外国人としての特性・語学力を生かした配置・育成に努めており、各現場で戦力として活躍し始めている。本社では、部長クラスまで就任しているほか、2016年にアフリカ事業を得意とするフランスの商社CFAOを完全子会社とした結果、17年度よりCFAO社長が専務執行役員に就任している。海外現地法人や専門子会社では外国人社長や役員の数が増加しており、外国人比率（国籍が日本以外）は連結ベースで95・2％（5万5293人／5万8082人）、本社採用では1・4％（40人／2829人）となっている。

(2) 年4回以上の面談、メンター制度も

採用面では、本社では過去5年間数（0～3）人づつ、留学生からの採用実績がある。外国人の特性や語学力を生かした配置を心掛けており、海外赴任経験のある上司の下への配属を行っている。そこでは、上司・OJT（職場内訓練）担当に加えてメンター（指導社員）を置いてサポートし、仕事や生活の相談ができる体制だ。キャリア形成・育成計画については、日本人社員と同様、「経営」と「個人のキャリア開発」の全体最適を目指し、入社15年経過までに5年ごとを目安に計2回の異動を実施している。この間、上司との定期面談を年最低4回設定し、本人の特性・希望と配属部署での期待役割の擦り合わせを行って、本人の納得度を高めることを目指している。

高度外国人材の活躍の場としては、やはり海外分野が中心となる。例えば、日本が絡まない三国間取引、海外現地の日系以外の企業や消費者をターゲットとした顧客開拓・ニーズ把握・事業

企画・構築・運営、海外の現地法人・グループ会社の労務管理・労使交渉などが挙げられよう。

このような方面での外国人社員に対するニーズは高い。求められる外国人社員のタイプとしては、配属される部門が求める特性や期待役割によりさまざまだ。例えば、潜在力重視であれば異文化の受容性・耐性の高さ、柔軟なコミュニケーション力、チームの一員としての細かい仕事や下積み仕事も厭《いと》わずに取り組めることなど、また、即戦力であれば、担当業界・商品の専門知識、有力企業とのネットワーク、事業企画から商流形成、日々の納品管理までの構想力、実現に向けチームをまとめるリーダーシップなどがある。

外国人の評価・登用面では、性別・年齢・国籍などの違いにとらわれず、成果に基づいた公平な人事評価を実施しており、評価ステップなども日本人社員と変わらない。

(3) 多様な人材の活躍を期待——女性から外国人やシニアも

以上のような状況の下で内なるグローバル化は豊田通商でも徐々に推進体制に入っている。その際には、豊田通商の企業理念を織り込んだ動きとなる。日本の商社は、各社独自の企業理念に基づいて顧客との共存共栄を図ってきた歴史がある。異なる国・地域にわたるさまざまなステークホルダーとの共存共栄や互恵関係（ＷＩＮ－ＷＩＮ）を長期的視点に立って大切にしてきた。ビジネスがグローバル化していく中においても、短期的な自社・自国の利益を優先するのではなく、進出先国とその国民の利益・発展に貢献することで互いの長期的な利益につなげていくという姿勢だ。豊田通商では「商魂」「現地・現物・現実」「チームパワー」をキーワードとする「豊田通商グループウェイ」を実践できる人材を育成することを目的に教育・研修を展開し、社員の能力向上に努めている。２０１６年にはこのグループウェイを基にToyotsu Core Value (Innovator spirit, Genba-focus, Collective force) とし具体化することでグローバル豊田通商グループでの浸透を図っている。多様な人材が活躍し、共創を促進する風土醸成の下、グローバル視点で事業創造できる人材、グローバルトップと渡り合える経営人材の育成に注力している。

その中で、豊田通商に特徴的なのは、先行して進められてきた、女性活躍を軸とする「ダイバーシティ推進」を拡張する形で内なるグローバル化が進められていることだ。豊田通商では既に２００６年にダイバーシティ推進室を設置し、特に女性活躍を中心とした制度の整備・拡充と一般職社員の能力開発・職域拡大等を推進してきた。その後、14年には、グローバルビジネスの拡大・変貌を受けて、トップから「Global D&I (Diversity & Inclusion) 宣言」が出された。これは重要な経営戦略の一つとして位置付けられ、取り組みが強化された。現在は「国籍・人種」、「性別」、「年齢」、「企業文化」という四つの軸の下でGlobal D&Iは推進されている。「国籍・人種」は外国人の活躍・登用と本社日本人社員のグローバル化推進というグローバル化そのものがポイントだ。さらに「性別」は女性の活躍・登用推進、「年齢」は定年後の再雇用社員を含むシニアの活躍推進という軸、さらに「企業文化」は企業の合併・買収（M&A）に伴う異なる企業・組織文化の融合が具体的内容だ。この四つのテーマの中では、外国人の活躍・登用は「国籍・人種」と「企業文化」に関わるものだ。また、本社社員のグローバル化も、このGlobal D&Iの一環として進められている。

5. グローバル人材育成への道（各社）――一部に執行役員登用も

ほかにもグローバル人材の育成や活用を意欲的に進めている例がある。

◆住友商事

経営のグローバル化を推進しており、資質の高い優秀な現地職員を各海外法人や海外店舗で採用し、当該法人や店舗の経営戦略・市場戦略を理解させ、組織を有機的に運営できる人材とすべく、各拠点での研修や本社での研修等の機会を通じて積極的に育成している。そして、それらの人材のうち、リーダーシップやマネジメント能力の優れた人材については、グループの経営理念や総合商社の多様で高度な機能である総合力についての理解を促し、海外店舗における経営幹部への登用をさらに積極的に進めていく方針としている。

２０１６年度で見ると、２３７人の海外現地職員が日本での研修に参加。海外法人や海外店舗のトップもしくは海外法人の幹部クラスに就いている現地職員は合計26人となっている。

◆丸紅

各事業拠点において、その環境やポジションに合う人材を採用・教育・配置するという基本的考え方を採っている。グループ内で国籍・性別を問わず、最適な人材を登用・配置していく方針を貫いており、「日本人」「外国人（留学生含む）」を考慮せずに能力本位で採用し、本社採用では毎年数人の外国人が入社している。海外の大学等での採用は行っていない。待遇・処遇・育成面では、本社採用新卒社員の間で差はない。

経営層では、本社の常務執行役員農業化学品本部長に外国人（米国籍）が就任しているほか、多くの外国人が海外の事業投資先で役員として活躍している。現地法人のトップに外国人はいないものの、ますます戦略上の重要性が高まる海外事業会社の多くでは外国人がトップを担っている。

また、本社では、職務型雇用・契約社員を活用しており、専門性が高い能力を必要とする部署で、高度外国人材が職務型雇用に近い形式で勤務している例がある。加えて、本社のみならず、海外拠点も含めたグループ全体での適材適所を実現するために海外拠点の優秀人材を本社駐在させる人材ローテーションを積極的に実施している。

◆三井物産

本社採用面では、数年前に、日本での新卒・年1回の採用から、通年にわたって世界各地で新卒・キャリアを問わず採用する「グローバル通年採用」に変更した。現在も国籍を問わない採用方針の下で、国内に限らず欧米での採用活動も継続実施。結果として外国人材は現在年4～5人程度の採用となっている。

外国人材の育成面では、本人の希望によりビジネス日本語講座の受講が可能であること、若手の社内テスト受験に際して、日本語の読解に時間がかかるため試験時間を緩和するなどの措置を実施するほか、個々人の特性に一層配慮した初期配属を行っている。

内外をまたぐ登用面では、海外現地法人でのローカル採用から、現地部署のGM（部課長程度）となって本社採用になるケースが数人程度ながら出てきており、この場合は日本を含め世界各地に異動することもあり得る。また、Harvard Business Schoolに中堅クラスを派遣する独自研修プログラムでは、本社採用社員に加え海外現地法人採用社員および戦略パートナー企業からも参加者を募り、次世代グローバルリーダーの育成に努めている。

◆三菱商事

事業投資型ビジネスモデルから事業経営モデルへの進化に伴い、本社・海外拠点・事業会社のそれぞれにおいて、「経営能力」をもって主体的に強みや機能を発揮し、その時々の環境変化に対応しながら価値を創造することのできる経営人材の育成を図っている。その中で、国籍・性別を問わず、最適な人材を登用・配置していく方針であるが、本社総合職での外国人材採用はここ10年増加し、現状毎年10人程度を採用している。幹部登用面でも、海外拠点・海外法人での外国人幹部登用は総じて進んできている。米国三菱商事社長をはじめ、現地国籍の拠点長（2017年4月1日付13人）や部長クラスの役職就任が増えている。事業会社の場合も同様で、外国籍幹部が増加し、一部ではトップ（最高執行責任者（COO）含め）に就任している。

新入総合職社員全員に対してグローバル研修生制度があり、入社8年目までの社員全員を海外に派遣している。また、ミドルマネジメント層を海外短期ビジネススクールに派遣するなど、グローバル人材育成に向けた研修の充実にも力を入れている。

◆JFE商事

近年同社グループにおいても、海外への輸出に加えて、三国間取引、海外現地取引の大幅な増加により、日本人以外のグループ社員やビジネスパートナーの数が格段に増えている。この様な環境下、彼らと共にビジネスを成功させるためには、グローバル、もしくは各国特有の習慣、文化、考え方に精通することが不可欠であり、こういった感覚をスピード感を持って身に付けるため、外国人材の活用を積極的に検討している。

現在、外国人材としては、海外現地法人・事業会社は当然のことながら、本社においても海外にバックグラウンドを持つ社員を積極的に採用しており、米国、中国をはじめとした外国籍を持つ社員が勤務している。また、海外グループ会社においては、米国では現地法人・事業会社社長として、ＡＳＥＡＮ諸国では事業会社取締役として、グループ会社の経営に携わっており、グループのグローバル化に大きく貢献していることから、今後もナショナルスタッフの経営層への登用をさらに促進していきたいと考えている。

グローバル研修面では、本社総合職を8年目までに全員、語学研修、業務研修などの形で最長2年間海外に派遣しているほか、ナショナルスタッフに対しては、各拠点よりメンバーを選抜し、毎年8月に東京本社にて1週間のマネジメント研修を行っている。また、ナショナルスタッフを日本に一定期間（1年以上）滞在させて業務に従事させる試みをスタートさせており、現在は豪州現地法人の幹部社員を東京に駐在させて、本社業務に従事させている。

◆日鉄住金物産

日鉄住金物産は２０１３年に統合されスタートした。新会社が掲げている四つの経営方針のうちの一つに「グローバル戦略の加速」がある。その具現化のために、採用面では、世界で活躍することが視野にあり、挑戦心と意欲旺盛なグローバル人材を求めている。外国人材の勤務によってビジネスの広がりを期待するとともに、社内での日常的な小さな変化が日本人社員に刺激を与えることも狙っている。

社内研修面では、ナショナルスタッフに対して、日本での1週間の集合研修や、最長1年間程度の本社での実務研修を年数人に対して実施している。外国人比率は本社では1・5%程度であり、国籍は中国、韓国、インドなどである。

6. トップが決断、攻めの経営呼び込む（他業種事例）

最後に、メーカーでの事例として、日立製作所のここ数年の変革の動きを取り上げる。同社は、トップの決断で経営陣に外国人材を登用、取締役会の活性化を通して攻めの経営を呼び込んだ。2011年度から「グローバル人財データベース」（ここでは日立社内での通例に準じて「人財」を用いる）の整備も進行中だ。その結果、徐々に内なるグローバル化の成果が現れつつある。

(1) 経営陣に外国人材登用

日立製作所では、2012年6月の取締役会において取締役構成が多様化され、初めて外国人取締役を迎えた。17年6月時点では、日本人取締役8人に対して、外国人の社外取締役が5人、うち2人が女性である。出身地は英国が2人、米国・シンガポールとインド各1人。この改革を主導した川村会長（当時）によると、外国人社外取締役の登用は、世界で戦っていくグローバル企業ということを社員に自覚してほしい、そのためには経営層から変えていかないといけないという思いからだったという。[4] 川村氏は、初めて外国人の取締役を迎えた際に、「あなた方は大卒の社員をたくさん採用しているのに、どうしてこれだけの利益率しか出せないのか。海外であれば、同じような業種の利益率は2、3倍は高い。答えてください」との質問を受けて、先制パンチをくらったと語っている。日立でも以前の取締役会には、「他の皆さんがそう考えているなら良いでしょう」という雰囲気があったが、外国人の率直な質問が刺激になって変わったという。川村氏は、取締役会での議論が活性化したばかりでなく、経営そのものに対しても「攻め」の姿勢を促していると指摘している。

また、事業部門トップにも外国人材を登用している。現在、日立のビジネスユニットは計14部門あるが、そのうちで鉄道車両部門のトップは英国人であり、今後の主戦場の一つに据える欧州を含めた戦略的経営をさらに推進していける体制だ。２０１７年４月にはグループ会社の最高経営責任者（ＣＥＯ）を務めている外国人材が本社の副本部長に就任するなど、本社での経営層への外国人材の登用も、さらに広がりつつある。

(2) **現れ始めた「グローバル人財戦略」の成果**

一方、グローバル経営の基盤形成としての日立の「グローバル人財戦略（Global Human Resources Strategy）」は2011年度に開始され、現状、7年目になる。

2013年度までの戦略フェーズⅠでは、共通施策・制度が導入された。具体的には、「グローバル人財データベース」の構築と、Global Leadership Development の推進である。グローバル日立の社員25万人分の人材情報を、まず氏名、所属、役職などからデータベース化し、これは12年度にほぼ終了した。また、Global Leadership Development は、500人のトップタレントをプールし、育成するというものである。並行して、グローバル採用や国際異動ポリシーも見直された。ここでは、日本から海外、海外から日本、三国間の海外から海外の異動・処遇の考え方についてグローバル標準制度を定めている。

以上のようなフェーズⅠにおける準備作業を受けて、2013年度からはフェーズⅡに入った。マネジャー以上の5万ポジションを格付けし（グローバル・グレード）、並行して、全世界約700社（16年実績）が参加して従業員サーベイが実施され、約17万3000人（16年実績）が回答した（Hitachi Insight）。その結果は多面的に活用されている。また14年度に処遇制度の

(4) 川村隆「ライバルは世界だ、甘えるな」『文藝春秋』2015年12月。

改革を行い、年功序列的要素が残る「資格給・職位給」から、仕事の役割の大きさと個人と組織の成果から報酬を決める「役割・成果給」に転換した。

このフェーズⅡは2015年度で終わり、現在は18年度までの戦略フェーズⅢに入っている。ここではプロセスの効率化・見える化のため、新ＩＴシステムへの切り替えを進めている。この新システムには個人のスキルやプロジェクト参加歴などの項目が登録できるようになっており、21社がパイロット参加している。日本では17年度に利用が開始される。また、約34万人に新ラーニングシステム（Hitachi University）が導入されている。

以上が具体的な動きだが、日立製作所ではさらに今後は「グローバル人財データベース」を活用して人材のグローバルな流動性を確保していく方針である。その際、海外人材のみならず女性の活用なども含めたダイバーシティ推進を強く意識して、経営人材育成を進めていく。こうした変革を進めるに当たり、日立製作所では役員クラスまで含めてのマインドセット改革を推進しており、各人にはグローバル化の重要性の認識の下での強い実行力が求められている。

こうした「グローバル人財戦略」の成果は徐々に出始めている。

グループ横断的な人材マネジメント基盤を構築したことは、前述の英国人トップ率いる鉄道車両事業において、大きな効果を及ぼしている。当事業ではＥＵでの拠点を、英国のみならず、Ｍ＆Ａによりイタリアにも拡大。「グローバル人財戦略」によって実現した共通のものさしによる「見える化」が、拠点スタッフの人材マネジメントに貢献することが期待されている。

一方、関連会社も含めた日立グループ全体に、新方針を徹底させるには難しい面もある。原則として主要子会社[5]を通じて日立グループ全体（2016年度末864社）への浸透を図っているため、指示等が間接的になり、また時間もかかる。海外会社への浸透に当たっては、米国、欧州等の地域統括会社がサポートできる体制をとっている。

今後、他の事業でも海外のM&Aが増えていく方向にあり、鉄道車両事業のような効果が期待される。中期経営の目標である「社会イノベーション事業をグローバルに提供し、社会へ貢献する」ことの実現に向け、「グローバル人財戦略」の成果を活用していく。

3節　多様な働き方用意を――双方向の人材交流増やせ

前節で見たように、日本企業にとって必要なのは、成長のフロンティアである海外で好機をつかめる人材、数が増えた現地拠点を動かせる人材、さらには新しい発想を国内にもたらしてくれる人材だ。実際、海外事業会社などにおける外国籍幹部の登用は増加しているものの、依然とし

(5)　日立金属、日立建機、日立化成、日立ハイテクノロジーズ、日立オートモーティブシステムズ、日立アプライアンス、日立産機システム、他。

て、管理・調整は日本人社員が担い、オペレーションは現地スタッフという色分けが濃いことも事実である。また、さまざまな努力にもかかわらず、国内での外国人雇用も限定的で、外国人材が持つ力を十分に引き出せていない場合が多いこともわかった。

問題はどこにあるのか。障害の一つが長期勤続を前提にした日本型雇用だ。任せる仕事や昇進・昇給の条件が曖昧で、意欲ある外国人材が素通りしてしまう。外国人材が融合したより強い組織をつくるためには、職務をより明確にした職務型雇用の選択肢を増やすことが必要だ。日本人の発想をグローバル化することも有効だ。日本人が海外組織で経験を積んだり、海外拠点からの出向者を増やしたりするなど、双方向の人材交流を活発化させ、意識改革に努めるべきだ。

1. 新時代、日本人だけでは限界

(1) 新しいアイデアは海外から

なぜ、外国人材の登用が必要なのか、改めておさらいしてみよう。第一は、チャンスが海外にある場合が多いことだ。ビジネスの将来性を売り買いする市場である株式市場の時価総額を見てみよう（図表2－3－1）。日本や欧州が地盤沈下している一方で、中国などアジアが拡大している（同上）。米国は2010年頃に落ち込んだが15年には再び盛り返している。個別企業を見ると、多くが米国企業であり（同下）、しかも比較的近年に起業した若い企業が多い。日本はトヨタ自動車が20位台に顔を出しているのがせいぜいで、しかも他は銀行、通信大手と歴史を重ねた大企業だけだ。海外では新しいアイデアが生まれ、経済・産業の新陳代謝が進んでいることがうかがえる。

図表 2-3-1　世界の時価総額ランキング

時価総額に占める各地域の比率

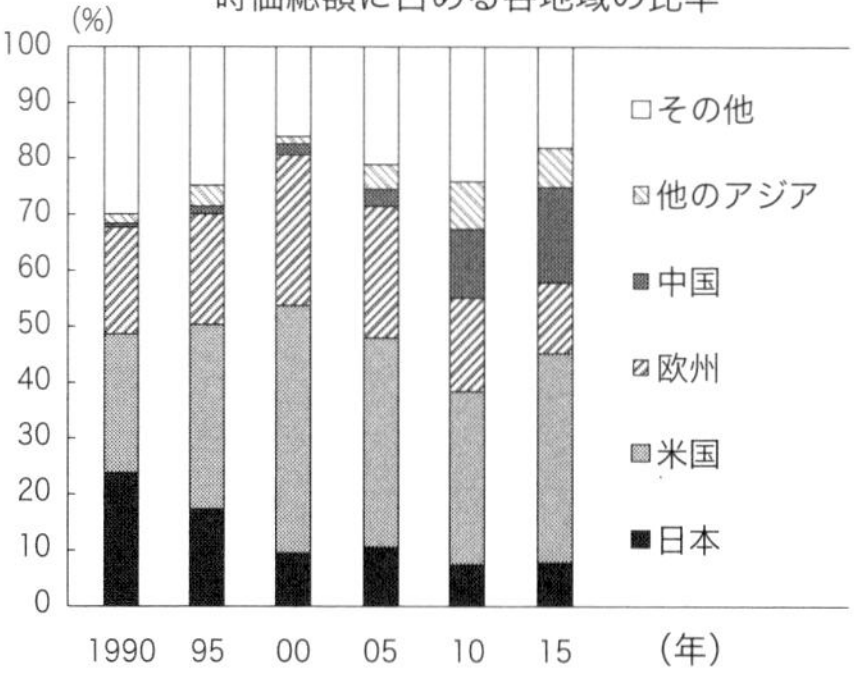

（資料）世界銀行「World Development Indicators」をもとに作成

2016年末の時価総額 上位

1	アップル	米国
2	アルファベット（グーグル）	米国
3	マイクロソフト	米国
4	バークシャーハザウェイ	米国
5	エクソンモービル	米国
6	アマゾン・ドット・コム	米国
7	フェイス・ブック	米国
8	ジョンソン・エンド・ジョンソン	米国
9	JPモルガン・チェース	米国
10	ゼネラル・エレクトリック	米国
11	ウェルズ・ファーゴ	米国
12	AT&T	米国
13	サムスン電子	韓国
14	バンク・オブ・アメリカ	米国
15	プロクター・アンド・ギャンブル	米国
16	ロイヤル・ダッチ・シェル	オランダ
17	シェブロン	米国
18	ネスレ	スイス
19	中国工商銀行	中国
20	テンセント	中国
⋮	⋮	⋮
28	トヨタ自動車	日本
87	NTTドコモ	日本
89	三菱UFJフィナンシャルグループ	日本
91	NTT	日本

（資料）日経ヴェリタス（2017年1月8日）をもとに作成

(2) 海外拠点を動かす人材も必要

外国人材が必要なのは、日本企業の海外進出が相当進んだからでもある。経済産業省の「海外事業活動基本調査」によると、日系企業の海外現地法人数は２０１４年度には約２・４万社と20年弱で２・４倍に増えた（図表２－３－２）。商社を含む卸売業は、04年度から14年度までの10年で約2倍になった。同調査に答えた企業の本社人員（常時従業者数）は、過去10年間に18％しか増えていない。本社社員が現地に出向いて現地法人を管理する形では、人繰りがつかなくなっていることが想像できる。

日本人、現地のナショナル・スタッフという枠を越えて、価値を生み出せる人材が必要――。前節で複数の商社が訴えていたのがこの点だ。従来の日系企業の現地法人では、日本人は本社との調整を含めた管理、オペレーションはナショナルスタッフという役割分担がよく見ら

図表 2-3-2　日系企業の海外現地法人数

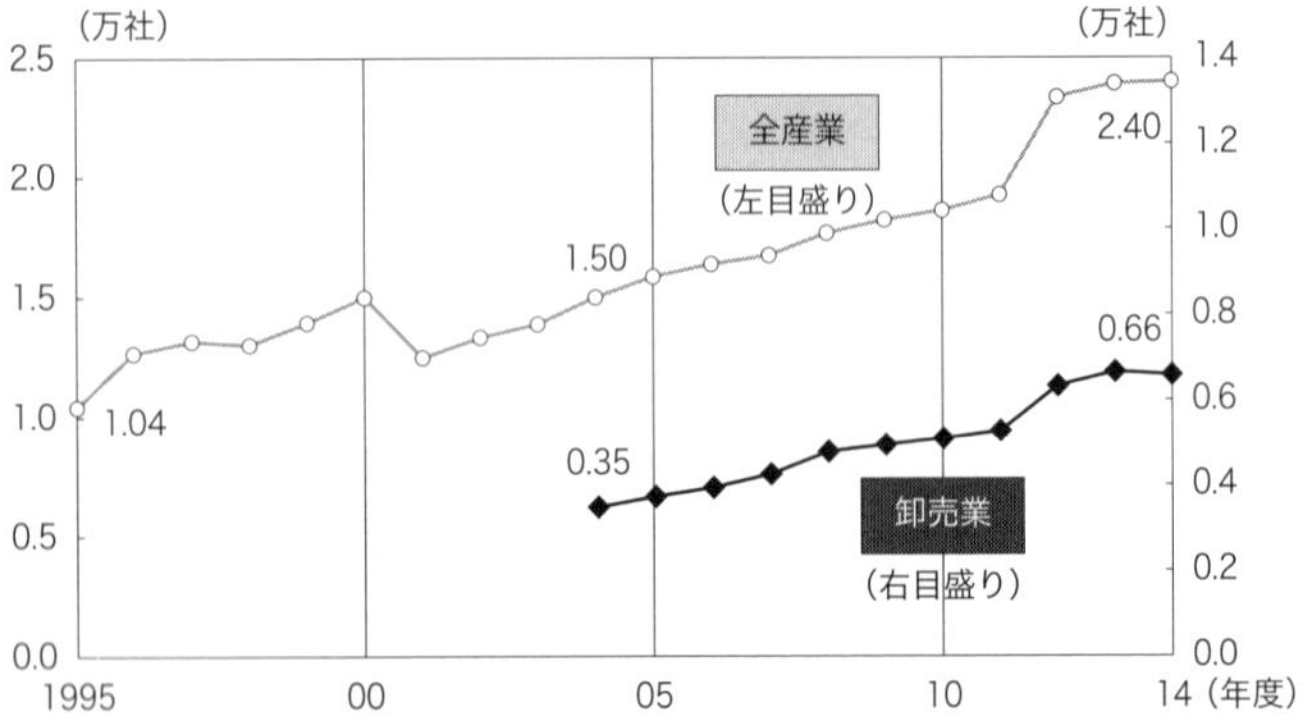

(資料) 経済産業省「海外事業活動基本調査」

れた。しかし、こうした固定化した人材配置では、新しい商機を獲得し、現地ビジネスを成長させることが難しくなっている。意欲ある外国人材の力を引き出し、戦力化することがこれまでにも増して重要になっている。

2. 日本型雇用、外国人は素通り

(1) 本社で働く外国人ごく少数

外国人材への期待は大きいが、同人材の活用が軌道に乗っているとは言いにくい。2節で見たように、①国内での採用数が少なく定着率も低い、②現地での採用や幹部登用例は増えているものの、国をまたいで活躍する事例が少ない――といった問題点が見られる。

日本への外国人の浸透状況をマクロ的に確認してみよう。人口に占める外国人比率は、第1章で紹介したように1・7％と経済協力開発機構（OECD）加盟国で最下位圏だ（2014年）。「雇用」で見ても、外国人労働者数は108万人（16年10月、厚生労働省調べ）と、雇用者数の1・9％にすぎない。このうち、専門性や技術で就労を認められた外国人は20万人にとどまる。このため、例えば企業の本社で働く外国人というカテゴリーに絞ると、外国人はより少ない。やや古い資料になるが、厚生労働省が08年に実施した東証一部上場企業を対象にした調査によると、外国人社員数は全体の0・25％にすぎない。日本の職場では、外国人の存在が極めて限られていることがわかる。

(2) 通じない「いずれ報いる」

外国人材の活躍を阻んでいる要因の一つが、日本型雇用だ。職を選び取るのではなく、取りあえず会社という組織に入る。言われた部署に就き、現場で仕事を覚えていく。大学の専門が尊重されるとは限らない。ローテーションで複数の仕事をこなしながら経験を積む。若いうちは、昇進・昇給の差は少なく横並びだ。

これに対し、日本に来て働こうという外国人は若くても明確なキャリア観を持っている場合が多い。担当業務は自分で選び取りたい、大学で学んだ専門性を生かしたい、祖国の役に立つ仕事がしたい、などだ。さらに、職務を明確にした上で、それが達成できれば昇進・昇給するのは当然と考える（図表2－3－3）。

こんな差が生まれるのは、日本人は長期（終身）雇用を前提

図表 2-3-3　日本型雇用と外国人材のキャリア観の違い

日本型雇用	外国人材のキャリア観
▶ 横並びで差を付けない ≫ 指示された仕事をこなす ≫ ローテーションで異動 ≫ 現場で学ぶ（OJT）	▶ 職務・報酬・昇進の条件明確に ≫ 仕事は自分で選ぶ ≫ 祖国の役に立ちたい ≫ 大学の成果を生かしたい
▶ 長期間いることが前提 ≫ 経験積みながら適性見る ≫ いずれ報いる	▶ 数年を一区切りに ≫ 転職しながらステップアップ ≫ 日本は選択肢の1つにすぎず

に考えているが、外国人はそれが念頭にないからだ。日本企業では、組織に尽くしていれば、いずれは昇進・昇給し、ポストも与えられると社員は考える。会社も人事面で気を配る。「いずれ報いる」、この言葉が労使の暗黙の了解事項になっている。しかし、数年で職を変えながらステップアップしたいと考える外国人には、その言葉は通じない。「いずれ」は存在しないからだ。「日本」は選択肢の一つにすぎず、チャンスがあれば国を超えて活躍したいと考える場合も多い。

残念ながら日本は、外国人材から働く場所として評価されていない。外国人留学生の就労支援を手掛ける日本国際化推進協会が、現・元留学生を対象に２０１５年秋に実施した調査によると、日本は住む場として83％が魅力あり（非常にまたはやや魅力的の回答を合計）と答えているのに対し、働く場になるとそれが22％に下がる（図表２－３－４）。

図表 2-3-4　日本は住むなら魅力だが、働くのは敬遠

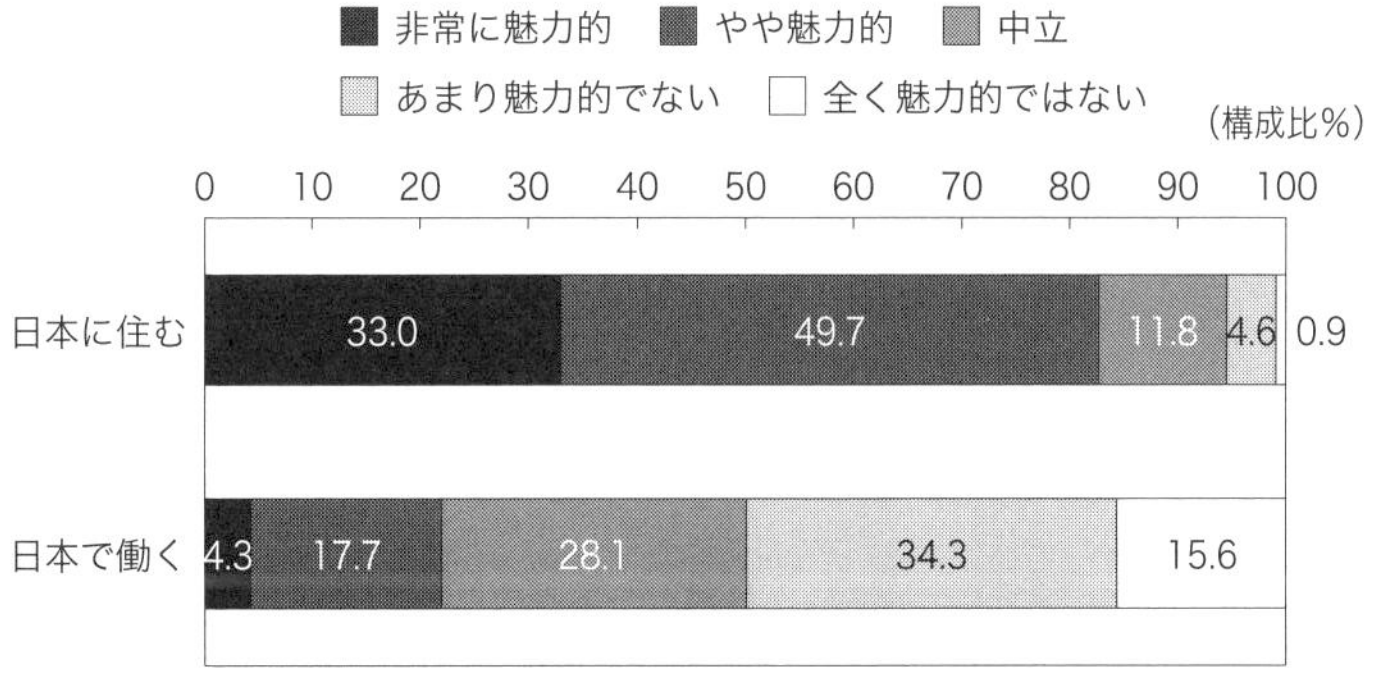

（注）2015 年 10 ～ 11 月実施。回答者数 819 人
（資料）日本国際化推進協会による留学生・元留学生へのアンケート調査

同調査によると、就職活動に関する不満で目立ったのは「入社後の仕事内容が不明確」で、既に日本企業で働いている外国人からの不満で一番多かったのは、「昇進する見込みが感じられない」だった。日本経済研究センターが２０１４年に実施した聞き取りでも、日本企業で働く元留学生からは、「３年間は与えられた仕事を黙ってやれと言われる。下積み・雑用をするために日本に来たのではない」といった不満が聞かれた（日本経済研究センター２０１４）。外国人材が描くキャリアパスが日本企業の採用や処遇とかみ合っていないことがわかる。

(3) 日本に来ないアジア拠点

意欲ある外国人材は、より自分のキャリア観に合う他の地域・企業を選ぶことが想像される。図表２－３－５は外資系企業がアジアの統括拠点をどこに置いているかを示している。日本は少なく、シンガポール、中国、香港が上位に来

図表 2-3-5　アジア拠点どこに置く（外資系企業）

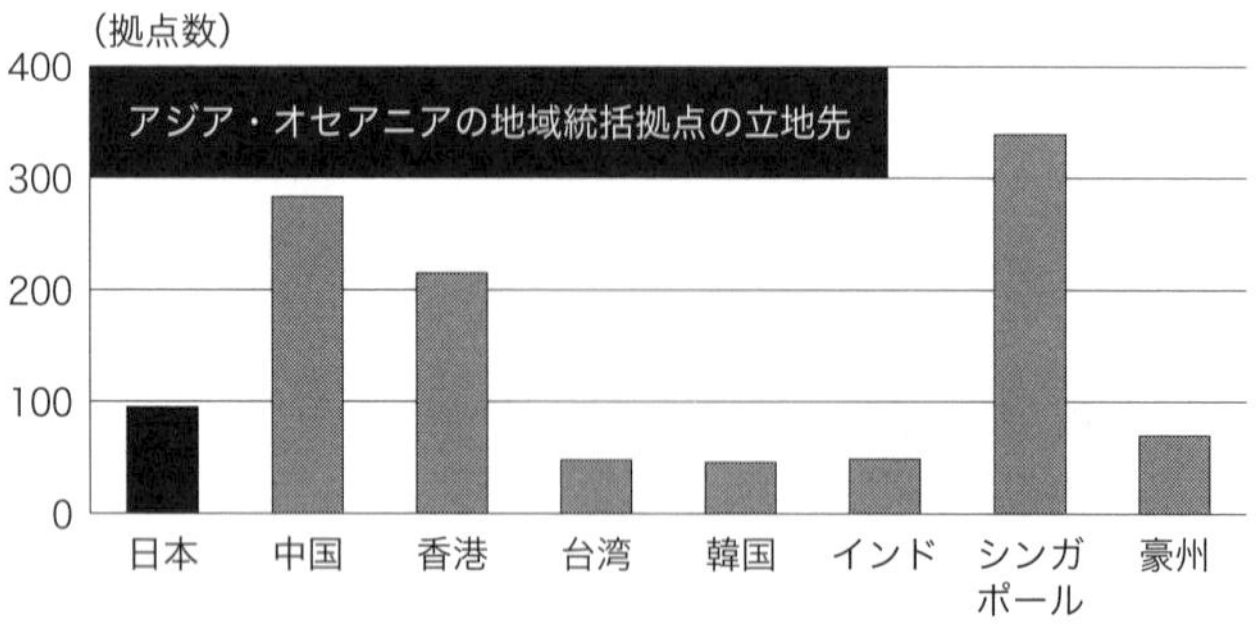

（資料）経済産業省「外資系企業動向調査」2014 年調査（2013 年実績）

る。人の動きを直接表したものではないが、統括拠点がある場所に幹部人材も集まっていることが想像できる。高度人材の能力を生かせる職場が日本に少なく、日本を素通りしていることがうかがえる。同調査は、日本に事業所を置いている外資系企業に聞いた調査であり、日本に事業所を持たない外資系企業も含めると、日本との差はさらに大きくなるはずだ。

3. 職務型雇用の試行を

(1) 働き方改革にも寄与

外国人材を日本企業に招き入れるにはどうしたらよいのか。一つの大きな選択は、外国人向けに特別の仕組みを設けるのか、日本人と同じ条件で働いてもらうのかだ。外国人材にも日本という異国で働くグローバル人材であることを求めるなら、後者が企業としての理念に沿うだろう。しかし、日本人向けにできている仕組みを貫けば、彼らのキャリア観と衝突するケースが多くなる。採用数は限られ、定着率も低くなるだろう。

簡単に答えは出せないが、長い目で見れば、一人一人の職務を定めるという雇用契約の方式を徐々に増やす方向に進むのではないか。国内にも別の環境変化があるからだ。一つは働き方改革だ。長時間労働の是正が急務になっている。もう一つは、女性や高齢者が活躍しやすい職場づくりだ。これは、いずれも日本型雇用に修正を迫る側面を持っている。

日本型雇用は、新卒一括採用による均質な従業員層が前提になっている。これは一面で便利な仕組みだ。あらかじめ職務契約はないため、会社の都合でどんどん配属や担当を替えることができる。顧客の急な要望、トラブルなど、想定外が起きた時にも、柔軟に対応し顧客満足度を高めることが可能だ。急な発注に応えてくれる社員はありがたい。管理職がそうした社員を評価すると、社員の側にも長時間労働を選ぶ誘因が生まれる。日本型雇用には長時間労働を生みやすい土壌がある。

均質な従業員層は、主に男性正社員が前提だった。しかし、今必要になっているのは、女性や高齢者、非正規社員を含めて、多様な働き方を認めつつ、それぞれの能力を最大限発揮してもらう働き方だ。そのためには、職務をある程度事前に定義・限定することが必要になってくる。外国人材の雇用も同じ側面を持つ。職務、報酬などを個別に約束する働き方だ。働き方の多様化は労務管理の複雑化を意味し、一朝一夕には実現しにくいが、10年、20年先を見据えて少しずつ職務型雇用の導入を試行すべきではないか。

(2) 人事・報酬の透明化を——双方向の人事交流増やせ

もう一つは、人事評価や報酬を透明化することだ。外国人材の不満の一つは昇進・昇給の先が見えないことに根差している。評価・報酬体系と個々人がどの職務グレードに就いているのかなどを見える化することが、不満軽減に寄与するだろう。2節で見たように、既に商社・メーカーがこうした仕組みを取り入れており、他のグローバル企業でも導入例がある。(6) 世界各地域をまたぐ人材データベースがあれば、ローカル人材のグローバルな登用もしやすくなるだろう。ローカル人材は現地での登用にとどまることが多かった。会社も本人もそれを当たり前と考えると、潜在的な可能性を摘んでしまう。グローバル登用の実績を増やしながら、それを見える化し、壁を崩すべきだ。

外国人の融合を進めるには、外国人に日本に馴染《なじ》んでもらうばかりでなく、日本人が海外流の考え方を身に付けることも重要だ。日本人が外に出ることと外国人が日本に来ること、双方向での人事交流の流れを太くすべきだ。既に商社では、若いうちに日本人社員が海外事業所や出資先の企業に出向する制度を設けているところが多い。こうした事例をさらに充実していくべきだろう。

(6) 経済同友会(2012)。

日本の企業風土を優秀な外国人材が活躍できるように変革する

小林国際事務所 代表　小《こ》林《ばやし》　元《はじめ》

1．海外の経営者は現地に進出した日本企業の経営をどのようにみているか

私は、東レで海外事業に40年間従事し、先進国および開発途上国にて十指に余る事業を担当してきた。その中で、海外の優秀な人材と多くの仕事をしてきた。その経験から言うと、日本のビジネス界が本気で彼らを日本に呼び込み、戦力として活用しようとするのであれば、日本の企業風土の根底のある部分を抜本的に変革する必要があると考えている。

私は、自分の海外経験をケーススタディーの形にまとめ、『海外事業を成功に導く仕事術』という本を、ぎょうせいより最近上梓《じょうし》したが、その中で、欧州の企業経営者が現地に進出している日本企業の経営者に対して、どのように見ているか、どのような点を批判しているかを述べている（前掲書p199−200）。企業内部においてまた企業外部に対しても「開かれた構造になっていない」と彼らは言う。

(1)　企業内部において

日本人上司とのコミュニケーション：日本人経営者の指示に対し「当地の事情から、この点は変えた

方がよいのでは」と言うと、嫌な顔をして議論に応じない人が多い。議論をするのを避けたい、会議で議論すること自体に慣れていないように見える。指示と異なったものでも、現地人マネジャーの良いものは取り入れるという柔軟性に欠ける。多様性（ダイバーシティ）に耳を傾ける姿勢が感じられないのだ。これでは現地人の嗜好《しこう》に合った商品企画などできないのではないか。

(2)　企業外部に対して

日本企業がつくっているモノは見えても、その企業の顔（企業理念）が見えない。また理念を進出先の地域社会にわかってもらおうという姿勢が見えない。

当地に来ている日本人は、仲間だけで固まっていることが多く、われわれの仲間の会合に招待しても、ほとんど出てこない。進出先のコミュニティーに仲間入りして、自分たちをわかってもらい、その地のビジネス環境がどのように動いているのかについてこうしたインフォーマルな付き合いを通じて得る情報が事業を経営する上でいかに重要かということを理解していないように見える。

2. 日本と外国の学習形態の差異

私が海外に住み込んで長年仕事をして、わかってきたことは、先進国であれ、途上国であれ、海外では支配する階層と支配される階層とが画然と区別されていることである。支配される階層の中から、知能が優秀な者が大学まで進み中産階級として、支配層の下部に属し管理者層を形成している。これは、人間は皆平等で管理者と労働者をことさら区別せず同じ会社の仲間であるとするわれわれ日本人の考えと大きな違いがある。

なぜ前頁(1)(2)のような批判が出てくるのかを理解していただくためには、先進国であれ、途上国であれ、支配者層に属する人々が受けている教育の方式と戦後日本人が受けてきた教育の方式が根本的に違うことを指摘しなければならない。

ブリティッシュスクールでは、歴史の授業で先生が生徒に歴史上の人物がどのように生きたかを教材として示し、その生き方に対し生徒一人一人の意見を言わせ、その後生徒の間でディスカッションさせている。では日本企業の風土はどうなっているかといえば、下記表の中の先生という文字を上司という言葉に置き換えればよく、上司からの指示を待ち、遂行するのが基本になっている。一方外国人は、ビジネスにおいてお互いに異なった意見をぶつけ合うことから、新しい考えが生まれると考え、相手に対し激しい議論を挑んでくる。途上国での事例（p95―96）、先進国での事例（p42）を前掲書で見ていただきたい。

彼らに対して、日本式受動的学習を受けてきたビジネスマンが立ち向かったらどうなるか。それはあたかも相撲の立ち合いにおいて、外国人は、猛然と突っ張ってくるのに対し、日本人は横綱相撲よろしく、受けて立ち、ぐい

表

日本：passive learning（受動的学習）	外国：active learning（能動的学習）
○優秀とは先生が教えたことをいかに忠実に早く再現できるかということ。 ○自分の意見を持たせることに重きを置かない。 ○周囲との協調を重視。 ○すぐ役に立つ実務教育優先。	○他人と異なる個性的な意見を持たせる。 ○異なった考えをぶつけ合うディベートから新しい考えが生まれる。 ○理論、歴史、文化、哲学教育を優先。

ぐい土俵際まで押し込まれるようなもので私は数多くそうした事例を見てきた。外国人マネジャーにとっては、ビジネスとは、戦いの場であるのだ。

このような彼らの基本的なビヘイビアーを理解し、彼らを迎え入れる体制をしっかり取った上で日本の企業の中に取り込まないと、外国の優秀な人材は自分が生かされない環境と考え、会社を辞めてしまって定着しない。

3. 率直に意見を言い合えるグローバル水準の企業風土に変える

ではどうすればいいのか。

彼らと対等とはいかぬまでも、彼らが突っ張ってきたら、こちらも突っ張り返すか、または相手のスキをついてまわしを取るか、とにかく彼らと戦う（ディベート）ことができる人間を彼らの周囲に置けるか否かである。こんなことできないと初めからさじを投げてしまっては駄目だ。日本企業がこれから鋭意やるべきことは、日常の日本人の間のコミュニケーションの場においても、率直に自分の意見を言い合う企業風土へ変える「内なるグローバル化」への努力を地道に一歩一歩始めることである。それにはトップの強いリーダーシップが必要である。私が13年間経営に携わっていた北イタリアのＡＬＣＡＮＴＡＲＡでの会議でお互いに言いたいことを言い合い、デシジョンメーキングしていく過程を詳細に記述しているので、参考にしてほしい（前掲書ｐ42―44）。

※本稿は『日本貿易会月報』２０１７年５月号に掲載された記事を転載したもの。

第3章　海外からの投資の受け入れ

本章では、まず1節において対日投資の推移をマクロ的に確認した上で、その促進のため政府がどのような対策を講じてきたのかを振り返る。2節では外国企業の日本進出事例を紹介する。商社がそこにどのような商機を読み、外資との協業を成功させたのかに注目する。3節では日本を日本企業・外国企業双方にとってより魅力のある市場とするために何が必要か提言をまとめている。

1節　拡大基調にあるが、国際的には低位にある対日投資

対日直接投資の残高は、リーマンショック、東日本大震災などの影響を受けながらも堅調に伸びている。しかしながら、国際的に比較すれば、残高のＧＤＰ比は、世界の中でも最下位圏に属している。政府目標である２０２０年における35兆円の残高達成に向けて、規制緩和を通じた新規産業創出を目指した環境づくり、経済特区を活用した起業促進に外資を取り込んでいく必要がある。

日本市場で活躍をする外資系企業の声に耳を傾けつつ、どのようにしたら企業にとってビジネスのしやすい環境となるのか。そして、いかなる分野で将来を担う産業を伸ばしていくのか。未来志向の取り組みが期待されている。

1. 対日投資の動向

(1) 対日直接投資残高は順調に推移

まず、最近の対日投資残高の基調について紹介する。残高は90年代後半以降順調に増加を続けていたが、リーマンショックとそれに続く東日本大震災の影響により以降横ばいで推移、2014年以降再び増加基調に転じている。最近の統計では13年から14年にかけて、3・8兆円増と大幅に伸長し（ただし、このうち2・8兆円は統計の変更によるものであり、純増分は約1兆円）、15年は微増に止まったものの、16年は27・8兆円、前年比3兆7000億円増と再び大きな伸びを示している（図表3－1－1）。長期の動向では、2000年から2016年までの対日投資残高は4・5倍に拡大しており、順調な伸びを示している。

図表 3-1-1　対日直接投資残高の推移と対 GDP 比

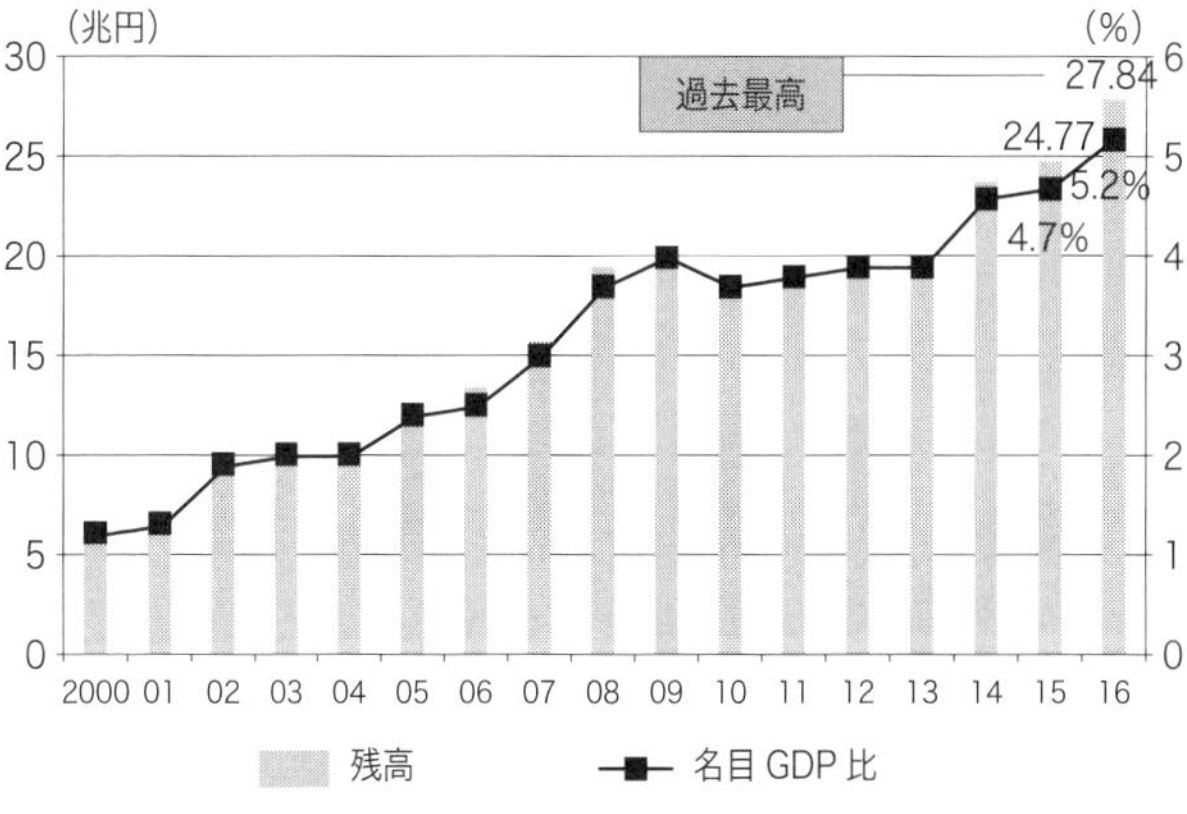

（資料）財務省「国際収支統計」、内閣府 「国民経済計算」

(2) 国際比較では低水準にとどまる

金額が順調な伸びを見せている一方、国際的に見た対内直接投資の多寡を示す指標として用いられる対内直接投資残高の名目GDP比については、日本は低位にとどまっている。2016年末の数値は5・2％（11年基準のGDPをもとに計算）となっているが、これは、国際的に見てかなり低い。国連貿易開発会議（UNCTAD）による統計では世界199の国・地域の日本のポジションは下位順で、シリア、キュラソー、モンテセラト、パレスチナ、アンギラ、バミューダ、北朝鮮、ネパールに次いで191位にあり、世界平均の35％、先進国平均の37・9％に遠く及んでいない（図表3－1－2）。また、対内・対外を比べると日本の対外投資残高は対内投資残高の7・5倍に相当し、UNCTADの統計における

図表 3-1-2　対内直接投資残高の対 GDP 比　国際比較（2016 年末時点）

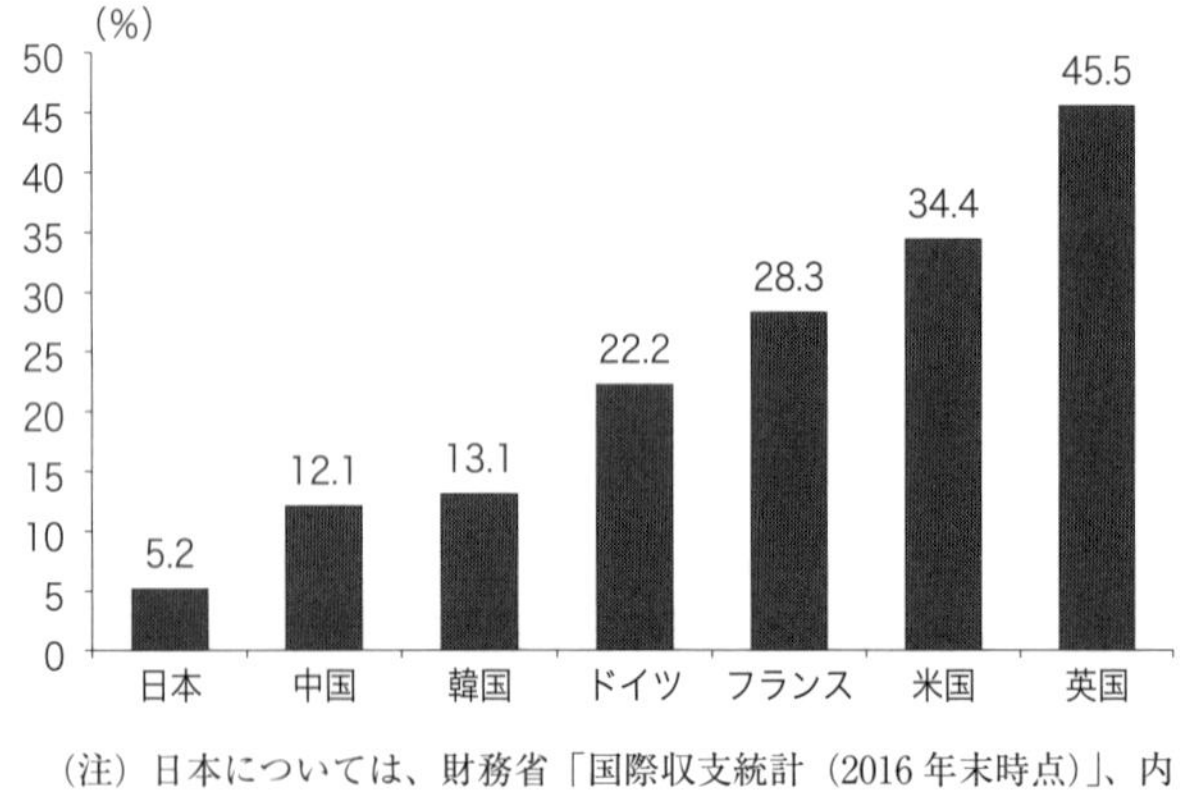

（注）日本については、財務省「国際収支統計（2016 年末時点）」、内閣府「国民経済計算」より算出。なお、日本の国際収支統計は BPM 6 版、UNCTAD の統計では BPM 5 版をもとに計算

（資料）UNCTAD「World Investment Report 2017」より作成

世界平均が1倍、途上国平均が0・6倍、先進国平均が1・2倍である中で突出して高く、不均衡な状態となっている（図表3－1－3）。

(3) 外資系企業の業種別・形態別の動向

次に、対日投資の業種別、形態別トレンドを経済産業省が毎年実施している「外資系企業動向調査」を通じて見てみると、過去10年間の特徴として、2005年に30％あった製造業の割合が10％以上低下し、この間に非製造業への投資が大きく伸びた。母数である外資系企業数は、2185社（05年）から3332社（15年）へと増加しており、非製造業は過去10年間で8割近い伸びを示し、外資系企業全体の8割を超える2738社（15年）となっている。情報通信、運輸、物流・小売りなど非製造業はほぼ全ての業種で増加しており、外資系企業数の推移は日本の産業構造の長期

図表 3-1-3　直接投資残高「対外／対内」比の国際比較（米ドルベース）

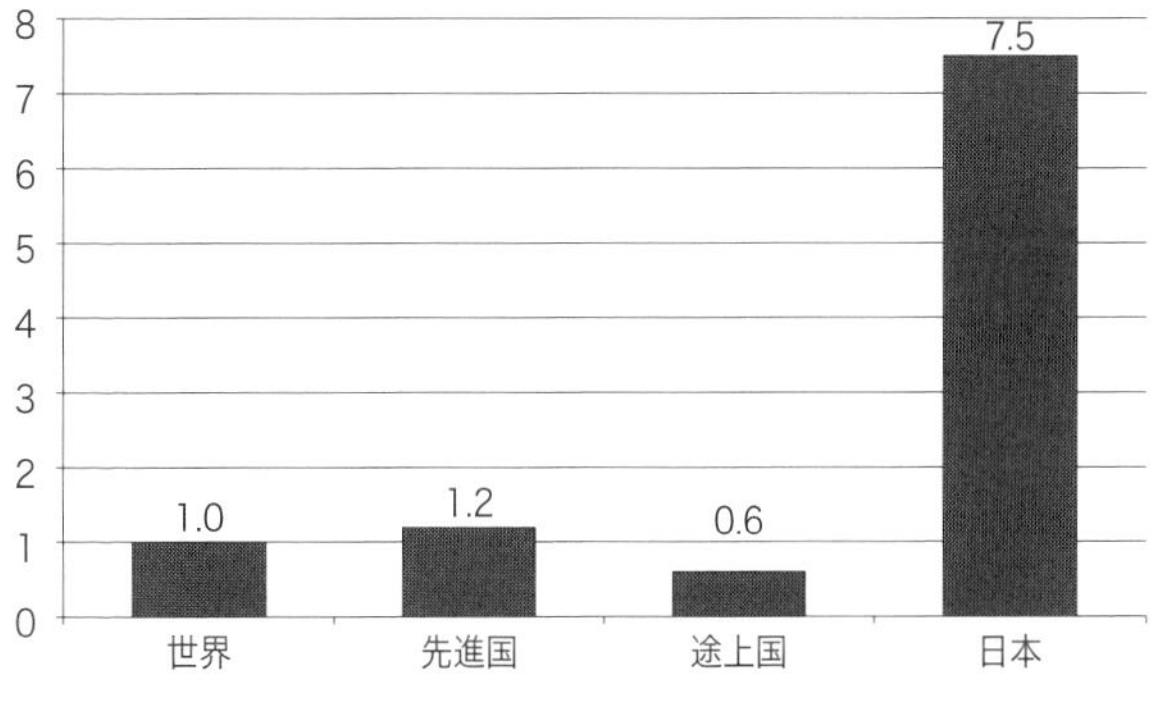

（注）対内投資残高を1とした場合の対外投資残高の値、2016年末値
（資料）UNCTAD「World Investment Report 2017」より算出

的な動向を反映していることが見て取れる。

日本拠点の機能別の推移を集計したものが図表3－1－4になる。2005年から10年、15年にかけて、一貫して販売やマーケティングの機能を持つ外資系企業の割合が向上している一方、研究開発機能や製造・加工機能については、05年から10年にかけてこれを有する外資系企業の割合が減少し、15年にはこれが回復している。また、経済産業省が外国企業を対象に、アジア諸国への立地の魅力を機能別にランク付けした調査でも、00年代後半に日本の立地競争力が相対的に低下していたものがここ数年で回復、研究開発機能や販売において日本への立地の魅力が他のアジア諸国を抑え、首位となっている（図表3－1－5）。

2000年代以降、アジアにおけるグローバル化の進展を背景に、多国籍企業において重要拠点の集約化が進んだ。中でも研究開発機能は、00年代後半よりコスト競争力で劣る日本から、市場としての魅力が増していた中国や東南アジア、

図表 3-1-4　日本に拠点を有する外資系企業数の機能の推移

	2005	2010	2015
営業・販売機能	66%	75%↗	81%↗
研究開発機能	17%	14%↘	20%↗
製造・加工機能	22%	18%↘	21%↗
物流機能	—	18%	31%↗
金融・財務機能	—	—	62%
人事・人材育成機能	—	—	58%
企業数	2185	2956	3332

（注）2005年の推計では、営業・販売機能に物流機能を含んでいる
（資料）経済産業省「外資系企業動向調査」各年版より算出

図表 3-1-5　外国企業から見た拠点別に最も魅力ある立地先（順位）

拠点タイプ	日本				
調査年	2007	2009	2011	2013	2015
R&D 拠点	1	2	2	1	1
地域統括拠点	1	4	4	3	2
販売拠点	—	4	2	1	1
金融拠点	—	4	3	3	3
バックオフィス	2	4	4	5	2
物流拠点	2	5	3	4	4
製造拠点	3	11	3	6	6
拠点タイプ	中国				
調査年	2007	2009	2011	2013	2015
R&D 拠点	2	1	1	1	4
地域統括拠点	4	1	1	4	4
販売拠点	—	1	1	2	3
金融拠点	—	1	1	4	5
バックオフィス	1	1	1	4	7
物流拠点	1	1	1	2	2
製造拠点	1	1	1	1	1
拠点タイプ	シンガポール				
調査年	2007	2009	2011	2013	2015
R&D 拠点	4	4	3	3	2
地域統括拠点	3	2	2	1	1
販売拠点	—	3	4	4	2
金融拠点	—	3	2	2	1
バックオフィス	3	3	3	2	4
物流拠点	4	2	2	1	1
製造拠点	7	7	5	8	6

（注）アンケート対象企業は、日本進出済みを含む欧州・北米・アジアを本社とする外国企業。ただし、本社所在国への回答は除く。07 年度回答企業 209 社（日本進出済み 51 社含む）、09 年度回答企業 180 社（日本進出済み 30 社含む）、11 年度回答企業 207 社（日本進出済み 46 社含む）、15 年度回答企業 222 社（日本進出済み 106 社含む）

（資料）経済産業省「欧米アジアの外国企業の対日投資関心度調査」各年版より作成

すなわち市場に近いところへと流出が相次いだ。これが10年以降回復していることが数字の上でも示されている。

2. 外資系企業の投資環境への見方は改善

日本の立地競争力が回復した理由はいくつか考えられる。第一には、日本経済への信認の回復とビジネス環境の改善が図られたことである。安倍首相自らアベノミクスは道半ば、と発言している通り、政策が目指す「景気の好循環」はまだ達成できているとは言えないものの、政権トップがその経済政策の中でビジネス環境の改善を強力にコミットしていること、タブーとされてきた分野における規制改革など短期間にさまざまな政策を打ち出し、実行に移していることは、外資系企業のポジティブな意識を醸成している。

ジェトロが2016年6月から7月にかけて行った「日本の投資環境に関するアンケート」（以下「投資環境ア

図表 3-1-6　今後 5 年以内の投資拡大方針

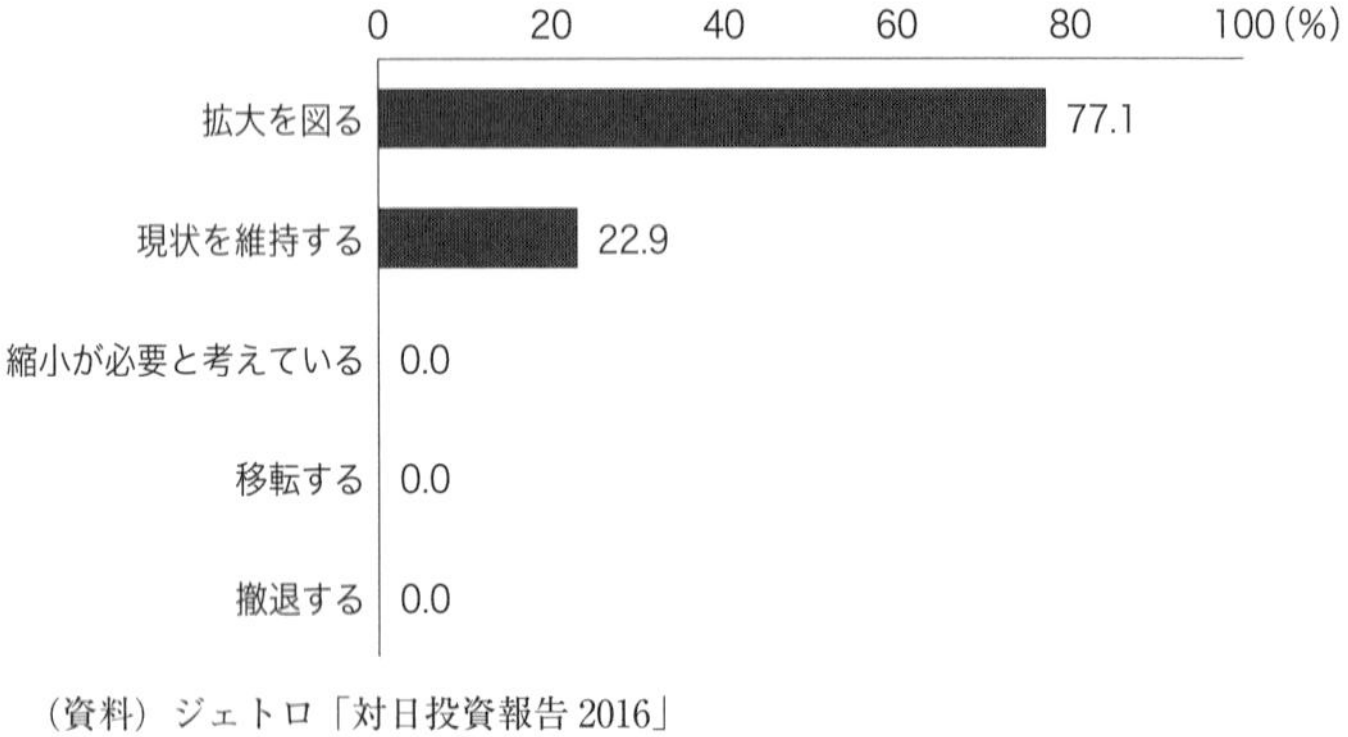

（資料）ジェトロ「対日投資報告 2016」

ンケート」。約１３００社対象、有効回答数１９７社）では、８割の企業が今後５年間で投資の拡大を図ると回答（図表３－１－６）、７割超の企業が日本拠点での雇用を増やすと回答している。ビジネス環境の改善について、「よくなってきている」と「とてもよくなってきている」と回答した企業は４割を超え、15年調査の32・９％から８％近く増加している（図表３－１－７）。特に効果があったものとしては、「法人税改革」（38・９％）と「規制改革」（37・２％）がそれぞれ４割近くを占め、「入国管理の改革」（33・６％）、「行政手続きの改革」（20・４％）、「コーポレートガバナンス（企業統治）の改革」（８・８％）と続いている。規制緩和については、医薬品・医療機器分野での薬事承認の迅速化や、電力小売市場の改革などの規制改革に対する評価の声が多数聞かれた。また、改善に効果が

図表 3-1-7　日本のビジネス環境はよくなったと感じるか

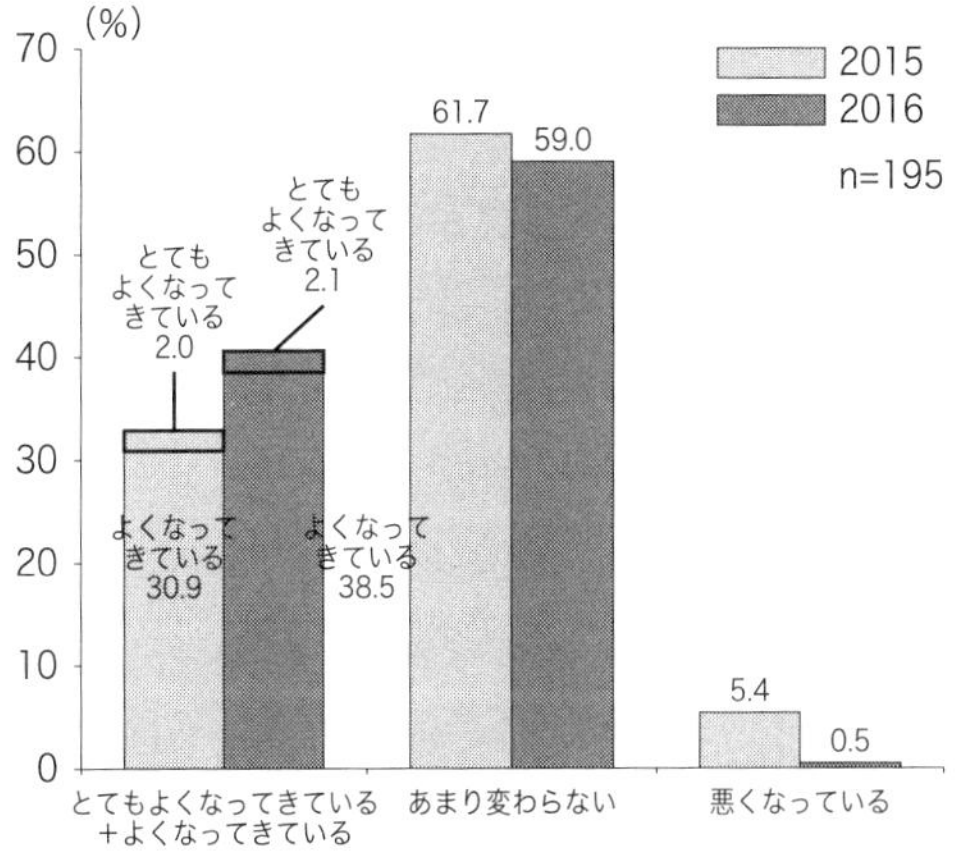

（資料）ジェトロ「対日投資報告 2016」

あったとする他の意見には、「観光客を中心にインバウンドが増加している」、「イノベーション推進の施策がとられている」、「外資系企業に対しての支援を強化している」などが挙げられた。

　第二は、日本市場と研究開発機能への再評価である。前出の経済産業省「欧米アジアの外国企業の対日投資関心度調査」でも、日本に設置する機能として販売拠点や研究開発拠点が首位となり、ジェトロの「投資環境アンケート」では、日本でビジネスを展開する上での魅力について、86・4％の企業が「日本市場」を挙げ、「イ

図表 3-1-8　日本でビジネス展開する上での魅力

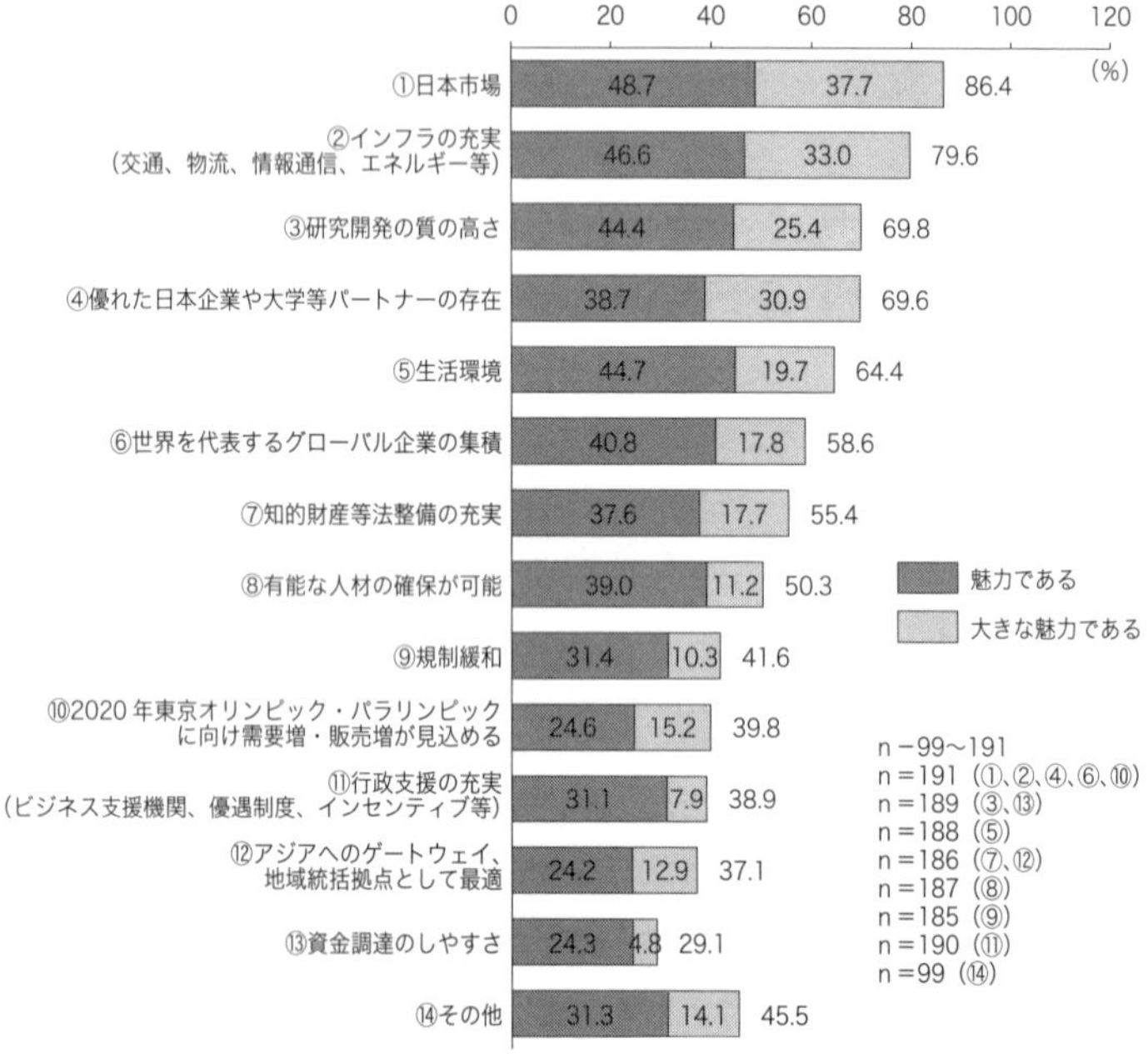

（資料）ジェトロ「対日投資報告 2016」

ンフラの充実（交通、物流、情報通信、エネルギー等）」（79・6％）、「研究開発の質の高さ」（69・8％）、「優れた日本企業や大学等パートナーの存在」（69・6％）が続いている（図表3－1－8）。「日本市場」の中でも特に魅力があるものとしては、市場の規模が大きいが、他市場（アジア等）への展開に有利、テストマーケティング地としての位置付けなど、市場規模のみならず、アジアへのゲートウェイとしての位置付けや、質の高い消費者を評価する声も聞かれる（図表3－1－9）。また、研究開発については、経済産業省の調査でも「産学連携のプロセスが充実し、共同研究がやりやすくなってきている」（北米、医薬品・医療機器）、「日本で事業を行った際に、技術開発における現地スタッフの能力に驚いた」（北米、エネルギー・環境技術）など、ポジティブに捉える回答が増えている。企業の研究開発活動において、知的財産保護の環境や、オープンイノベーションの進展により、パートナーとなる企業や研究機関の存在が重要になっていることを背景に、日本の立地環境への評価が高まってきていると

図表 3-1-9 「日本市場」の中で特に魅力があると思うもの（上位二つを選択）

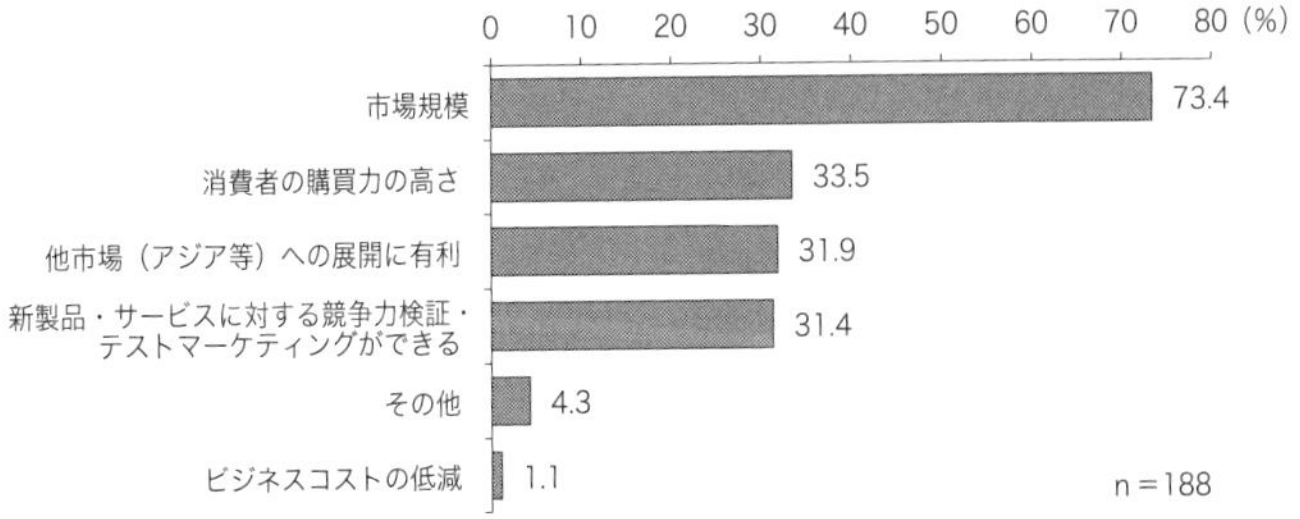

（資料）ジェトロ「対日投資報告 2016」

推測される。

第三に、為替の影響も含め、日本におけるビジネスコスト低減も重要な要因と考えられる。以下、二つの図表の通り、投資コストに占める割合の大きいオフィス賃料ではアジアのライバル都市との優位性が回復し、人件費も比肩できる水準にある。コストの適正化により、新規プロジェクト、業態拡大がしやすい状況になってきてお

図表 3-1-10　アジアの都市コスト比較（オフィス賃料 2016 年）

（月額、㎡当たり、単位：米ドル）

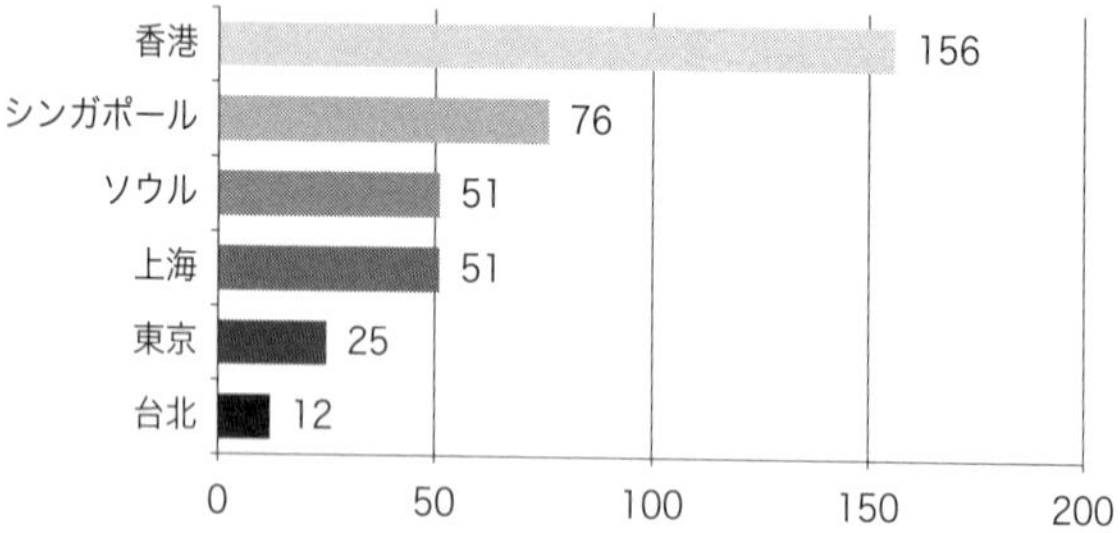

（資料）ジェトロ「第 26 回アジア・オセアニア主要都市・地域の投資関連コスト比較（2016 年 6 月）」より作成

図表 3-1-11　アジアの都市コスト比較（マネジャークラス給与 2016 年）

製造業：マネージャー（課長級、月額、単位：米ドル）

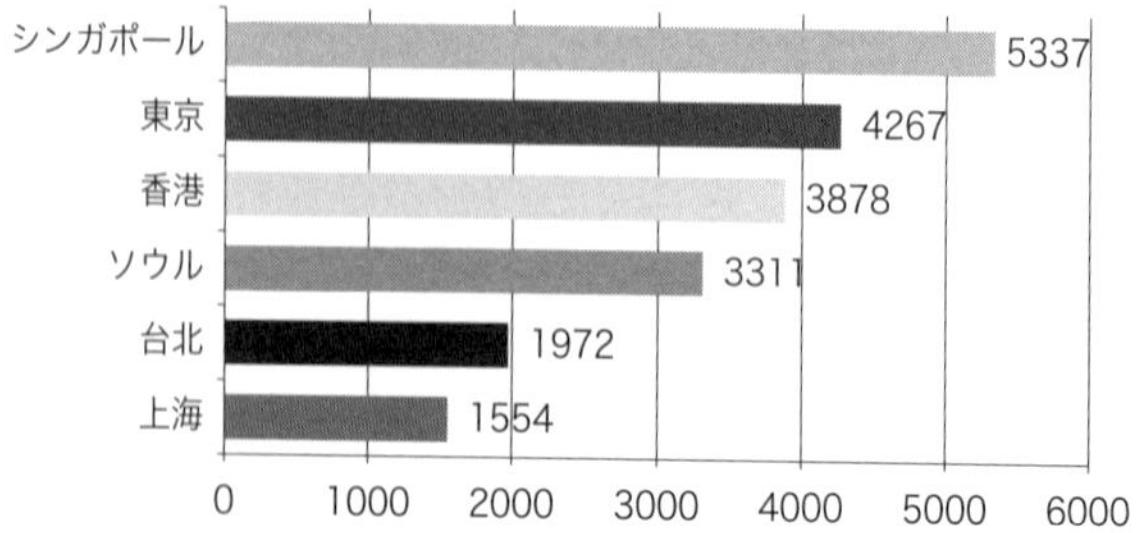

（資料）ジェトロ「第 26 回アジア・オセアニア主要都市・地域の投資関連コスト比較（2016 年 6 月）」より作成

り、外国企業にとって日本の投資環境が改善されたと認識される要因となっている（図表3－1－10、図表3－1－11）。

3．対日投資の促進に向けた政府の取り組み

前述の通り、政府は「世界一ビジネスのしやすい国」を掲げ、ビジネス環境改善や機会創出に取り組んでいる。

日本が対内投資の促進に取り組み始めたのは、小泉政権時の2003年である。同年年頭の施政方針演説において、対日投資残高の倍増目標（5年間）が掲げられ、これを受け、関係府省庁に対日投資総合案内窓口が設置されるとともに、ジェトロに対日投資・ビジネスサポートセンターが設けられた。これ以降、外国企業が投資しやすい環境の整備と、ジェトロや地方自治体による外国企業の誘致活動が本格的に開始されることになった。

この時期の政府の取り組みを概して言えば、会計基準や持ち株会社制度、年金のポータビリティ、三角合併を可能とする制度の導入など、国際的な基準や制度への協調、ジェトロや地方自治体による広報や誘致活動の推進といったものが中心であった。しかしながら、政策面でアジア諸国をはじめとする諸外国との誘致競争という視点は希薄であり、2000年代に入ってからは国際競争力が減退し、日本からの重要拠点の撤退といった事態には有効とはいえなかった。対応

策として、11年よりプロジェクト形成の際の初期投資の軽減を図るための補助金スキームが用意され、さらに12年に成立、施行されたアジア拠点化推進法によって、多国籍企業による高付加価値拠点（地域統括本社や研究開発機能など）を日本に呼び込むための優遇税制、特許出願の早期審査や高度外国人材の在留資格への優遇措置が盛り込まれた。この制度は、アジア諸国との競争を意識したものとして、また、外資系企業を対象とした補助金制度として、ややもすればこれまで誘致側の視点中心であったものを、投資する側の視点を包含した制度を創設したという点において画期的なものであった。東日本大震災の影響もあり、この制度の他には目立った取り組みは行われなかったが、12年12月に発足した第2次安倍政権では20年までに対内直接投資残高を12年末の倍増の35兆円にすることを目標として掲げ、法人実効税率の引き下げ、規制改革、コーポレートガバナンス（企業統治）の強化など、ビジネス環境の改善につながる政策が次々と打ち出され、日本の事業環境は大きく改善の方向に変化している。

ここで、外国企業の誘致に資するという視点で、これらの政府の取り組みやその成果を述べるとともに、外国企業の誘致に特化した施策についても紹介する。

(1) 規制改革によるビジネス機会の創出

日本政府はこれまで「岩盤規制」と言われていたいくつかの分野の中から、エネルギーや医療分野の規制に対して改革に着手している。

・エネルギー分野

エネルギー分野では、2012年7月に開始された「固定価格買い取り制度（FIT：Feed-in Tariff）」が大きな変革をもたらした。この制度は、原子力発電や火力発電に比べてコストが高い再生可能エネルギーの普及・促進を目的とし、太陽光発電をはじめ、多くの再生可能エネルギー発電業者の市場参入を促した。この分野においては、欧米アジア各国より活発な投資が現在に至るまで行われている。

また、2016年4月からは電力小売市場の全面自由化が開始された。電力小売市場の規模は約8兆円と言われており、自由化が実施されてから2カ月あまりで小売電力事業者の登録数は310業者に上った。現在は国内企業が中心だが、今後は外国企業による参入も見込まれる。加えて、15年3月には節約した電力量を取引する「ネガワット取引に関するガイドライン」が策定され、17年4月からは、送配電事業者による調整力の一部として、ディマンドリスポンス[1]も外部

（1） ディマンドリスポンスとは：電力需要のピーク時に使用抑制を促し、電力の安定供給を図る仕組みのこと。使用抑制を促す方法としては、時間帯別に電気料金設定を行う、ピーク時に使用を控えた消費者に対し対価を支払うなどの方法がある。

調達され始めた。ディマンドリスポンスの定着・拡大を見越して、外資系企業の参入が始まっている。また、17年4月にはガス小売市場の全面自由化が行われ、20年4月には電力の送配電部門の法的分離が予定されており、外国企業にとってもビジネス機会の拡大につながると期待されている。

・ライフサイエンス分野

政府は再生医療の実用化の促進や、使用承認までの時間差や遅延を意味する「ドラッグラグ」・「デバイスラグ」の解消、革新的な医薬品や医療機器の早期実用化といったさまざまな改革を行うことで、ライフサイエンス分野の市場の活性化を促している。

2014年11月の改正薬事法（薬機法）の施行や、医薬品医療機器総合機構（PMDA）の体制強化等により、医薬品・医療機器の承認審査の迅速化を進めた結果、長く問題視されてきた「ドラッグラグ」、「デバイスラグ」が実質的に解消される形となった。また、これに並行して、薬事審査において「再生医療等製品」のカテゴリーが新設、早期承認制度の導入により、世界で最も早く再生医療製品を実用化できる環境が整った。さらに、革新的医薬品・医療機器・再生医療用製品を日本で開発し、早期に実用化することを目指して、「先駆け審査指定制度」を導入した。この制度により、指定を受けた医薬品は優先的に評価や審査を受けられるため、承認取得までの期間を短縮し、新製品を早期に市場に投入することが可能になった。このような動きは、再生医療の分野で治験や医療機器の実証を行おうとする外国からの投資や日本企業や大学等との共同研究の端緒となっている。

・観光分野

日本政府観光局（ＪＮＴＯ）によると、２０１６年の訪日外国人は２４０３万９０００人で、4年連続で過去最高を更新した（第2章 図表2－1－5を参照）。アジアからの訪日外国人数が多く、中国（６３７万人）、韓国（５０９万人）、台湾（４１７万人）、香港（１８４万人）だけで全体の７割を超える。訪日外国人数は17年に入っても増加傾向が続いている。為替相場の影響もあり１旅行当たりの土産品等を中心とした買い物の支出は低下傾向にあるものの、旅行収支は黒字基調が続いており、観光地としての評価が定着しつつあることを示している。この観光客の急激な増加は、ＡＳＥＡＮ諸国を中心とした14カ国を対象としたビザ要件の緩和、羽田空港や成田空港の発着枠の大幅増枠、また、外国人旅行者向け消費税免税の対象品目の日用品（食品、飲料、化粧品等）への拡大といったさまざまな施策が奏功した結果と言える。また、海外からの、個人旅行客の増加に当たっては、ＬＣＣの新規就航やオンライン・トラベル・エージェントによる国内営業拠点の設立のみならず、宿泊施設、免税施設、ハラル対応の外食等の分野で外資の参入が訪日外国人の増加やその対応能力の増強に貢献している。

政府は当初、訪日外国人数を2020年までに2000万人にする目標を掲げていたが、この目標は前倒しで達成されたことから、新たに20年までに訪日外国人数を4000万人に、訪日外国人旅行消費額を8兆円にする目標を掲げた。これに備えては、通訳ガイド制度の見直し、民泊ルールの規制緩和やさらなるビザの要件緩和、また、空港の利便性の向上といった、旅行の快適度を向上する取り組みが必要になってくる。これらの中で既に改善に向けた取り組みが始まっているものもあり、特に通訳ガイド制度に関しては規制改革会議で取り上げられ、17年5月26日に改正通訳案内士法が成立したことにより、業務独占制度は廃止されることとなった。これまでのアジアの国々を中心とした訪日外国人の増加をいかにアジア圏外に広げ、リピーターや長期滞在者を増やせるかがポイントとなる。

(2) 法人実効税率の引き下げ

日本の法人実効税率は37%(2013年度)から29・97%(16年度)へと、3年間で約7%引き下げられた。さらに18年度には29・74%まで引き下げられる予定だ。日本の法人税はかねてより他の先進国よりも高いと指摘されており、日本が外国企業から「ビジネスコストが高い国」との印象を持たれる一因となっていた。政府は、企業の「稼ぐ力」を後押しする施策の一環として、法人実効税率を20％台まで引き下げることを決定し、前倒しでこれを実現した。

諸外国と比べると、現在の日本の法人実効税率（29・97％）は、米国・カリフォルニア州（40・75％）、フランス（33・33％）よりも低く、ドイツ（29・72％）と同程度になったが、英国（20％）、中国（25％）、韓国（24・20％）などの国々を依然として上回っており（図表3－1－12）、日本の立地競争力を高めるためには引き続き法人税改革が求められる。

一方、ジェトロが2016年6月に日本でビジネスをする外資系企業を対象に行ったアンケートでは、「日本のビジネス環境を改善するために特に効果があった取り組み」の質問で、「法人税改革」を挙げた回答が39％と最も多く、「体感できる対策」、「大きなインセンティブ」との評価を得た。

図表 3-1-12　法人実効税率の引き下げ

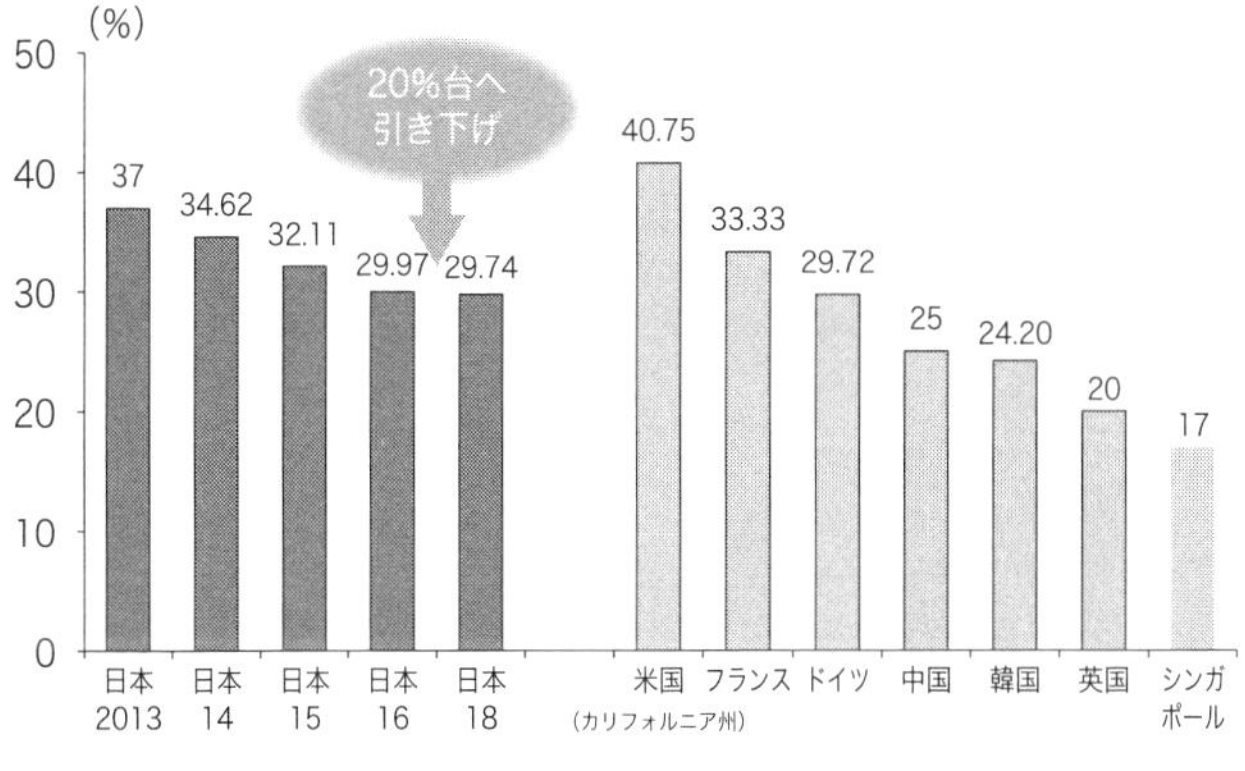

（注）各国税率は 2016 年 4 月現在
（資料）財務省ホームページおよび「平成 28 年度税制改正大綱」より作成

(3) コーポレートガバナンスの強化

政府は2014年2月に「日本版スチュワードシップ・コード」を策定し、「責任ある機関投資家」の諸原則を定めた。これは、日本の上場株式会社に投資する機関投資家を対象とした行動規範で、機関投資家が「株主」として投資先企業の状況を深く理解するとともに、企業と目的を共有するためのプロセスを投資家自らが構築することが求められる。16年9月2日時点で213の機関投資家がスチュワードシップ・コードを受け入れている。

さらに2015年6月から、東京証券取引所は、実効的なコーポレートガバナンスの実現に資する主要な原則を取りまとめた「コーポレートガバナンス・コード」の適用を開始した。コードは、「株主の権利・平等性の確保」、「株主以外のステークホルダーとの適切な協業」、「適切な情報公開と透明性の確保」、「取

図表3-1-13　独立社外取締役の選任比率推移（東証1部上場会社）

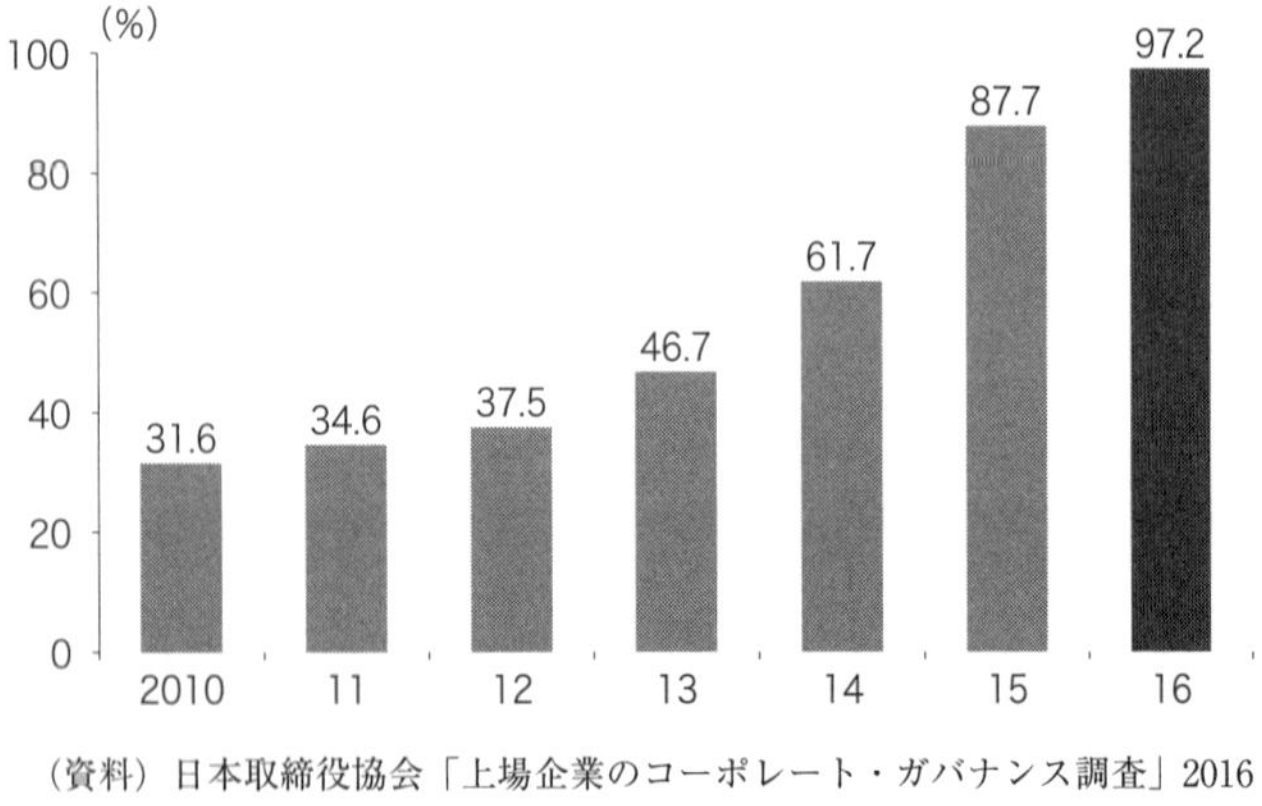

（資料）日本取締役協会「上場企業のコーポレート・ガバナンス調査」2016年8月1日

締役等の責務」、「株主との対話」の五つの原則からなり、2人以上の独立社外取締役の設置等、上場会社に多くの規律の実践を求めている。企業に対して社外取締役を導入するよう促した、15年5月施行の改正会社法も相まって、16年には独立社外取締役を選任する企業の割合は97・2%に達した（図表3－1－13）。今後政府は、「スチュワードシップ・コード及びコーポレートガバナンス・コードのフォローアップ会議」等でこれらの改革をより「実質」へと深化させていく方針だ。

(4) 国家戦略特区の活用

「国家戦略特区」は、医療、観光、起業といったさまざまな分野において存在する規制を先進的に改革することを目的に創設され、2013年12月の法制定以来、10の地域が特区として制定された。特区

図表 3-1-14 外資の進出に資する特区活用例（2016年6月時点）

規制改革事項	概要	初の活用自治体
開業ワンストップ	**外国人を含めた起業・開業促進のための各種申請ワンストップセンターの設置** 外国人を含めた起業・開業促進のため、登記、税務、年金、定款認証等の創業時に必要な各種申請のための窓口を集約。相談を含めた総合的な支援を実施。	東京都
創業外国人材	**創業人材等の多様な外国人の受け入れ促進** 創業人材について、地方自治体による事業計画の審査等を要件に、「経営・管理」の在留資格の基準（当初から「2人以上の常勤職員の雇用」または「最低限（500万円）の投資額」等）を緩和。	東京都 福岡市
旅館業法	**滞在施設の旅館業法の適用除外** 国内外旅行客の滞在に適した施設を賃貸借契約に基づき7日から10日間以上使用させ、滞在に必要な役務を提供する事業を行おうとする者が、都道府県知事の認定を受けた場合は、旅館業法を適用しない。	東京都 （大田区）
iPS	**iPS細胞から製造する試験用細胞等への血液使用の解禁** 採取した血液を原料として製造できる物は血液製剤等に限定されているが、再生医療技術を活用し、医薬品の研究開発等に係る国際競争力を強化するため、血液を使用して、業として、iPS細胞から試験用細胞等を製造することを可能化。	京都府

（資料）内閣府地方創生推進事務局ホームページより作成

では経済社会の構造改革を重点的に推進することにより、産業の国際競争力を強化するとともに、国際的な経済活動の拠点の形成を促進する観点から、規制改革等の施策を総合的かつ集中的に推進している。

この特区の枠組みを活用し、東京開業ワンストップセンターの設置や、福岡市によるスタートアップビザ（外国人創業活動促進事業）の導入など、外資の進出や外国人の起業促進を意識した取り組みも始まっている（図表3－1－14）。

これまで対日投資の推移や現状を見てきたが、経済あるいは研究開発基盤など、日本の持つポテンシャルへの再評価に加え、コスト面での競争力の回復により、日本の投資環境に対する外資系企業の見方がポジティブに変化していること、一方で政府もさまざまな改革、政策の展開により、日本のビジネス環境改善に向けた取り組みを強化しており、対日投資拡大の素地《そじ》は整備されてきている。

4. 外資誘致　これからの方向性

(1) 拡大余地大きい3つの分野

国境を越えた投資は、近隣国・地域経済圏内において企業活動の結果として相互の投資が進んでいる。欧州では、ドイツ、フランスへの投資残高のうちＥＵ域内からが70％前後であり、ＥＵ

から離脱する英国でも半数近くを占める。北米でも、カナダ、メキシコへの投資残高のうち半数は米国からである。翻って日本は、近隣諸国であるアジアからの比率が20％弱にとどまっている。日本の対内直接投資残高を引き上げるためには、今や北米に匹敵する対外投資の担い手となっているアジアからの投資をより一層呼び込むことが不可欠である（図表3－1－15）。

「内なるグローバル化」の実現に向けて、対日投資を呼び込むための戦略のあり方、あるいは課題について見ていきたい。まず、今後の対日投資の拡大に向けて、どのような分野に拡大の余地があるのかについて見ていく。

第一は、アジアなど、近隣国からの投資拡大である。２０１６年末の統計では、投資元地域別の対日直接投資残高統計では、欧州（13兆５６２７億円）、北米（７兆２０２５億円）と続いており、アジアは

図表 3-1-15　地域別対外直接投資フロー（2014-2016 年）

（単位：10 億米ドル）

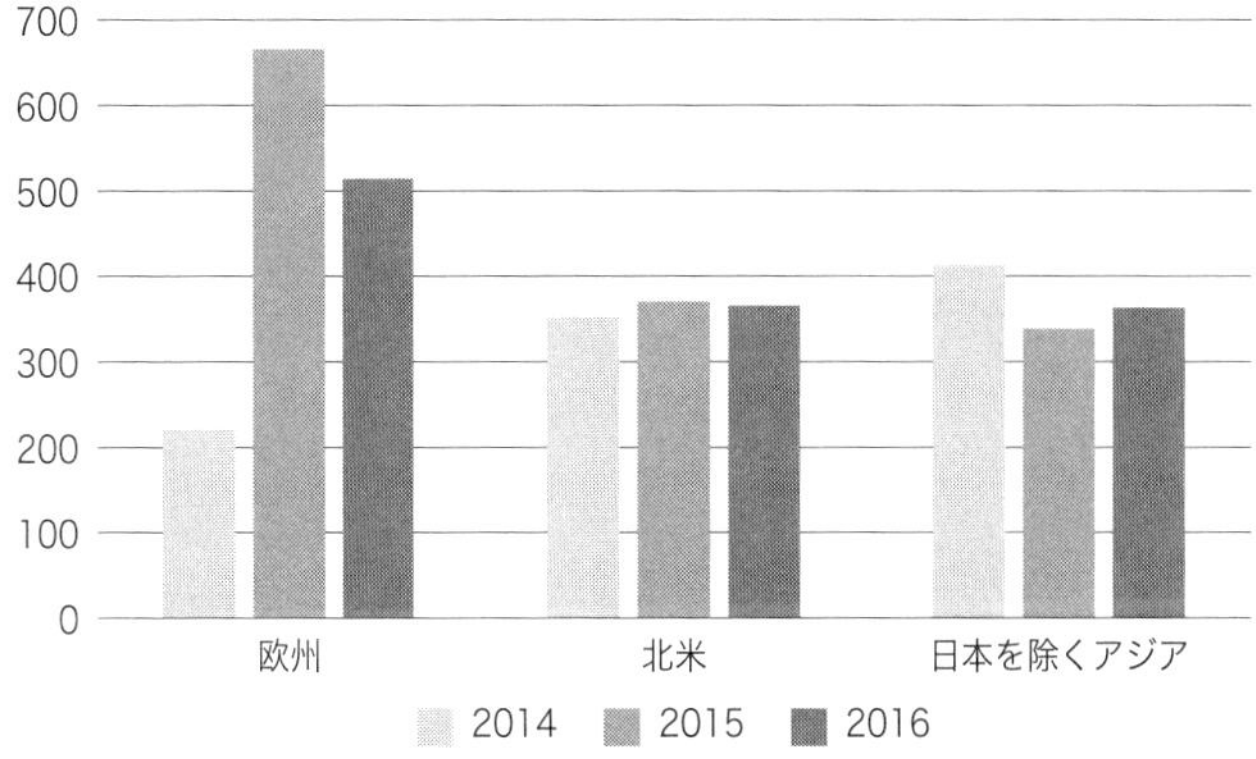

（資料）UNCTAD「World Investment Report 2017」より算出

図表 3-1-16　地域別対日直接投資残高（2016 年末時点）

（資料）財務省「国際収支統計」より作成

図表 3-1-17　地域別対日直接投資残高の伸びの推移

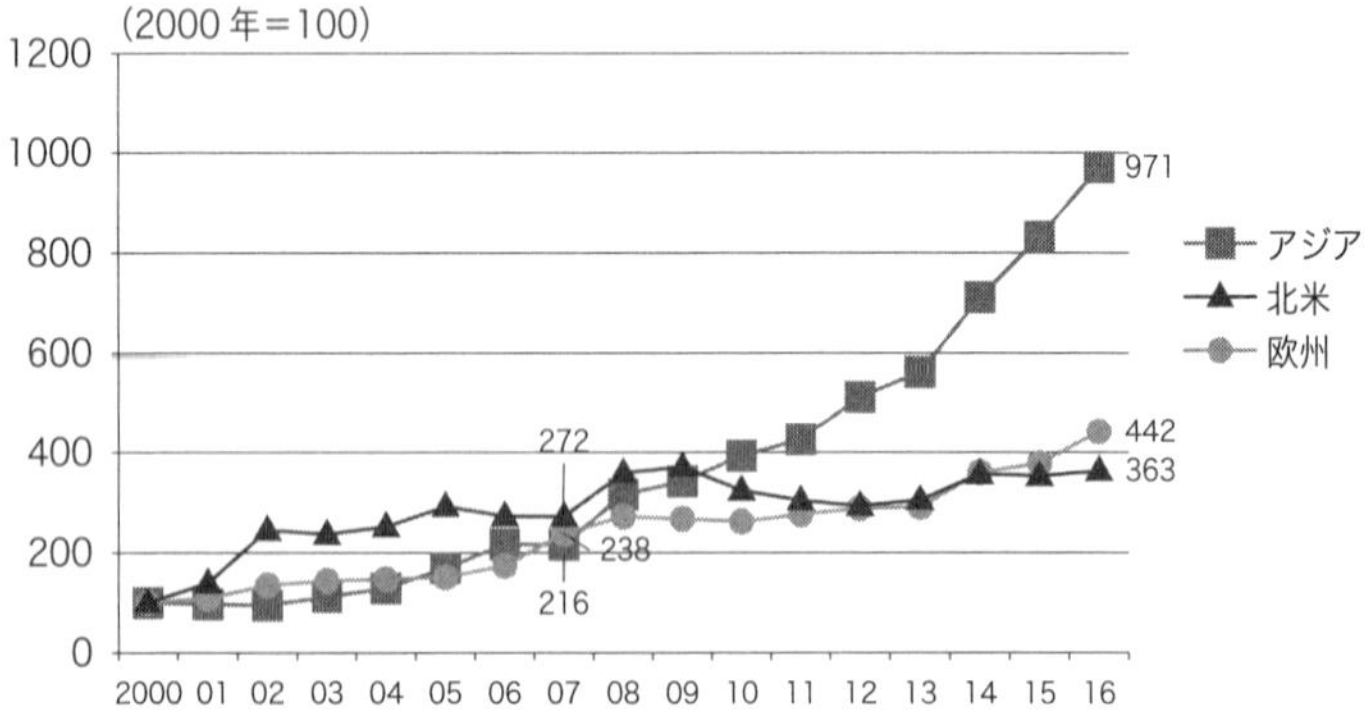

（注 1）2000 年時点残高を 100 とした場合

（注 2）2014 年末以降の残高は BPM6 基準、2013 年以前の残高は独自に BPM5 から BPM6 基準に換算

（資料）財務省「国際収支統計」より作成

5兆179億円、18％にすぎない（図表3－1－16）。

しかしながら、経年の伸びで見ると、アジアからの投資の拡大が目立ち、2000年から16年末までの北米、欧州地域からの投資残高の伸びが4倍前後であるのに比べ、アジアのそれは9・7倍と倍以上の伸びを示している（図表3－1－17）。16年末のアジアの国別残高のランキングでもシンガポール（2兆2104億円、5位）と香港（1兆992億円、8位）がトップ10に入った。また、台湾（7644億円）が11位、韓国（4016億円）12位、タイ（2179億円）14位、中国（1938億円）16位と、アジアの国々の存在感が増している。

この背景には、アジアの主要国や地域が経済の伸長により、「投資の受け手」から「出し手」へと変化していく過程において、近隣の巨大市場である日本への投資が拡大してきていること、アジアを中心とした訪日観光客の増加による日本のインバウンド市場の成長、アジアワイドのビジネスの拡大などがある。実際、鴻海精密工業（台湾）によるシャープ買収、ハイアール・グループ（中国）による三洋電機買収、美的集団（中国）による東芝白物家電部門買収、第一東方投資集団（香港）と全日空によるピーチ・アビエーション設立、伊藤忠商事とCPグループ（タイ）、CITIC（中国）との資本提携などの事例に見られるように、アジア企業による日本企業への出資、買収、提携事例は珍しいことではなくなっている。

インバウンド関係では、アジアは特に大きな存在感を示している。各国の航空会社の日本への乗り入れが相次いでいるほか、ＹＴＬ、ベルジャヤ・グループ（共にマレーシア）、バンヤンツリー（シンガポール）、パシフィック・センチュリー・プレミアム・デベロップメンツ（香港）をはじめとするホテル、リゾート分野への参入、中国銀聯、グローバル・タックスフリー（韓国）など金融関連をはじめとした大型の投資、資本提携の事例が報告されている。

日本の対内投資残高の対ＧＤＰ比では国際的に低い水準にあることは前述したが、欧米諸国においては、近隣国による投資、あるいは歴史的、経済的に関係の深い米英関係など、国と国との多層的な関係を背景とした二国間関係に根差した投資が大きな比重を占めている。アジア近隣国との経済関係、人的交流を一層緊密化し、東アジア地域包括的経済連携（ＲＣＥＰ）、日中韓自由貿易協定（日中韓ＦＴＡ）、あるいは環太平洋連携協定（ＴＰＰ）などの貿易投資の自由化・円滑化の枠組みをさらに広げていくことが、対日投資拡大の重要な処方箋と言えるだろう。

第二は、研究開発など日本の強みが発揮される分野での投資拡大である。整備された日本の知的財産保護の環境に加え、オープンイノベーションの進展により、パートナーとなる優れた日本企業や研究機関の存在を背景にして、日本の立地環境への評価が高まってきていることは前述したが、研究開発もまた、今後の投資が拡大していく余地のある分野となる。

２０１５年に相次いで公表されたアップルやノキアによる日本での研究開発拠点開設は、そうした動きの象徴的な事例と言えるだろう。「研究開発拠点としての日本」についての海外の評価は概して高く、「グローバル・イノベーション・インデックス2016」（世界知的所有権機関（WIPO）、コーネル大学、INSEAD発表）の「イノベーションクオリティ」部門では、世界128カ国・地域中で日本が1位を獲得している。また、前述の通り、経済産業省が外国企業を対象に、アジア諸国への立地の魅力について、国別・拠点の機能別にランク付けした調査では、日本は、販売や研究開発機能において他のアジア諸国を抑え、首位となっている（図表3－1－5）。

研究開発などの知的財産収益の源泉となる機能がどの国に置かれるかにより、投資受け入れ国にもたらされる付加価値、収益の多寡が定まる。また、研究開発拠点の設置は、高度な資質・能力を持つ研究者や技術者、経営人材の誘引をもたらすものであり、これも誘致に伴う波及効果となる。当該拠点の誘致は、基礎科学力に加え、高度な技術を持つパートナー企業や研究機関、質の高い顧客企業などが集積する日本の強みが発揮できる領域と言える。オープンイノベーションの世界的な広がりにより、日本においても、大学等との共同研究、あるいは自社ベンチャーキャピタル（CVC）等の設立を通じて、研究や技術のシーズを開拓していこうとする多国籍企業や海外の技術志向型企業も見られるようになっている。今後は、こうしたシーズ技術への出資や取り込みのみならず、日本国内でこれら技術の商業化、実用化を促し、日本を研究開発のハブとしていくことが重要となる。経済産業省はジェトロを通じ、成長が見込まれるＩｏＴ（Internet of Things）、再生医療といった技術分野を対象に、外国企業による日本国内での実証実験や研究開発施設の設置への補助制度を設け、16案件を採択している（図表３－１－18に一例を紹介）。こうした取り組みに加え、高度人材在留資格要件の一層の緩和、研究開発収益に対する法人所得税の減免制度（パテント・ボックス税制）などが導入されれば、研究開発拠点の立地がさらに拡大することが期待される。

第三は、政府や自治体が、グローバル企業の日本法人を企業誘致に積極的に活用することだ。グローバル企業における地域子会社間の競争の存在が言われているが、日本法人の経営層の多くが、収益の拡大に加え、自社（日本法人）における新規プロジェクトの獲得や業態・業容の拡大に取り組んでいる。新たなプロジェクトの開始には、当然、必要な予算の獲得、フィージビリティの検討などの作業が伴うが、多くの在日外資系企業には、こうした企画調整を行う機能・体制が十分ではない状況が見られる。また、日本企業と異なり、特に近年日本に進出した外資系企業の中には、政府や自治体、

図表 3-1-18　経済産業省の補助金を活用した研究開発活動の事例（拠点の設置を含む）

・再生医療分野
米国のアジリス・バイオセラピューティックスが、川崎キングスカイフロントに研究拠点を設置し、日本企業の遺伝子治療研究所と連携し、希少疾病であるAADC欠損症およびパーキンソン病の治療に用いるAAVベクター（治療用遺伝子を細胞内部に導入するためのウイルス）の研究開発を行う。

・IoT分野
オランダのフィリップスエレクトロニクスジャパンが、病院内の集中治療室をコントロールセンターと接続し、遠隔からモニタリングする遠隔医療プログラムの研究開発拠点を昭和大学内に設置し、実証研究を行う。

業界団体とのネットワークや、経営支援を行うさまざまな組織・リソースとのネットワークが不足しているケースが散見される。日本での拡大投資を発議する主体が日本サイドの経営層であることを踏まえれば、多国籍企業内の予算獲得競争という観点も包含した対応の必要がある。

2016年4月、対日投資促進策の一環で政府は、日本に大規模投資を行っている外国企業を対象として、担当副大臣をアドバイザーとして相談対応を行う企業担当制を開始し、公募によって9社を選定した（図表3－1－19）。しかしながら、対象企業の要件が直接投資額200億円、常用雇用500人以上でかつ日本再興戦略に規定する重要分野に属し、健全な事業活動を行っていることが規

図表 3-1-19　企業担当制対象企業一覧

企業名	国籍	業種	担当副大臣
IBM （日本アイ・ビー・エム）	米国	情報システム	経済産業
エア・リキード （日本エア・リキード）	フランス	化学	経済産業
ジョンソン・エンド・ジョンソン （ジョンソン・エンド・ジョンソン）	米国	医療機器	厚生労働
スリーエム （スリーエムジャパン）	米国	化学	経済産業
デュポン （デュポン）	米国	化学	経済産業
ファイザー （ファイザー）	米国	医薬品	厚生労働
フィリップス （フィリップスエレクトロニクスジャパン）	オランダ	医療機器	厚生労働
マイクロンテクノロジー （マイクロンメモリジャパン）	米国	半導体	経済産業
メルク （MSD）	米国	医薬品	厚生労働

（資料）内閣府ホームページより作成

定されており、対象は限られたものになっている。

今後は、この要件の緩和に加え、在日外国商工会議所やジェトロが主として行ってきた外資系企業経営層とのインターフェースを、商社も担うことで新しいビジネスの礎を築いていくことも必要ではないか。商社の持つビジネスネットワークや政府や自治体等とのパイプを活用していくことに加え、具体的なプロジェクトが構築されれば、公的なインセンティブへのアクセス促進やリスクマネーの提供等における商社の役割は大きい。商社のコミットメントは、多国籍企業の本社に対しても、日本での事業拡大や新規プロジェクト形成に向けた大きな訴求力となるだろう。

(2) 在日外資のニーズにヒント

前項で、今後訴求すべき誘致分野と課題について述べたが、ここでは、外資系企業の日本国内でのビジネス活動上の課題について、ジェトロによる調査を通じて浮き彫りになったものを取り上げたい。

ジェトロの「投資環境アンケート」結果では、投資の阻害要因として（複数回答）、回答者の約半数、48・2％が「人材確保の難しさ」を選択し、次いで「外国語によるコミュニケーションの難しさ（ビジネス面）」（42・3％）、「ビジネスコストの高さ」（38・2％）、「行政手続き・許認可制度の複雑さ」（37・5％）、「日本でのビジネスの特殊性」（37％）を指摘している。経年で見てもこの五つの項目が阻害要因として示されてきているが、コストや日本市場の特殊性のポジションが低下、人材確保やコミュニケーションのポジションが相対的に上昇する傾向にある。また、規制改革等の取り組みの評価と考えられるが、行政手続きや許認可制度の項目の順位も２０１５年の調査で１位であったものが16年の調査では４位に低下した（図表３－１－20）。

これらの課題に対応するため、政府が設けた対日直接投資推進会議は、２０１６年５月に「グローバル・ハブを目指した対日直接投資促進のための政策パッケージ」（図表３－１－21）を取りまとめ、特に外国人材確保を円滑にする観点から、高度外国人材の永住許可申請に必要な在留年数の大幅な短縮（世界最速級の「日本版高度外国人材グリーンカード」の導入）、在留資格手続きのオンライン化、家事支援外国人の国

図表 3-1-20　阻害要因トップ５（2015 年、2016 年調査の比較）

順位	2015 年　調査	（比率、%）	2016 年　調査	（比率、%）
1 位	行政手続き・許認可制度の厳しさ	46.30	人材確保の難しさ	48.20
2 位	人材確保の厳しさ	44.90	外国語によるコミュニケーションの難しさ	42.30
3 位	外国語によるコミュニケーションの厳しさ	44.20	ビジネスコストの高さ	38.20
4 位	日本市場の特殊性	35.40	行政手続き・許認可制度の複雑さ	37.50
5 位	ビジネスコストの高さ	34.20	日本でのビジネスの特殊性	37.00

（資料）ジェトロ「対日投資報告 2016」

家戦略特区での受け入れ推進、外国人留学生の日本での就職率の引き上げ（20年度までに3割から5割）、19年度までに全小学校に外国語指導助手等、外国人材2万人以上配置、20年度までに新たに500以上の法令の外国語訳などの取り組みを行うこととしている。また、行政手続きや許認可制度については、政府の成長戦略の中で、対日投資に関係する規制・行政手続きの抜本的な簡素化について1年以内に結論を得るとともに、それ以外の分野については、諸外国の取り組み方法の調査を行いつつ、削減にかかる手法や目標を検討し、目標設定による計画的な推進を行うことが盛り込まれた。

外国直接投資における行政手続きの面で避けては通れないのは、行政手続きのワンストップ化、いわゆるワンストップセンターである。ワンストップセンターの設置は、政府による対日投資促進の取り組みが開始された当初からその必要性が唱えられてきたものである。しかしながら、

図表 3-1-21　グローバル・ハブを目指した対日直接投資促進のための政策パッケージ

規制・行政手続きの改善	・行政手続きの簡素化 ・日本法令の外国語訳の拡充 ・ワンストップ手続きの徹底
グローバル人材の呼び込み・育成	・日本版高度外国人材グリーンカード ・在留資格手続きのオンライン化 ・外国人留学生の就職支援 ・日本人に対する英語教育の強化
外国人の生活環境の改善	・必要とする児童生徒全員に日本語指導 ・外国人受け入れ体制が整備された医療機関の拡大 ・医療機関、銀行、電気・ガス事業者の外国人対応状況をジェトロホームページで掲載

（資料）内閣府ホームページより作成

さまざまな法規制の中でこれは実現せず、ジェトロと関係府省庁との連絡体制の構築と、税理士や行政書士などの専門家をジェトロや自治体窓口に配置することで実質的なワンストップ機能が担われてきた。行政手続きをその場で行うことのできる機能を持ったワンストップセンターは、2015年4月に内閣府と東京都が国家戦略特区の枠組みにより開設した「東京開業ワンストップセンター」が初めてになる。これ自体は画期的な取り組みとして評価できるものの、手続きのうち書類の受付や相談機能にとどまるものも多く、機能はまだ十分とは言えなかった。16年12月、政府は、「東京開業ワンストップセンター」の機能を改善し、拡充の方針を示したが、今後は機能拡充とともに、現在東京圏に

図表 3-1-22　東京開業ワンストップセンターの概要と機能拡充

【ワンストップセンターの概要】
・外資系企業、国内ベンチャー企業等の開業を促進するため、ジェトロ本部内に設置されており、国と都が共同で運営。
・公証人による定款認証、登記、税務、年金・社会保険、在留資格認定証明書等の法人設立に係る手続きを集約化。
・ブースには、各省庁および都が相談員を派遣し、申請文書等の作成支援・受付等を実施。
＜機能拡充１＞
・8種類全ての手続きについて書類の受付が可能に。
・その場でオンライン申請が可能に。(※入国管理関係は、2018年度をめどにオンライン化導入を検討中)
・相談員がサポート。
＜機能拡充２＞
・在留資格認定証明書の取扱範囲を拡充。
・申請できる在留資格を「経営・管理、企業内転勤」だけではなく、「技術・人文知識・国際業務」を追加。
・開業から５年までセンターを活用可能に。

（資料）東京都ホームページより作成

限定されている範囲を全国主要都市への設置を通じて全国に広げていくことも求められる（図表3－1－22）。

こうした施策が着実に実施されれば、外国企業が阻害要因としている、行政手続き・許認可制度についてはかなりの改善が図られることが期待できる。コスト面は改善されつつあることは前述した。「人材確保」、「外国語によるコミュニケーション」は、日本社会そのものに関わる課題であるが、在留資格の要件緩和やグリーンカード制度の導入、留学生の国内就職の拡大、あるいは外国人高度人材の居住環境、子女教育環境の改善などが実現し、日本により多くの高度外国人材を呼び込むことが可能になれば、課題解決に向けた一つの礎となるであろう。

この項の最後に、外資系企業から日本におけるルールの明確化についての指摘がされていることに触れておきたい。グローバルで活動する多国籍企業においては、企業統治が重要視され、法令順守は極めて重要な事項になっている。一方、日本においては、ルールが定められていないことや、運用が曖昧なこと、政府の窓口によって対応が異なる、といった点が指摘され、これがプロジェクトの実行を阻害する、あるいは法規制等への対応についてグローバル本社への説明に窮するといった事例が報告されている。いくつかの例を挙げる。一つは技術の進歩に法規制が追い付いていない事例として、ＩＴの医療行為への適用事例が報告されている。医療機器の製造や臨床使用に当たっては、厚生労働省の認可が必要になるが、医療機器の範囲に入るとされるソフトウエアや汎用《はんよう》電子端末の認可の詳細な手順が定まっていないなどの課題が指摘されている。また、経営面では、解雇ルールが存在しないことに対する不満の声も大きい。製品を輸入販売する企業からは、実行関税率の適用基準が担当部署によって異なる、あるいは安全基準審査などにおいて国際標準化機構（ISO）等の国際ルールへの調和がなされていると言われているが、JISなど日本独自のルールが追加され、審査に当たって日本独自の基準のみならず、国際基準についても国内での審査が求められる、といった例が報告されている。大小の課題が混交しているが、いずれにおいても、企業が課題とする諸点について、政策担当者が外国企業とのコミュニケーションを拡大することで、法規制の運用にかかる説明を行うとともに、必要に応じて改善を図るためのアクションをとっていくことが求められる。

(3)　国内外企業の協業促進を

日本に進出経験のない外国企業にとって（成長途上にある日本企業にとってもそうだが）、企業提携や買収はいくつかの意図、目的によって行われる。第一は商圏の拡大。販売力強化のため、関西、九州、あるいはアジアなどの商圏をカバーする企業と提携する例である。第二は、外国企業が製品やサービス、技術を強化するために、特定の技術や製品群に強みを持つ日本企業と提携する例。米国・GE、フランス・サフランと、日本カーボンによる合弁企業立ち上げ、べルギー・ユミコアと日本触媒による合弁企業立ち上げなどの例がある。

第三に、それぞれ優位性を持つ製品やサービスを融合し、新たな製品やサービスを開発する例。NTTドコモとフランス・エデンレッドによる福利厚生用の食券アプリの開発などが挙げられる。最後が、日本にないサービスやノウハウ獲得のために、日本企業と外国企業が提携する例。ヤマト運輸とフランスのネオポストによる宅配ロッカーのインフラ構築のための合弁会社設立がある。かつてに比べると外国企業と日本企業との国内における提携事例や買収事例もいくつか見られるようになった

図表 3-1-23　外資系企業と日本企業の協業例

外資系企業 （担当・主な強み）	日本企業 （担当・主な強み）	概要 （形態・発表時期）
仏　プリズマット （前工程）	山一ハガネ （後工程）	3D プリンター技術を活用した航空分野向けなど製品の製造・加工 （JV 設立、2016 年 1 月）
仏　ネオポスト （新サービス）	ヤマト運輸 （ネットワーク、ノウハウ）	オープン型宅配ロッカー事業 （JV 設立、2016 年 1 月）
中　LY.com （送客力）	エイチ・アイ・エス （観光商材）	訪日外国人向けの商品企画・販売 （JV 設立、2015 年 11 月）
スイス　ABB （最先端技術）	日立製作所 （ネットワーク、プロジェクトマネジメントノウハウ）	日本国内向け高圧直流送電事業 （JV 設立、2015 年 10 月）
米　スパークエナジー （新サービスのノウハウ）	イーレックス （ネットワーク）	電力小売事業 （JV 設立、2015 年 10 月）
米　ジョンソンコントロールズ （技術力、海外販路）	日立製作所 （技術力、ネットワーク）	空調関連製品の製造・販売 （JV 設立、2015 年 10 月）
スウェーデン　オートリブ （技術力、顧客基盤）	日信工業 （技術力・生産力）	ブレーキシステムの開発・設計・製造・販売 （JV 設立、2015 年 9 月）
印　マヒンドラ・アンド・マヒンドラ （海外販路）	三菱重工 （技術力）	農業機械分野での提携 （資本提携、2015 年 5 月）
仏　エア・リキード （新サービスのノウハウ）	豊田通商 （ネットワーク）	燃料電池自動車向け水素ガス供給事業（水素ステーションの設置・運営） （JV 設立、2013 年 10 月）
米　アムジェン （革新的医薬品）	アステラス製薬 （ノウハウ、ネットワーク）	医薬品の開発・販売（共同開発、共同商業化） （提携・JV 設立、2013 年 5 月）
米　GE 仏　サフラン （海外販路）	日本カーボン （最先端技術）	次世代航空機エンジン部材向け素材（炭化ケイ素連続繊維）の製造・販売 （JV 設立、2012 年 2 月）

（資料）ジェトロ「対日投資報告 2016」

（図表3－1－23）。こうした協業をさらに進展させ、資本取引のきっかけをつくっていくことは、対日投資拡大の上で重要な手段となる。提携事例の普及などにより、日本企業経営者の意識づくりを行うことから始め、商社が積極的に外国企業との協業を図っていくことが求められる。

(4) 残された課題

こうして見てくると、外資系企業にとって阻害要因とされる課題は、実は日本企業が抱える課題と共通するものが多い。人材、ビジネス環境然《しか》りである。対日投資促進はややもすれば外国企業への優遇と取られがちではあるが、誘致促進や環境整備の取り組みは、そのまま日本企業にとってのビジネス環境整備と捉えるべきであろう。

残された課題として指摘しておきたいのは、日本自身が、社会のあり方や企業経営の世界標準により目を向け、世界の投資家や経営者の見方、外国からの見え方をより意識、理解する必要性である。

第一に、日本の社会構造や慣行に対する懸念について、しっかりとした答えを持つことが重要である。欧米の経営者から見た日本のコーポレートガバナンスに対しての不信感は根強かったが、昨今の改革で改善されていることは前述した。数年前を思い返せば、コーポレートガバナンス改善に日本の経済界は冷淡であり、日本流がまかり通っていた状況であったが、現在は中小企業経営者に至るまでＲＯＩ（投資利益率）経営を志向している状況となっている。企業買収への意識も格段に変化した。こうした変化は、日本のビジネス環境、投資環境の改善に大きな効果を発揮している。海外の投資家には、日本のマクロ面での脆弱性《ぜいじゃくせい》として公的部門が持つ巨額の債務、高齢化の進展を指摘する向きは少なくない。また、女性活躍社会は現政権のアジェンダであるが、日本のビジネスの現場では全く進んでいないという見方、企業における外国人雇用の少なさなどを問題視する外国人経営者も少なからずいる。日本の官民は、こうした課題に目をそむけることなく改善に向けて取り組む姿勢を示すべきである。

第二に、日本の政府部内では内外無差別の原則の下、外国企業のみに裨益《ひえき》するような補助などの優遇措置は極めてまれなものにとどまっている。企業立地にはある程度のインセンティブが伴うことは世界標準となっている中、対日投資促進を掲げる以上は一定のインセンティブスキームを準備し、他のアジア主要国や地域との競争に備えるべきである。

第三に、外資系企業経営者が日本社会に対して持つ違和感の一つに「オールジャパン」という言葉がある。彼らに理解できないのは、日本で数十年以上のビジネス実績を持つ企業であっても、外国資本であるが故に、オールジャパンの概念から外れてしまう、という点である。こうした極めて曖昧ながら、厳然と存在する中と外を隔てる見えない線、これを乗り越えていくことが対日投資拡大における「内なるグローバル化」への最大のチャレンジかもしれない。外資系企業をパートナーとして取り込む形で日本企業自身が付加価値を高め、相乗効果を発揮するという発想が重要なのではないだろうか。

こうした課題への対応を丁寧に行うこと、そして成果をしっかり世界に向けて発信していくことが、対日投資拡大への処方箋となる。

2節　新たな価値を日本に——販路やパートナー確保で商社貢献

異国に進出することは楽ではない。言葉、商習慣、消費者が求める価値。新しい市場に慣れ、学ぶことが必要だ。十分な収益を上げ生き残っていくためには、調達先や販路などを確保し、効率的なバリューチェーンを築くことも重要だ。商社が対日投資に関わった事例を振り返ると、規制や慣行の壁を乗り越え、さまざまなパートナーとの協業関係を築く上で、商社が果たした重要な役割が見えてくる。それにより、日本の顧客に新しい価値を提供してきた。

既に歴史を刻んだ事例からスタートし、後半では比較的最近、日本進出を試み成功させたケースを紹介する。

1. 80年代までの日本進出事例——先人達の足跡

事例① 新たな食文化を導入——日本KFCホールディングス（三菱商事）

米国のナショナルブランドであるケンタッキー・フライド・チキン（KFC）が日本に進出して約50年になる[2]。三菱商事は進出自体の働き掛けのみならず、進出後もヒト・モノ・カネ全ての面での支援を行い、日本でのチェーン展開を後押しした。当時、日本はまだ、栄養面では動物性たんぱく質不足を引きずり、食生活・ライフスタイル面でも、フライド・チキンのようなファストフードが根付く以前の段階にあった。そのような中での同社の進出は、栄養面・ライフスタイル面いずれにおいても、大きな変化の端緒となるものであった。現在、日本KFCホールディングスは、日本の上場企業として主体性を持った経営を行うまでに成長しているが、三菱商事は35・12%を出資して引き続き人材を派遣し、各種支援を続けている。

1960年代の日本人の食生活は米・魚・野菜を中心とし、動物性たんぱく質の摂取量が不十分であった。そのため、農林省・厚生省が中心となり、動物性たんぱく質の摂取量を増やし、国民の体格や栄養水準を上げる取り組みが始められた。この過程で、商社各社は動物性たんぱく源である牛肉・豚肉・鶏肉の中でも低脂肪で高たんぱくであり、比較的低価格かつ生育日数が短い鶏肉に注目し、養鶏産業を興す動きを主導した。養鶏産業で最先端をいく米国を手本として、効率的かつ大規模に鶏を生産するシステムの導入、配合飼料の調達、穀物輸入のための穀物船の建造などに着手し、いわば、日本での食生活革命が始まったのである。

三菱商事では、1969年に日本初の養鶏場「ジャパンファーム」を展開し、販売先としてKFCに注目していた。当時、三菱商事食料部では、日本国内での「ブロイラー・インテグレーション（養鶏産業の垂直統合）」構想を実現すべく動いていた。養鶏事業で

---

(2) 1970年7月4日、三菱商事はKFCコーポレーション（米国）との折半出資により、日本ケンタッキー・フライド・チキン（株）を設立した（資本金7200万円）。72年7月にはKFCコーポレーションがヒューブライン Inc. に買収され、さらに82年10月にはヒューブライン Inc. がR・J・レイノルズ Inc. に買収された。その後、86年10月にはペプシコ Inc. がR・J・レイノルズ Inc. からKFC部門を買収し、日本KFCは三菱商事とペプシコ Inc. との合弁会社となった。日本KFCは90年8月には東京証券取引所第二部に株式上場し、資本金72億9750万円に増資を実現、07年12月に三菱商事が米国側株主（ペプシコ Inc. から改組したヤムブランズ Inc.）から株式を買い取って合弁を解消した。14年4月には日本KFCホールディングス（株）に商号変更して持ち株会社体制へ移行した。現在では三菱商事の出資比率は35・12%。

図表 3-2-1 対日進出事例と日本社会への新たな貢献

外資系企業	進出協力	進出年	分野
①ケンタッキー・フライド・チキン	三菱商事	1970	外食
②ナイキジャパン	双日（当時日商岩井）	1981	衣料雑貨 輸入企画販売
③ロイヤル・フィリップス	−	1953	電機→医療機器・サービス

（資料）各社資料などより作成

は、孵卵《ふらん》場、飼料工場、生産農場、加工場、販売先などが必要であり、ブロイラーが大量に消費される垂直統合型のシステムの構築によって、鶏肉需要の高まりの下で飼料や穀物の販売量拡大を目指していたのである。

一方、当時米国で最大のブロイラー購入者だったKFCは、米国内でのフランチャイズ拡大に注力しており、海外市場では未展開であった。その後、米国での事業が拡大して一定規模に達したところで、アジア進出を検討していた。三菱商事はそのKFCに着目し、4年の交渉を経て1970年に日本での事業展開の承認を獲得した。当時、69年の第2次資本の自由化の下で米国の外食資本の対日参入が相次いだ折から、この合弁事業を日本で開始する機は熟していたと言えよう。

日本での合弁事業の展開に当たって、三菱商事が果たした役割を見てみよう。ヒト・モノ・カネの3面からさまざまな形で貢献した上に、その後もフランチャイズビジネスの展開を積極的に進めた。

まずヒトの面では、三菱商事からの出向者や転籍者が歴代の社長に就任した。現在も、社長の他、管理部門、経営企画部門、購買部門などのマネジメントに三菱商事からの出向者や出

1号店
（名西店・愛知県名古屋市）

身者を派遣している。またモノの面では、鶏肉、小麦粉、油、ポテト、パッケージなどの関連する材料調達や、物流網の確保を行った。さらにカネの面では、設立時の資本金を出資しただけでなく、1・2・3号店の出店に失敗して、出店後1年の時点で1億円の債務超過に陥ったにもかかわらず、長期的な視点から事業を育成すべく継続して出資を続けたことも注目して良い。創成期には都心から離れた郊外にテイクアウト方式のみの直営店を展開したものを、テーブル・カウンターを設けたインストアタイプの店舗を繁華街と駅前住宅街に立地する方式に転換してこの危機を乗り切った。

さらにフランチャイジーの開拓である。三菱商事の取引先を中心に地方の優良企業に呼び掛けるなど積極的な拡大に努めた。この成功は、日本での外資系フランチャイズビジネスの先駆けとなり、その後の日本での外食産業、小売業、コンビニビジネスの展開に大きな影響を与えた。フランチャイジーの開拓と並行して積極的に物件紹介も行った。KFCは、2000年頃までは自社資産を持たない方針であったため、それまでは原則、三菱商事が保有する土地をKFCにリースしていたが、現在は、KFCが土地を買い取っている。

ビーンズ赤羽店
（東京都北区）

以上、設立以来の合弁事業の展開の中での三菱商事の具体的な協力内容を述べてきたが、現在の支援としては、他に海外進出への支援がある。日本KFCホールディングスがタイをはじめとするアジアの主要国への事業展開に着手する中で、人材の派遣の他、三菱商事の各国拠点での支援も行っており、内外のグローバル展開に協力している。

事例②　スニーカー市場拡大に寄与――ナイキジャパン（双日）

双日の前身である日商岩井が米国ポートランド支店を通じてBRS（ナイキの前身）と取引を開始したのが1971年のことである。当初はナイキブランドシューズの米国からの輸出であった。日本でのナイキ製品販売は77年に始まり、その後、日商岩井はスポーツシューズの将来性に着目。81年10月に、ナイキ51%、日商岩井49%の合弁でナイキジャパンが設立された（資本金3億円）。

当初60億円と見込んでいた初年度年商は90億円を超え、ナイキブランドの浸透からスニーカー市場の拡大にも寄与し、円高による価格低下に伴う販売増加もあって1985年3月期には年商162億円を記録し

40年に及ぶ関係を顕す石碑

日本庭園 "Nissho Iwai Garden"

た。しかし、翌年には売り上げ減少・赤字に転落。86年5月に日商岩井はナイキの株式を買い取って100％子会社とし、経営改善に乗り出した。その結果、業績は回復したが、本来直接販売志向が強かったナイキから、今度はナイキジャパンを買収したいとの申し入れがあり、94年3月に売却が完了した。ナイキとの関係は今日も続いており、同社本社に造られた日本庭園は90年に〝Nissho Iwai Garden〟と名付けられて現在に至っている。

事例③ 医療機器市場に地歩――ロイヤル・フィリップス

ここでは、商社が直接関与していない対日進出企業についても取り上げる。その一つが、オランダのロイヤル・フィリップスだ。同社は1950年代から独自に日本に進出し、まだ戦後の復興期にあった日本に、欧米の先進的な電気機器をもたらした。以来、電気機器を中心に日本市場で一定のシェアを占め、知名度も高かった。しかし、近年は、分野を医療機器に絞り、規制の強い分野でありながら、日本市場で極めてユニークな発展を見せている。

ロイヤル・フィリップスは、1891年オランダ・アムステルダムで創業し、現在、世界100カ国以上でビジネスを展開し、60の研究開発施設や製造拠点を持つ、従業員約10・5万人を擁する巨大企業である。[3] 部門別売上比率は、医療などのヘルスケアが42％、照明関連が29％、その他の消費者向け商品が27％とヘルスケアが最もシェアが高く、今後も健康・医療関連を主軸に拡大を目指していく方針である。

ロイヤル・フィリップスの日本でのビジネスは1953年に始まり、幅広く電気製品などを取り扱っていたが、現在では医療機器と周辺サービスを中心とする企業に変貌している。世界市場での日本の位置付けは、米国、中国、インドに次いで第4位となっている。フィリップスグループでは、画像処理、磁気共鳴画像装置（MRI）などの病院用医療機器、血管内超音波診断装置やカテーテル型超音波トランスデューサなどの販売、在宅用人工呼吸器などのレンタル事業を行っている。グループ全体としても、循環器疾患やがんの画像診断に重点を置いており、人工呼吸器などの一部製品を除いて「治療」装置は取り扱っていない。その背景には、近年では、フィリップス全体が、ヘルスケアITの技術を駆使して取得したビッグデータを活用し、医療や治療のサポートを主軸に置く戦略を採っており、日本でもその強みを生かした方針を実践していることがある。得意分野に特化して日本市場で展開することにより、競争

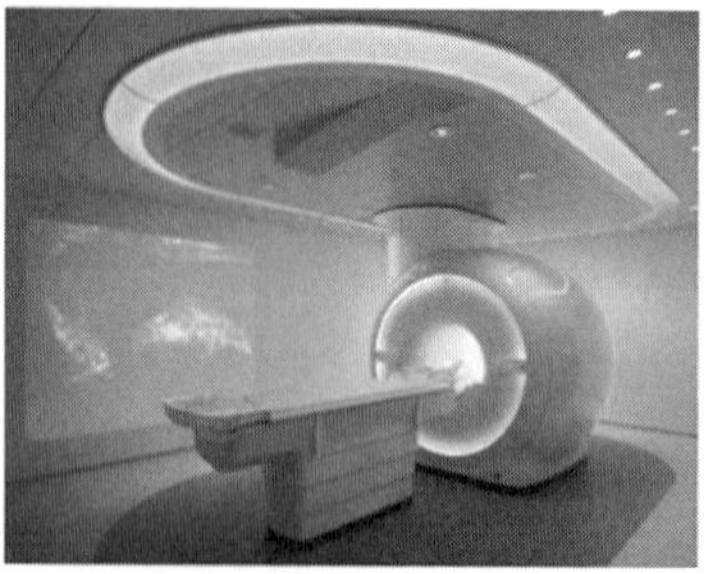

磁気共鳴画像装置（MRI）

自動体外式除細動器（AED）

力を確保している。日本の顧客には同分野での世界最先端の技術やノウハウが届きやすくなっている。

日本市場の利点としては、4点ほどあるということだ。①日本は高齢化社会を迎え、米国に次いで世界2位の市場規模があること、②国民皆保険制度により医療保険が活用でき、医療機器・サービスに対する購買力がその分高いこと、③価格競争を避けることができ、価格が安定していること、④規制が多いため参入障壁が高く、日本で長く事業に取り組んできたフィリップスにとっては利益が確保しやすいこと、などである。規制の存在が長期的視野で事業に取り組みやすい環境をもたらしている。

日本法人では会長が米国籍（ただし流ちょうに日本語を話せる）だが、現在社長は日本人であり、役員では非日本人は3人のみである。グローバルな会議や社内書類では英語を使うものの、日本法人の社内の公用語は日本語である。

フィリップスのビジネスモデルでは、営業・メンテナンスサービス人員が必要である。日本で

(3) ロイヤル・フィリップスの10・5万人の従業員のうちアジア地域が4万人と最も多く、欧州など3・4万人、北米2・2万人と続く。また、研究開発施設は、欧州などが28カ所、北米20カ所、アジア10カ所、南米2カ所、製造工場では、北米32カ所、欧州など28カ所、アジア21カ所などとなっている（2014年）。現状、アジアでは中国の蘇州などに製造拠点がある。日本にも開発拠点を検討する動きもあり、国内でのIoT研究開発施設の設置についての経済産業省の補助対象案件に採択されている。

トピックス　規制によるコスト高から日本を撤退した事業

日本から撤退したが米国では普及している製品としてペンダント型の通報装置「ライフライン」がある。お年寄りが倒れるとペンダントのセンサーが反応してコールセンターに連絡が入る機能を持っているものだ。しかし、日本の法律ではコールセンターからの連絡を受けた社員が患者宅に駆け付けたとしても直接契約者（患者）に触れることはできない（資格としては患者に触れるのは医師・看護師以外には救急隊・救急救命師などに限られる）ため、コールセンターからの119番通報に関して各都道府県の消防署と個々に交渉する必要があること、さらに他のさまざまなコストを積み上げた結果、価格面で月額5000円と他社と比べて高くなってしまったため日本からは撤退した。米国は国が大きいため、機器の遠隔操作が許容されており、企業が参入するビジネスチャンスが大きくなっているとのことである。

も独自の採用活動を行っており、営業とサービス人員を中心に毎年20～30人を新卒採用し、カスタマーサービス部や営業部に配属している。その結果、現状、フィリップスグループは、日本では約80の拠点で従業員約2000人以上が働いている。

2. 新たな地平開く、外資と商社の連携事例

本項では、最近の商社ビジネスから、外資系企業との協業の事例を見ていく。

図表３－２－２にその一覧を示した。銀座の新商業施設「GINZA SIX」の開業に関わったエル・リアル・エステート（⑤）は、日本人の消費生活に彩りを加えるだろう。また、交換用タイヤの品ぞろえが豊富なネクセンタイヤ（⑥）も、消費者の選択肢を広げる。さらに、日本の企業に対しては、世界で最先端のクラウド・ＩｏＴサービスやコストパフォーマンスに優れたＩＴサービス利用を容易にする機会を増やしたもの（⑨、⑩）など、最近の例でも外資と商社との連携は、日本社会に新しい価値をもたらすきっかけとなろう。

そこでの商社の貢献については、以下のように類型化される。

（１）エネルギー・不動産開発など、日本特有の公的規制、あるいは民間独自の慣例的な縛りが多かった業界では、進出して日本での経験の長い企業を除いては、単独で進出・活動することはなかなか難しい。そのため、商社による対日進出支援が積極的に行われてきた

図表 3-2-2　最近の対日進出事例での商社の協力と日本社会への新たな貢献

進出外資系企業	進出協力	協力開始年	分野
④メイプルツリー	伊藤忠商事	2005	物流不動産開発
⑤エル・リアル・エステート	住友商事	2016	物流不動産開発
⑥ネクセンタイヤジャパン	豊田通商	2016	タイヤ輸入販売
⑦スイスポートジャパン	丸紅	2007	サービス（グランドハンドリング）
⑧エナノック・ジャパン	丸紅	2013	サービス（電力ディマンドリスポンス事業）
⑨日本タタ・コンサルタンシーサービシズ	三菱商事	2014	IT サービス／コンサル／ビジネスソリューション
⑩ウフル	三井物産	2015	IT ソリューション・ビジネス

（資料）各社資料などより作成

（図表3－2－2④⑤⑦⑧）。物流不動産開発のメイプルツリーや、グランドハンドリング（空港の地上支援サービス）のスイスポートジャパン、そして電力デマンドレスポンス（需要調整）事業のエナノックなどが進出するに当たっては、規制や日本の商習慣、そして言葉の壁を乗り越える際には商社の助力が必須であった。

（2）一方、原則として内外自由競争が基本の業種、例えば製造品販売、ITソリューションビジネスなどでは、各社の資本調達力を生かした支援や、国内のニーズの発掘、海外外注への不安軽減、さらには、国内市場にとどまらず、日本を拠点に海外営業・事業に積極的に進出するケースもある（同⑥⑨⑩）。

事例④　物流施設、「対内」に始まり「対外」へも進出――メイプルツリー（伊藤忠商事）

対内投資という「内なるグローバル化」が、対外投資という「外へのグローバル化」を促し、双方向のグローバル化促進へとつながる好事例が、伊藤忠商事とシンガポールのMapletree Investment Pte Ltd.（以下、メイプルツリー）が連携して進めている一連の物流不動産開発事業である。

具体的なプロジェクトとしては、両社が千葉県野田市において開発していたマルチテナント型物流施設、アイミッションズパーク野田が挙げられる（写真）。同プロジェクトは、延べ床面積約2・2万坪、総事業費約100億円を投じた大規模な物流施設で、2016年2月に完成した。首都圏を環状に結ぶ国道16号線に隣接しており、「常磐道」「東北道」二つの高速道路へのアクセスもよく、周辺地域への配送はもちろん、東日本全域への配送も可能な好立地である。

建物は地上4階建て、トラックバースとランプウェイを配した複数テナント向け物流施設であり、緑化駐車場、太陽光発電設備と、環境に配慮した設計にもなっている。

伊藤忠商事とメイプルツリーとの業務提携締結は2005年10月にさかのぼる。メイプルツリーは、シンガポール政府系投資会社Temasek Holding Ltd. 100%出資の不動産開発・投資・運用会社である。現在、自己ポジション投資に加え、シンガポール証券市場に上場する四つの不動産投資信託（REIT）と五つの私募不動産ファンドを運用。本社を置くシンガポール国内のみならず、アジア太平洋地域、欧州の9カ国に拠点を置き、不動産ビジネスをグローバルに展開している。

両社が提携した2005年当初、伊藤忠商事では、①日本国内で伊藤忠商事が主導する物流施設開発において、完成稼働後の

アイミッションズパーク野田

安定したＥＸＩＴ先候補(4)であり、②開発リスクのシェアが可能で、③グローバルでの不動産開発・投資にも知見があり協業できる可能性のあるパートナーを求めていた。これに対してメイプルツリーは、①自身が運用するＲＥＩＴに組み込む不動産物件を求めるとともに、②ポートフォリオ上、マーケットが安定している日本の不動産への関心を強めており、さらには、③日本以外の地域についても共同取り組みが可能なパートナーを求めていた。このように、両社は、それぞれが双方向のグローバル化を進めようとする中で、まさに相互に補完できる相手であったと言える。

それ以降、両社は、物件供給・人材交流などにより戦略的パートナーとしての関係を強化してきた。両社による日本国内物流施設の開発も、年数件のペースで進んでいる。

日本国内での物流施設開発事業の具体的な進め方は、伊藤忠商事とメイプルツリーが共同で不動産開発のためのＳＰＣ（特別目的会社）を日本に組成。このＳＰＣでは、日本国内の事情に通じた伊藤忠商事側が諸手続きや認可等を担当。ＳＰＣへの出資割合は伊藤忠商事がメジャー、メイプルツリーがマイナーとして、１件当たり数十億円から数百億円のプロジェクトを個々に仕上げていく。外国資本による対日投資、日本での不動産開発ではあるが、このように伊藤忠商事と連携することによって、外資参入につき物とも言える言語の壁や、国内規制理解の壁は全てクリアできる。テナントのリーシングは、伊藤忠商事が中心に行う。これまでは、完成稼働後メイプルツリーの運用するＲＥＩＴに組み入れた物件も多い。

グローバルでは、メイプルツリーが先んじてアジアをはじめ、欧米でも積極的な投資を展開している。伊藤忠商事は、これまでメイプルツリーのいくつかのＲＥＩＴで組成時に中核的な投資家の役割（コーナーストーンインベスター）を務めたほか、アジアでメイプルツリーが主導する物流施設開発への参画もしている。グローバルでは日本国内とは逆に、メイプルツリーが、土地の仕込み、各種手続きや開発、テナントリーシングでイニシアティブを取るが、伊藤忠商事も日系の分厚い顧客層や、中国での大規模物流網を活用し、テナントリーシング等で事業を支援する。

伊藤忠商事は今後もさらなる「双方向のグローバル化」を、本提携を活用し進める方針だ。

事例⑤　ブランド店の「GINZA SIX」への誘致を容易に
――エル・リアル・エステート（住友商事）

メイプルツリー社と伊藤忠商事との業務提携と同様に、不動産開発で住友商事がＬ Real Estate（ＬＶＭＨグループ）などと組んだ例が銀座６丁目再開発案件（以下「GINZA SIX」）

（４）　ＥＸＩＴ先とは、開発費用を回収するために施設の持ち分の一部ないしは全部を売却する販売先のこと。

だ。言うまでもなく、ＬＶＭＨはルイヴィトンなどを展開するプレミアムブランドであり、住友商事との連携による出店拡大は、日本の消費生活を豊かな選択肢溢《あふ》れるものにしてくれる。GINZA SIXは、「松坂屋銀座店」跡地を含む銀座６丁目10番と、隣接する銀座６丁目11番の二つの街区約１・４ヘクタールを一体的に整備する市街地再開発事業である。施設は２０１７年４月20日に開業したが、２４１のブランドが集積する商業施設、大規模なオフィス、文化・交流施設「観世能楽堂」などから構成され、銀座エリア最大規模の複合商業施設となる。さらにバス乗降所や地域に開かれた屋上庭園、災害時の帰宅困難者受け入れ環境も整備することで、地域の利便性や快適性、防災機能向上に貢献することが期待される（写真）。

GINZA SIX

住友商事はＪ・フロントリテイリンググループの中核企業である大丸松坂屋百貨店、森ビル、L Real Estateの３社との共同出資によりGINZA SIXリテールマネジメントを設立した。住友商事は、晴海アイランドトリトンスクエアなどの再開発やテラスモール湘南などの商業施設の開発で培ったビル事業や住宅事業の実績とノウハウを持っている。それをこの再開発事業に活用し、再開発事業の商業施設のリーシング、サービス・プロモーション、施設管理計画など、商業施設の開業準備業務や、開業後の運営業務全般を行っている。

L Real Estate はLVMHグループをスポンサーとするグローバルな不動産投資・開発会社であり L Catterton の一員である。ラグジュアリーリテールを中心とする複合開発プロジェクトを多く手掛け、アイコニックな商業開発の専門性を持ってプロジェクトに寄与する。

J・フロントリテイリングは小売りを中核事業として、マーケティング、商品、サービスなどのノウハウや、グループ内のリソースを生かして、プランニングから主体的に関わった。また、森ビルは総合デベロッパーとして、六本木ヒルズなどで培ったディベロップメントとタウンマネジメントのノウハウなど、豊富な開発・運営経験を生かし、施設の魅力と賑《にぎ》わいづくりに貢献する。

GINZA SIX のコンセプトは「Life At Its Best 最高に満たされた暮らし」であり、最先端のスタイルと真のラグジュアリー、そしてサービス、環境などすべてが高いレベルで提供されること、GINZA SIX における全ての体験が創造的で真に豊かな暮らし、人生を感じることのできるような施設を目指している。

施設の延べ床面積は14万８７００平方メートル、そのうち商業施設面積は約４万７０００平方メートルと銀座エリア最大であり、半数以上の１２２店舗がブランドの旗艦店で、世界を代表する六つのラグジュアリーブランドが2～5層の大型メゾネット店舗を構え、個性的なファサードにより銀座の新たな顔を作り出している。

事例⑥　交換用タイヤ、選択肢増やす――ネクセンタイヤジャパン（豊田通商）

NEXEN TIRE Corporation（以下、ネクセンタイヤ）は、世界130カ国以上に製品を納入している韓国の大手タイヤメーカーである。米国・ドイツ・中国などにR&Dセンターを、韓国以外に中国、チェコ（2018年稼動予定）に生産拠点を持ち、グローバルメーカーとしてポルシェやアウディなど欧州を中心に17の自動車メーカーの新車装着タイヤをOEM（相手先ブランドによる生産）供給している。日本でも三菱自動車にOEM供給を実施している。日本は「Smart Choice（高品質かつ廉価な製品）」に対するニーズが高いため、ネクセンタイヤでは、従来から日本を有力な潜在市場として位置付け、進出の機会をうかがっていた。将来、日本での輸入タイヤメーカーNo.1となることを目標に掲げ、日本の自動車メーカーへのOEM供給拡大や、交換用タイヤ市場でのシェア拡大を目指して16年11月、本格的に参入した（ネクセンタイヤジャパン（出資比率ネクセンタイヤ51%、豊田通商49%））。

一方、豊田通商は、バリューチェーン強化の一環としてネクセンタイヤとの提携を強化するに至った。これまで豊田通商は、日本国内では自動車生産に関わる分野（素材・設備・物流など）

で強みを蓄積してきたが、収益機会の多様化に向けて海外を含めて周辺事業を強化する方針だ。海外では小・中規模生産、架装、自動車部品販売、中古車、販売金融などの事業を展開し、日本国内でも輸入中古車の販売・メンテナンス、自動車部品・交換用の輸入アルミホイール販売などを手掛けてきた。とりわけ輸入車用アルミホイールの国内シェアは25%を占めている。高品質・廉価なネクセンタイヤの商品を取扱商品群に加えることにより、日本における自動車周辺事業の拡大を目指している。また、海外87カ国で直接事業経営を行う販売代理店、販売店を含めて、海外での販売も計画している。

日本のタイヤ市場は複数の国内メーカーが存在し、かつ、多くの海外メーカーも参入する非常に競争が激しい市場である。今回のネクセンタイヤの日本本格進出によって、消費者にとってはタイヤ選びの選択肢が増えるという恩恵を受けることになる。豊田通商に期待される役割としては、まず、日系有力メーカーとのネットワークおよび各メーカーの生産拠点へのきめ細かい物流ノウハウを生かしたOEM供給の拡大が挙げられる。しかし、それにとどまらず、自動車周辺事業でのマーケティング（認知度向上）ノウハウや販路を生かした交換用タイヤの販売拡大でも存在感を示していくことである。

ネクセンタイヤ

事例⑦　外資ノウハウで寡占破る――スイスポートジャパン（丸紅）

スイスポートジャパンは空港におけるグランドハンドリング（ＧＨ）事業、すなわち航空機の発着に伴う地上支援サービス[5]を総合的に提供している。スイスポートジャパンは、その高水準のノウハウと効率性によって、インバウンドブームで急増する旅客を空港で安全かつスピーディーにさばく「縁の下の力持ち」として高成長を遂げている。

その発端は２００６年に、丸紅とスイスポートインターナショナル Swissport International Ltd.（以下ＳＰＩ[6]）とが、共同で新明和工業（現在の新明和）の一部門であった新明和グランドサービスを買収、合弁事業化したことに始まる（出資比率ＳＰＩ51%、丸紅49%）。

公的規制の強い航空業界で非航空会社がＧＨ業務に参入し、そこで成長するには国内の制度やマーケティングに精通した商社の知見やノウハウが必須であった。世界的な規模のＳＰＩも海外の会社であるため、日本の規制や利用客の嗜好《しこう》・動向についての知見は持っていなかった。さらに、明文化されていない日本での商習慣の壁も大きな障害だった。一方、丸紅は航空機関連ビジネスを従来多く手掛けていたものの、その多くはＢtoＢであり、グランドハンドリングのような事業についてはそれまで参入経験が無く、知見も有していなかった。ただ、さまざまなビジネスを通じて国内の規制や商習慣には通じていた。両社は、商売を通じて情報を交換する間柄ながらも、一緒に事業を運営するというような深いものではなかった。しかし、丸紅は２００６年にＧ

H事業に参入する際に、あらゆる会社を事業パートナーとして検討し、最終的に独立系の最大手であるSPIであれば、互いの強みを生かせると判断して、パートナーとして同社を招き入れた。

世界各国、業界には、国による規制や業界内の慣習が存在する。日本の航空業界もその例外ではない。丸紅が株主として入ることで業界での信用度も増し、新規の空港に進出する際の手続きなども円滑に対応できるようになった。また、さまざまな法律が存在し、欧米に比べて複雑で手間が掛かるとされる労働管理においても、丸紅の経験や知見が生かされている。

スイスポートジャパンは、GH事業では世界トップクラスのSPIのノウハウを取り込んで国内でのGH事業に参入。エアライン系列に属さない完全独立型のGH事業者として、優れたコストパフォーマンスを発揮し、顧客ニーズに合わせた柔軟な業務姿勢で成長してきた。合弁事業が軌道に乗った2008年に年間20億円の売り上げをあげた後、成田空港でのGH事業参入（11

(5) GH事業は多岐にわたる。旅客業務（カウンター業務、遺失物取り扱い等）、オペレーション業務（航空機の運航管理等）、ランプ業務（機体誘導、手荷物・貨物搭載等）、貨物業務（受託・積み付け・引き渡し、通関補助）、整備補助業務などがある。航空各社からすれば、空港での業務を全て委託できる心強い助っ人である。

(6) パートナーであるSPIは欧州・米州・アフリカを中心に世界48カ国、290空港に展開するGH会社であり、独立系としては世界一の規模を誇る。年間売り上げは約30億スイスフラン（約3420億円）、従業員は6万人以上、世界の空港で800以上の顧客（航空会社）に総合サービスを提供し、年間約390万フライトに対応している。

年）、関西国際空港でのFedEx事業参入などを経て急成長し、14年には年間売り上げ50億円を達成。16年には羽田空港でのGH事業にも参入を果たして、年間売り上げは67億円に達した。この間、従業員も約150人から、現在では約860人（16年末）に増加している。現在、拠点は成田・羽田・関西・中部・福岡空港の5カ所あり、さらにその他の地方空港への進出・拠点拡大にも動いている。大手航空会社系事業者の寡占が続いていた国内のGH事業の中で、スイスポートジャパンは独立系の事業者として確かな位置を獲得したわけである。

経営陣のうちCEOとCFOは日本のビジネスに精通している丸紅から、COOは

カウンター業務（チケット発券）

貨物業務（貨物積み付け）

航空機整備補助業務（エンジン）

ランプ業務（トーイングトラクターを用いた機体のプッシュバック）

グランドハンドリングの経営・実務を熟知しているSPIから派遣されている。また、スタッフについては、旅客業務、オペレーション業務を中心に、日本人に交じって外国人も活躍している。航空機や空港が好きという理由の他に、語学のスキルや資格を生かしたいという人材が多い。一方、ランプ業務では、規制・免許制度の面で必要な資格を有している外国人を採用することは難しいため、主に日本人が従事している。

スイスポートジャパンによれば、現状の経営上の課題は、業界全体に通じるものとして、需要に応じた人材確保とのことだ。社内での公用語は英語である。英語のできる高度人材を求めて、国内だけでなく海外の人材派遣会社も活用しているという。空港という華やかな職場で働きたい若者を待っているということであった。

インバウンドブームにおいては、「爆買い」は終息しつつあるものの、人数ベースでは、さらに持続的な成長が見込まれよう。訪日観光客・ビジネス客の増加トレンドの下で、グランドハンドリング業界の成長は続く。

事例⑧　電力の需給安定に、「世界一」外資を――エナノック・ジャパン（丸紅）

エナノック・ジャパンは、東日本大震災以降、電力会社の需給逼迫時の需要削減技術の一つとして注目されている電力のディマンドリスポンス（DR、1節の注1参照）のプロバイダーとして世界一の規模と経験を誇るEnerNOC, Inc.（米国）の専門技術と、新電力として日本市場で豊富な経験を持ちグローバルに展開する丸紅のリーダーシップとを融合し、日本でのＤＲ事業を先導している合弁会社である。

EnerNOCは、米国を中心に、豪州やカナダ、英国、ニュージーランドなど世界11カ国で合計約７００万キロワット（原子力発電所約7基分の電力に相当）超のネガワット[7]を「柔軟性のある削減可能な容量」として管理している。

一方、丸紅は海外で累計約1億６０００万キロワットの発電所を建設した実績があり、また、全世界に保有する発電設備容量は約１１００万キロワットと日系独立発電事業者として最大規模を誇っている。

丸紅では、全世界で展開している電力事業のノウハウをEnerNOCのＤＲと組み合わせることにより事業の幅を拡大し、加えて日本の電力需給安定化に貢献できるという考えから本件に参入した。従来の電力事業での経験から、いち早く震災後の日本でのＤＲのニーズの高まりを先取りし、電力大手3社も巻き込んで各界に働き掛け、２０１３年度から経済産業省傘下での実証事業にエナノック・ジャパンと共同参加してきた。エナノック・ジャパンとしては、次のような実績を残している。

2012年度：関西電力向けにBEMS（業務用ビルの省エネルギー管理）アグリゲーター[8]プログラム参加
2013年度～2015年度：経済産業省DR事業に丸紅・東京電力と共同参加
2014年度・2015年度：経済産業省ネガワット検討会への参加（委員）
2015年度：ディマンドリスポンス推進協議会設立・初年度理事長
2016年度：ディマンドリスポンス推進協議会理事
2016年度：経済産業省バーチャルパワープラント構築実証事業採択

ネガワットは、電力需要の削減を発電と等価な「資源」と捉えることである。これを相対取引や市場を通して取引することにより、より効率的に電力系統全体の需要と供給を調整しようとするもので、日本でも実証実験によってその有効性を確認しつつある。日本では、震災以前にも大口ユーザーに対して「需給調整契約」という形で電力のピーク需要を抑制するなどの試みはあっ

(7) ディマンドリスポンスによって削減した電力消費のことを「ネガワット」、削減した電力需要を取引することを「ネガワット取引」と呼ぶ。エナノック・ジャパンホームページより。
(8) アグリゲーター：需要家の電力需要をまとめ、効果的にエネルギーマネジメントサービスを提供する仲介業者などのこと。

た。震災後は、スマートメーターの普及などと並行して、よりユーザーの対象を広げて、電力需要を細かく調整して需要削減分をまとめて売買する動きが注目されてきている。

経済産業省は16年度までの実証事業の結果などを受けて、17年度に新たにネガワット取引市場を開設した。本市場には、実証に参加した16社のアグリゲーターを中心に参入が見込まれる。政府は30年度にはこの取引市場で国内最大需要の約6％（米国並みの割合）分のネガワットの取引が実現されることを目指しており[9]、将来、この市場での主軸アグリゲーターとしてエナノック・ジャパンは先導的な役割を果たすことが期待される。

事例⑨　グローバルITサービスを日本顧客に
――日本タタ・コンサルタンシー・サービシズ（三菱商事）

インドなどの海外にソフトウエア開発を外注するITオフショアリングは、米国など英語圏を中心として、既に10年以上前から盛んに行われている。しかし、言語の壁等があり、独自仕様にこだわる日本企業はこの面での対応が遅れており、先行している欧米企業との間で開発効率において格差が広がるリスクも生じている。

そうした中、日本のクライアントとインドのIT企業の橋渡しを試みる取り組みが、タタ・コンサルタンシー・サービス（TCS）と三菱商事による、2014年7月の合弁会社「日本タタ・コンサルタンシー・サービシズ（以下「日本ＴＣＳ」）」の設立である（出資比率ＴＣＳ51％、三菱商事49％）[10]。

インドの巨大企業タタ・グループの一員であるＴＣＳは、１９６８年設立の世界的ＩＴサービス企業であり、インドを拠点とするＩＴサービス企業の中では最大手である。現在の社員総数は約38万人、毎年数万人の採用を行っている。ＴＣＳの16年度（16年4月〜17年3月）の売上高は約１７６億米ドル（前年同期比６・２％増）、純利益は約39億米ドル（同６・２％増）に達している（連結ベース、同社ホームページ）。

そのＴＣＳと三菱商事との合弁である日本ＴＣＳは、ＴＣＳが欧米やインドを中心とする40カ国以上に展開する２００近い拠点を有効活用して、高品質で時差を生かした迅速なＩＴサービスを提供できる体制を整えている。ＴＣＳの地域別売り上げ構成比では日本は３％程度にとどまるが、日本市場の成長性を展望して、日本向けデリバリーセンターをムンバイ近郊の都市であるプネに設立した。売り上げ構成比５％以上を当面の目標としている。現在、日本ＴＣＳは約

（9）経済産業省資源エネルギー庁「ネガワット（節電）取引市場の創設に向けて（中間取りまとめ）」（２０１６・７・１）。
（10）粂村良和「インド系グローバルＩＴベンダー『Tata Consultancy Services』との協業を通じて」『日本貿易会月報』２０１６年７・８合併号。

6000人の要員を擁し、日本国内では約2500人の社員が従事（うち約8割は日本人社員）している。

この日本TCSでの三菱商事の役割の一つとして、グローバルITサービス企業（ITベンダー）と協業する際の「差異」解消支援が挙げられる（以下、桒村（2016）参照）。一般に、日本企業がITオフショアリングを進めようとする時には、しばしば日本のITベンダーと協業する場合と比較した時のさまざまな差異（ITベンダーの実績・能力の確認や、案件の対象スコープの定義、管理手法の選択など）に苦しむことが多い。ここで言う差異とは、言語のみならず、ビジネス習慣や開発プロセス、さらには文化にも及ぶ。三菱商事はあらゆるビジネス分野において海外企業と協業の歴史があり、インドとの関係も深い。合弁により人材を派遣し、同社の社員と人的交流を通して、この差異を解消するノウハウの定着を支援している。

加えて、三菱商事においても日本TCSとの合弁を通じてグローバルITベンダーのビジネス慣習に関する知見を蓄積している。例えばシステム開発の初期段階における要件定義やユーザー側と開発側の責任範囲が曖昧であるとその後の段階で障害が起きやすい。日本のITベンダーにシステム開発を委託しても同様の問題が起きうるが、グローバルITベンダーは契約当事者間のグレーゾーンを是としないため、ユーザー側に留意を促すことが重要になる。解決法としては、提案書の段階から、責任分担表を用いて主要タスクの責任範囲を明確にし、また、主要成果物（各種報告書、設計書、ソースコードなど）についても、各成果物の品質レベルを曖昧にすることなく事前に合意することが、後々のトラブルを避ける上で重要である。

このように、グローバルITベンダーとの協業では、外国企業との協業におけるどんなケースも然《しか》りであるが、日系企業側に相応の労力が必要となる。しかし、グローバルITベンダーは、高い開発効率を実現しており、日本企業にとって活用する余地は大いにある。また時差を利用しての業務推進や、海外に進出して事業を始めるケースにおいては言語の面も含めて利点がある。日本TCSは、プネの日本向けデリバリーセンターにおいて現地社員に対して日本語だけにとどまらない商慣習や文化に関する研修を実施、こうした「差異」を解消する取り組みを続けている。それにより、日本の顧客に対して、グローバルで展開する最先端のIT技術やビジネスソリューションを、深い業界知識と日本の市場を熟知した豊富な知見を強みに円滑に提供している。

JDCのエントランス

日本向けデリバリーセンター（JDC）のあるTCSサヒャドリパーク（インド・マハラシュトラ州プネ市）

事例⑩　最先端のクラウド・IoTサービスを販売——ウフル（三井物産）

三井物産グループでのソリューションビジネスは、従来は主に三井物産エレクトロニクスや三井情報などで行われてきたが、２０１５年に三井物産エレクトロニクスは、ＩｏＴ分野におけるソリューション提供でウフルと協業していくことで合意した。これを契機として三井物産グループでは、ウフルを巻き込み、それぞれの得意分野を生かしながらクラウド事業のさらなる発展を目指していく。

ウフル（２００６年設立、東京都港区、代表取締役ＣＥＯ：園田崇）は11年にセールスフォース・ドットコム（Salesforce.com Co., Ltd.）から第三者割当増資による出資を受け（比率５％弱）、日本のクラウド市場でのシステムインテグレーション、コンサルティングビジネスの足場を広げていた。その後、セールスフォース・ドットコムのテクノロジーを活用するだけでなく、ウフル自身が開発した「enebular（エネブラー）」を組み合わせることで、クラウドを基盤としたＩｏＴコンサルティングサービスを展開している。

２０１５年10月には、ウフルはセールスフォース・ドットコムからの追加出資を受けるとともに、第三者割当増資を行い、三井物産

ウフル オフィス

から総額約5・2億円の出資を受けて、連携を強化している。さらに16年6月には、ウフルと三井情報が、サブスクリプション（継続課金型）・ビジネスの収益向上プラットホームであるクラウドサービスの米Zuora（ズオラ）の販売ならびに導入に関して提携し、IoT領域におけるサブスクリプション・プラットホームを2社共同で提供していくことに合意した。日本のユーザーにも、世界最先端のクラウド・IoTサービスを利用できる機会が広がっていく。

3節　外国企業の不安解消を――税や規制見直し、挑戦引き出せ

前節の事例でわかるように、外国企業の投資は日本に新しい経済価値をもたらしてくれる。ただ、全体として見ると対日投資はなお低水準だ。日本は制度・慣行がわかりにくく、ビジネスがしにくいという負の印象が、外国企業の意欲を弱めている可能性がある。

今後必要になるのは、そうした不安を軽減・解消する対策だ。第一に、法人税率の引き下げをさらに進め、ビジネス費用の軽減を図ること。第二に、外国企業が二の足を踏む解雇規制の曖昧さを除去したり、専門性や職務内容を明確にした雇用の選択肢を増やしたりするなど、「日本的雇用」の透明性を高めることも重要だ。第三に、国内市場をより競争的にし、国内企業を含めた新しい挑戦を引き出しやすくすることだ。日本市場のわかりにくさを克服するためには、外国企

業と国内企業の協業を促す発想も必要になるだろう。

1．法人税率　さらに引き下げを

(1)　世界では「ボトムへの競争」――アジア並み目指せ

GDP比で世界の最下位圏にある日本の対内投資を加速する上で必要になるのは、一層の法人税率引き下げだ。税負担の軽い地域に立地しようとする企業を招き入れる上で法人税の軽減は重要な要素の一つになる。資本が国境を越え自由に移動する現在、企業は同程度の収益が見込める事業であれば、税引き後の利益が多くなるところに投資を行う。各国は企業を自国内に引き止めようと、税率の引き下げ競争をしてきた。日本は長らく主要国の中で税率が最も高いグループにあったが、ようやく近年の税制改正で実効税率が30％を切り、2018年には29・74％とドイツ並みになる予定だ（図表3－3－1）。

しかし、日本が立地を競うアジア諸国と比べると、なお劣位にある。米国トランプ大統領は、15％への引き下げを目指している。法人税の引き下げはボトムへの競争とも言われ、さらに加速することも十分考えられる。相対的に高い法人税率のままでは、直接投資を呼び込むどころか、国内からの投資の流出を止められない。アジア諸国と互角に戦えるよう、日本の法人実効税率をさらに10％引き下げ、20％を目指すべきだ。

(2) 開放度高め、経済成長を促進

法人税引き下げが望ましい第二の理由は、外資導入に積極的な国ほど法人税率を引き下げる傾向があり、国の「開放度」と連動していること、その結果、法人税引き下げと開放度の向上を図れば、経済成長の促進につながることだ。

第1章で述べた通り、長期的な経済成長は、労働力や資本といった目に見える生産要素の量よりは、どれだけ新しい挑戦を奨励する「制度」になっているかが左右している。制度条件の一つである開放度が高まれば、国内における競争を促し、産業の活性化につながりやすい。

米国ヘリテージ財団が評価した開放度と法人税の関係を確認してみよう。主な経済協力開発機構（ＯＥＣＤ）加盟国を20年前と比べると、ほとんどの国は法人税率を引き下げながら、開放度を高めている（図表３－３－２）。

図表 3-3-1　主要国の法人実効（表面）税率

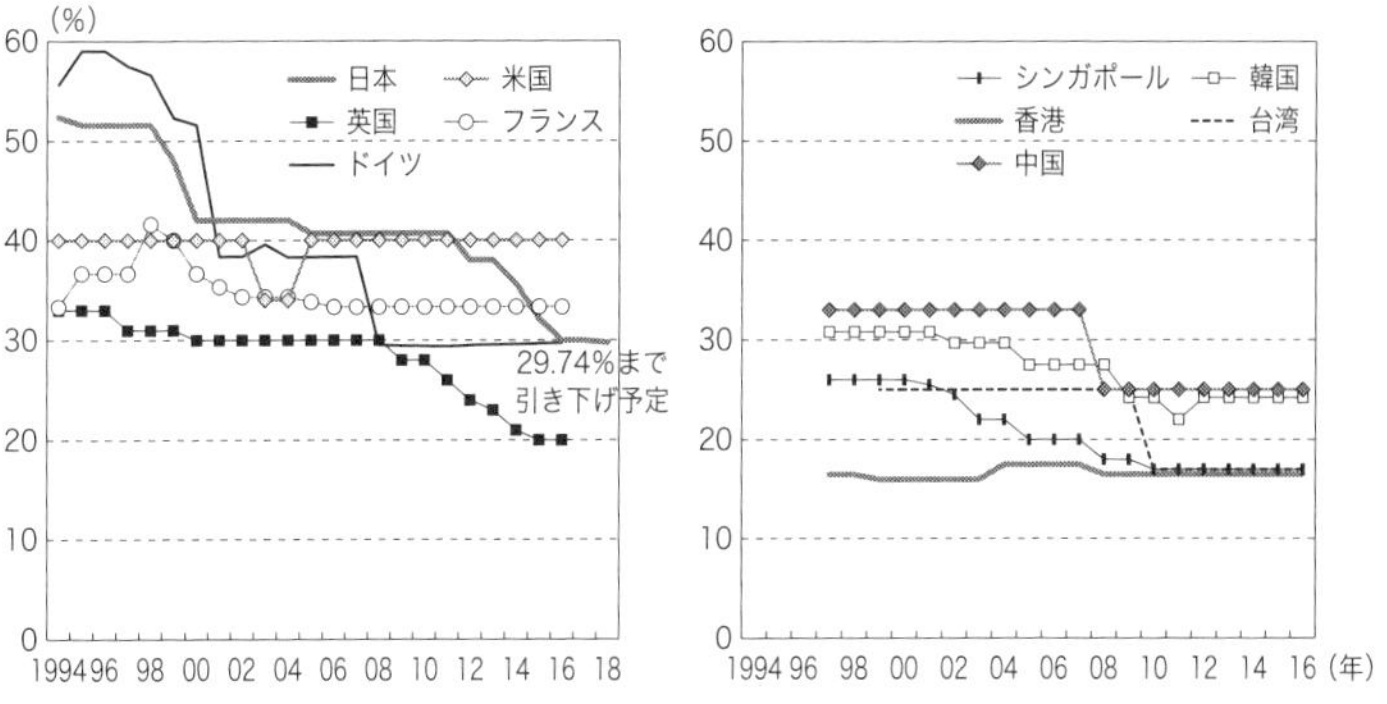

（資料）KPMG, *Corporate and Indirect Tax Survey*. 日本は2015年以降、財務省資料による

仮に、法人税率と開放度の関係がなくても、法人税率の引き下げはそれ自体として望ましい。法人税は企業が負担する税というイメージがあるが、実際には雇用、賃金、配当を抑制したり、価格設定を引き上げたりするなどして転嫁される（法人税の帰着）。例えば、企業に税を課していると、企業は法人税がない場合に比べて雇用や賃金を抑制してしまう。このため、経済活動を阻害する度合いが大きいとされている。この点は、実証研究でも確認されている。Arnold（2008）はＯＥＣＤ21カ国のデータをもとに、税の構成により１人当たりＧＤＰの伸び率がどのように変わるかを推計した。それによると、経済成長に対しては、法人

図表 3-3-2　法人税率と開放度の関係

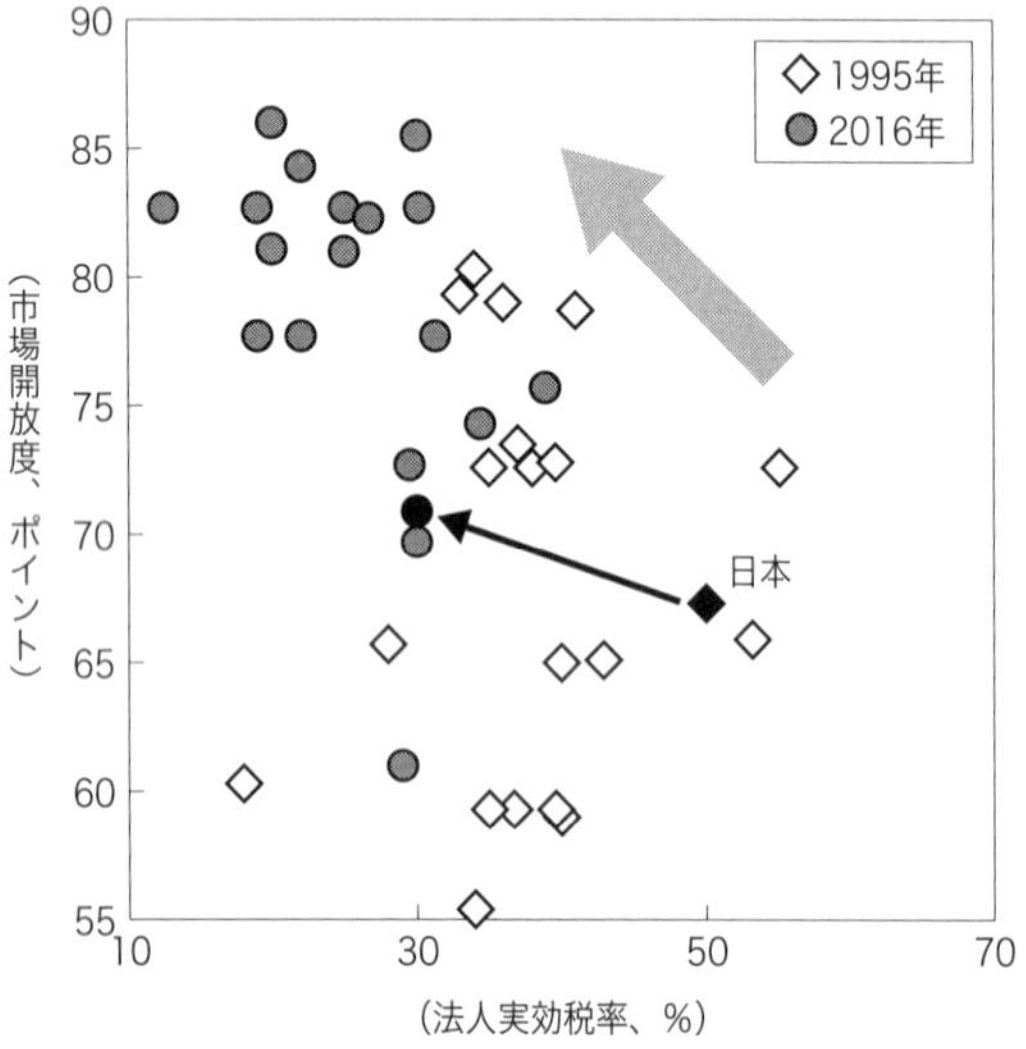

（注）データがそろうOECD 20カ国が対象
（資料）米国ヘリテージ財団、OECD Tax Database

税、個人所得税、消費税、財産税（固定資産税）の順で悪影響があった。法人税と個人所得税が負の影響を持つのは、家計の労働供給や企業の投資活動、立地などを左右しやすいためだ。法人税を減税すれば、代替財源が必要になる。それを相対的に成長を阻害しない消費税に置き換えていくという考え方も重要になる。

2.「日本的雇用」の透明性を高めよ

(1) 曖昧な雇用ルール、外資は二の足

日本進出を考える外国企業にとって不確実性になると見られるのが、日本のルールの曖昧さだ。典型が雇用ルールに関わる曖昧さだ。解雇規制を例にとろう。解雇規制は国によって差がある。経営上の理由があって雇用を削減する「整理解雇」の類型について見ると[11]、最も自由な国の一つが米国で、経営が苦しければほぼ自由に解雇ができる。欧州では一定の人数を超えるもの（集団的解雇）は、労働側代表との手続きを踏んでいることなどを条件に認められる。日本は、それに比べても厳しく、他のリストラ努力（非正規雇用の削減、配置転換）などを尽くしてからでないと解雇ができないとされる。

---

(11) 大内（2014）を参考にした。

解雇の基準が厳しいかそうでないかも重要だが、実際には基準が曖昧な点も企業にとっては不確実性を高める要因になる。例えば、解雇の実態は企業規模によって差がある。組合がしっかりしており、評判リスクを気にする大企業ではほぼ基準に沿っているものの、中小企業では配置転換の余地が少ないことなどから、尻抜けになっている場合が多いという。さらに、裁判になってみないと解雇が有効か無効かわからない場合が多いようだ。雇用調整ではなるべく円満・穏便な方法を取るのも、日本的雇用の特徴かもしれない。いきなり整理解雇をせず、まずは希望退職を募る場合が多い。

日本では、金銭支払いによる解雇ルールも明確でない。同ルールを明確化してはどうかという議論が、厚生労働省の有識者会合で進められている。現在は十分な補償も受けずに解雇されている労働者には朗報となるはずだが、安易な解雇を助長するとして反対論も根強く、議論は難航も予想される。

日本という異国での投資を考える外国企業の立場に立てば、そもそも不確実な事業に長期雇用は約束できないのが本音だろう。明文化されていない日本的な慣行が、外国企業の不安を高めている可能性がある。

雇用の見直しは単に外資導入のためと考えるべきではない。会社と労働者の関係を固定化することが、長い目で見て良いとは限らないからだ。これまでは、今の会社に居続けるのが望ましく、会社は収益が悪化しても最後まで事業を続け雇用者を支えるべきという価値観があった。しかし、最近は、電機産業などで見られるように、収益の変動や振幅が激しくなり、あっと言う間に優位を失う例が発生している。行き詰まった事業からは、なるべく早く撤退し、収益が確保できる事業に集中するのが望ましい。事業の新陳代謝を促すことが、結果的には会社の収益性を高め、経済全体としての雇用機会を増やすことにつながる。弾力的な雇用調整ができるなら、国内企業・外国企業を問わず、挑戦意欲が高まるはずだ。「日本の成長加速には法人減税よりも解雇規制の緩和が必要」と、知日派の経済学者、デイビッド・ワインスタイン米国コロンビア大教授は説く。解雇されやすい社会は、採用されやすい社会でもある。

企業買収や出資による対内投資についても、日本には不確実性がある。第1章で述べたように日本の「開放度」が先進国では低い方にとどまっている一因が、投資自由度が低いことだ。電子部品やエネルギー、空港などの分野への外国企業の進出を、案件が表面化した後で政府や官製ファンドが阻んでしまう例があった。規制はあってもよいが、事前に予想できることが重要だ。

(2) 専門人材はどこに——ゼネラリスト文化も壁に

日本型雇用のもう一つの曖昧さが「専門性」に関わることだ。日本では、仕事（職務）を選ぶ就職ではなく、会社を選ぶ「就社」が普通だ。入る段階では仕事は白紙、いろいろな部署を経験しながら、言われた仕事をこなしていく。一芸に専心するタイプの社員よりは、回ってくる役割をこなした上で、飛び込みの仕事も快く引き受けるようなゼネラリストを尊重するところがある。

海外では、雇用時には職務定義書（ジョブ・ディスクリプション）を明確にして契約を結ぶのが普通だ。労働者は自らのスキルを提示し、企業側はこなしてほしいミッションを明確にする。採用後にそれ以外のことをさせることはない前提だ。

この結果、海外に比べて日本では「専門家が少ない」という現象が発生する。[12] 国際労働機関（ILO）の統計で見ると、雇用者に占める専門家の比率は25％程度と他の主要先進国に比べて少ない（図表3－3－3）。ここでの専門家とは、Managers（役員・管理職）、Professionals（研究者、技術者、建築家、医者、薬剤師、教員、金融・財務・広告・システムなどの専門家）、Technicians and associate professionals（技師、看護師、料理人）などからなる。日本の労働者の専門性が乏しいというより、専門的な職種として働いている人が少ないのが実態だろう。

転職市場に厚みが乏しいことや、転職者がいても持っているスキルが明確でないため、日本に参入する外資は、求める人材がどこにいるのかわからないという状況に直面する。本章第1節でも紹介したが、「ジェトロ対日投資報告」（2016）によれば、外国企業が日本でビジネスを行う上での阻害要因第1位は「人材確保の難しさ」だ。

専門家が少ないことが、対内投資にも影響している可能性が高い。服部・舘（2016）は日本と関係の深い主要16カ国間の直接投資を分析し、専門家・管理職比率が多いほど対内投資が多いことを確認した（図表3－3－4）。その上で、同比率をスイス並みに高めることができれば、政府が目標とする対内直投残高を2倍にすることも可能と試算した。直接投資には、生産機能（工場）だけを置く垂直型の投資と、事業を管理・統括し販売機能も担う拠点を設ける水平型の投資がある。投

（12）以下の詳細は服部・舘（2016）を参照。

図表 3-3-3　雇用者に占める専門家の比率

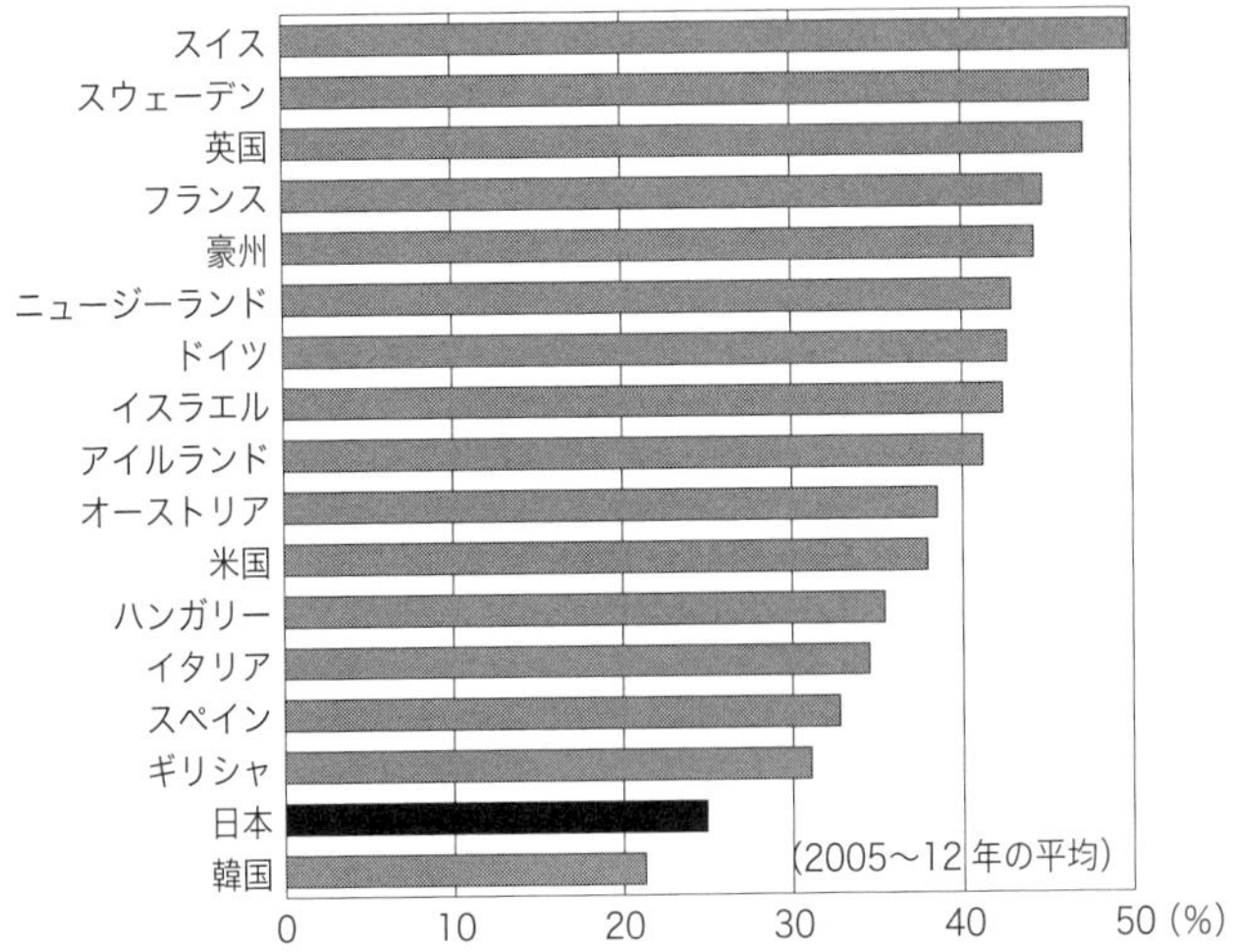

（注1）ニュージーランドのみ2008年の値
（注2）国際職業分類で「専門家・管理職」に該当するのは、Managers、Professionals、Technicians and associate professionals の3項目
（資料）服部・舘（2016）をもとに再構成
（原資料）ILO（国際労働機関）

資先の国に専門家・管理職が少なくても垂直型の投資は可能だが、水平型の投資は専門家の潤沢さが重要な要因になる。

外国企業の人材難を軽減するには、多様な働き方を認めることが一つの解決策になるだろう。例えば、一括採用による無限定な働き方ではなく、職務をベースにした雇用形態を増やすことや、職務や勤務地の条件をより絞った限定正社員のような働き方だ（第2章参照）。多様な働き方が増えれば、例えば、出産や育児で仕事を離れた女性が仕事に復帰する時の選択肢が増え、意欲と能力ある高齢者が働き続ける機会も増えるだろう。これは国内企業にとっても望ましいはずだ。

国際比較をしてみると、専門家・管理職比率の高い国は、経営大学院の質が高い場合が

図表 3-3-4　専門家が多いほど対内直投が活発

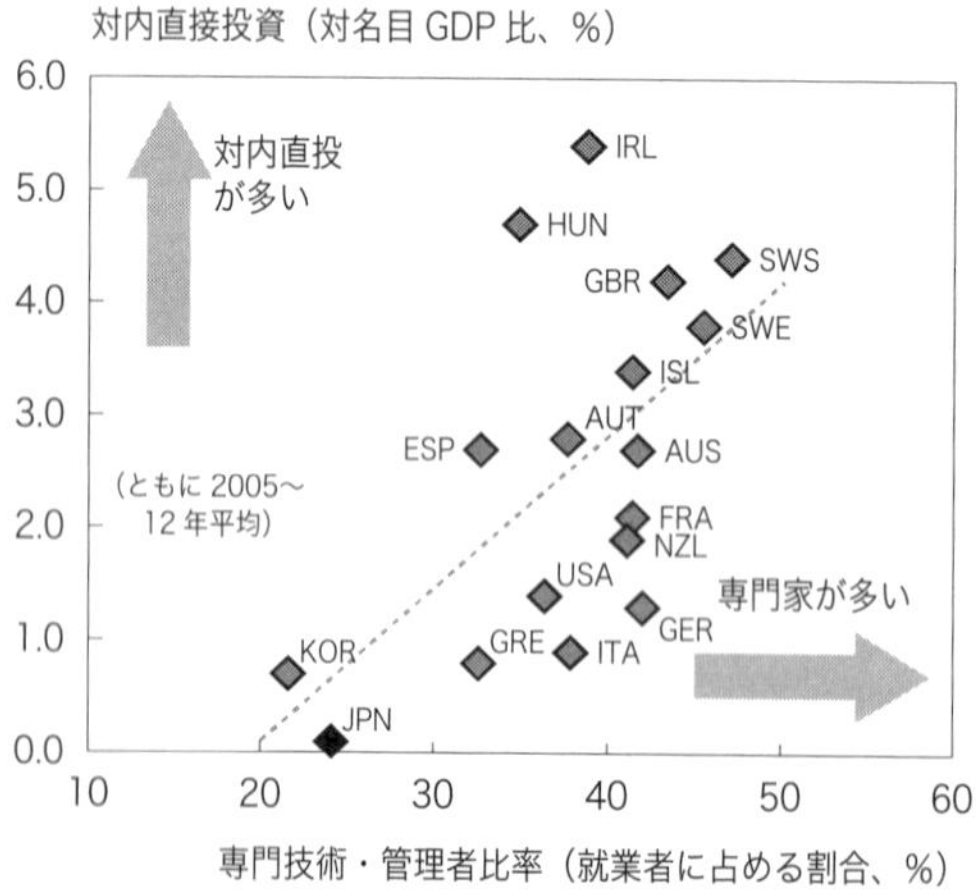

国	記号
豪州	AUS
オーストリア	AUT
フランス	FRA
ドイツ	GER
ギリシャ	GRE
ハンガリー	HUN
アイルランド	IRL
イスラエル	ISL
イタリア	ITA
日本	JPN
韓国	KOR
ニュージーランド	NZL
スペイン	ESP
スウェーデン	SWE
スイス	SWS
英国	GBR
米国	USA

（資料）服部・舘（2016）による分析

（原資料）OECD, International Direct Investment, IMF, World Economic Outlook Database, ILO, ILOSTAT

多い。教育や人材育成の質を高めることにより、雇用者の意識を変え、専門性を持った人材を増やす道もあるだろう。

3. 規制改革の手 緩めるな

一層の規制緩和も重要になる。規制緩和は、対日投資を促すためだけでなく、国内の企業が潜在力を発揮し、その果実を家計にもたらすためにも必要なことだ。日本企業にとって経済活動がしやすい場は、外国企業にとっても活動がしやすい場となるだろう。

(1) 2000年以降改革足踏み――流通分野などで規制残る(13)

法制度上の面で外国企業が日本企業に比べて不利という条件は少なくなってきた。しかし、そもそも日本という市場に制約が多ければ、外国企業の参入は望みにくい。

各国市場の規制度合いを国際比較できる指標として、OECDのPMR (Indicators of product market regula-tion) がある。OECDが各国政府に1000を超える質問項目を送り、回答を指数化したものだ。

(13) 詳細は猿山(2016)を参照

ＰＭＲからうかがえる点が二つある。第一は、２０００年以降、日本では規制改革が足踏みになっていることだ。図表３－３－５は「ネットワーク産業」の規制指数を描いたものだ。ネットワーク産業とはエネルギー・運輸・通信など広域的に他産業の事業を支える役割を持つサービス産業だ。製造業が強い日本、韓国、ドイツの３カ国に加え、サービスに競争力を持つ英国の数値を比較している。[14] 指数は０～６の間をとり、数字が６に近いほど規制が厳しい。

これを見ると、当初規制緩和で先行していた日本が、①１９９０年代後半にドイツに抜かれたこと、②日本の改革が00年代に入って足踏みになっていること――の２点がわかる。韓国は日本よりも規制が強いものの、次第に差が縮まっており、英国は一貫して規制が少なく、しかも近年も規制緩和が進展していることがうかがえる。

ＰＭＲからわかるもう一つの点は、日本は小売り・流通分野に規制が残っていることだ。この分野では、日本の

図表 3-3-5　ネットワーク産業の規制指数

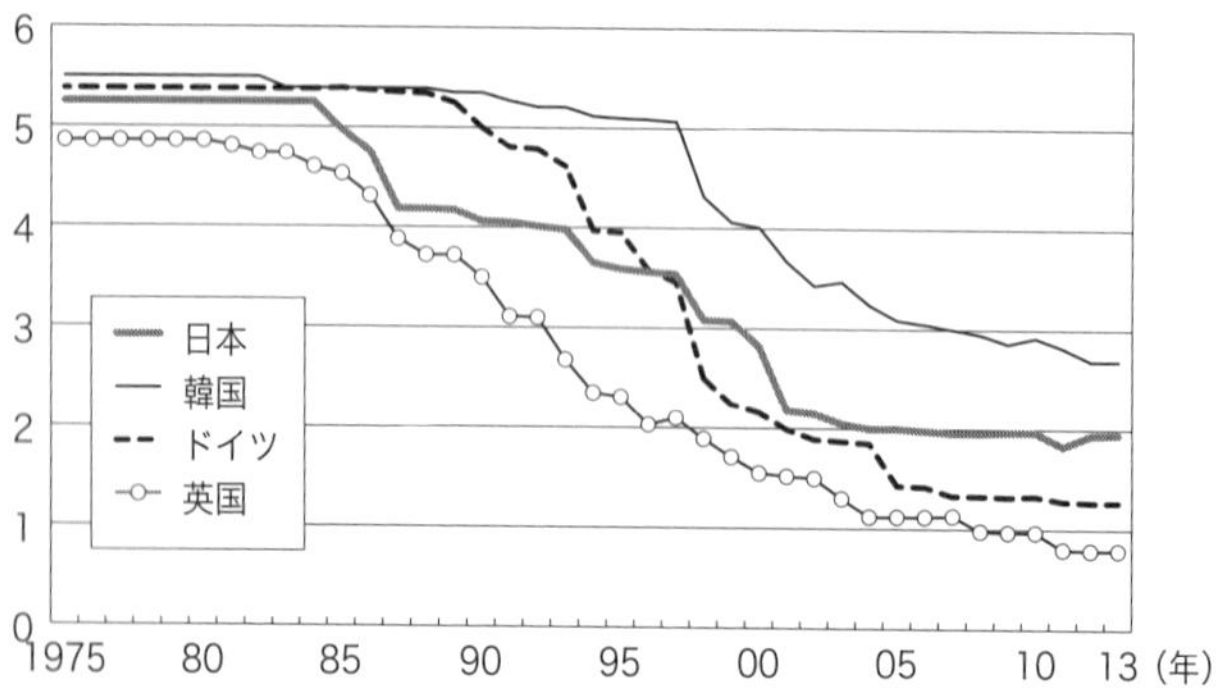

（資料）OECD, Sector Regulation Indicators

規制指数が足元でわずかに悪化している（図表3－3－6）。基礎項目を点検すると、医薬品の「価格規制」が残っており、これが実質的な規制強化と評価されているようだ。小売り・流通分野では、日本はOECD諸国の中で規制が強い方に入る。[15] 大型店の出店規制、既存店保護、価格規制、値引き規制などの項目で順位が低い。

(2) 競争促進は外国企業の立地も促す

競争促進は生産性や経済成長を高める効果がある。近年の研究の中から興味深い結果を示しているものをいくつか取り上げよう。

例えば、コンウェイら（Conway et al., 2007）は、規制と生産性との関係を分析した。前述のネットワーク産業の規制が、それを生産活動に用いる周辺産業にも悪影響を与えるため、規制は労働生産性の伸びに有意な負の影響を与えることを確認した。その上で、規制が最も少ないベストプラクティスの水準まで各国が規制を引き下げた場合の効果を試算した。1995年～03年の平均で、21カ国中最も規制が厳しかったギリシャでは年率1・8%、規制が中程度の日本は同0・7%、それぞれ生産性上昇率を高めることができただろうと報告している。

(14) 米国は2009年以降、PMRの更新がないため除外した。
(15) 全業種を評価した指数では、日本はOECDの中で平均に比べやや規制が少ない方に入る。

図表 3-3-6　小売り・流通の規制指数

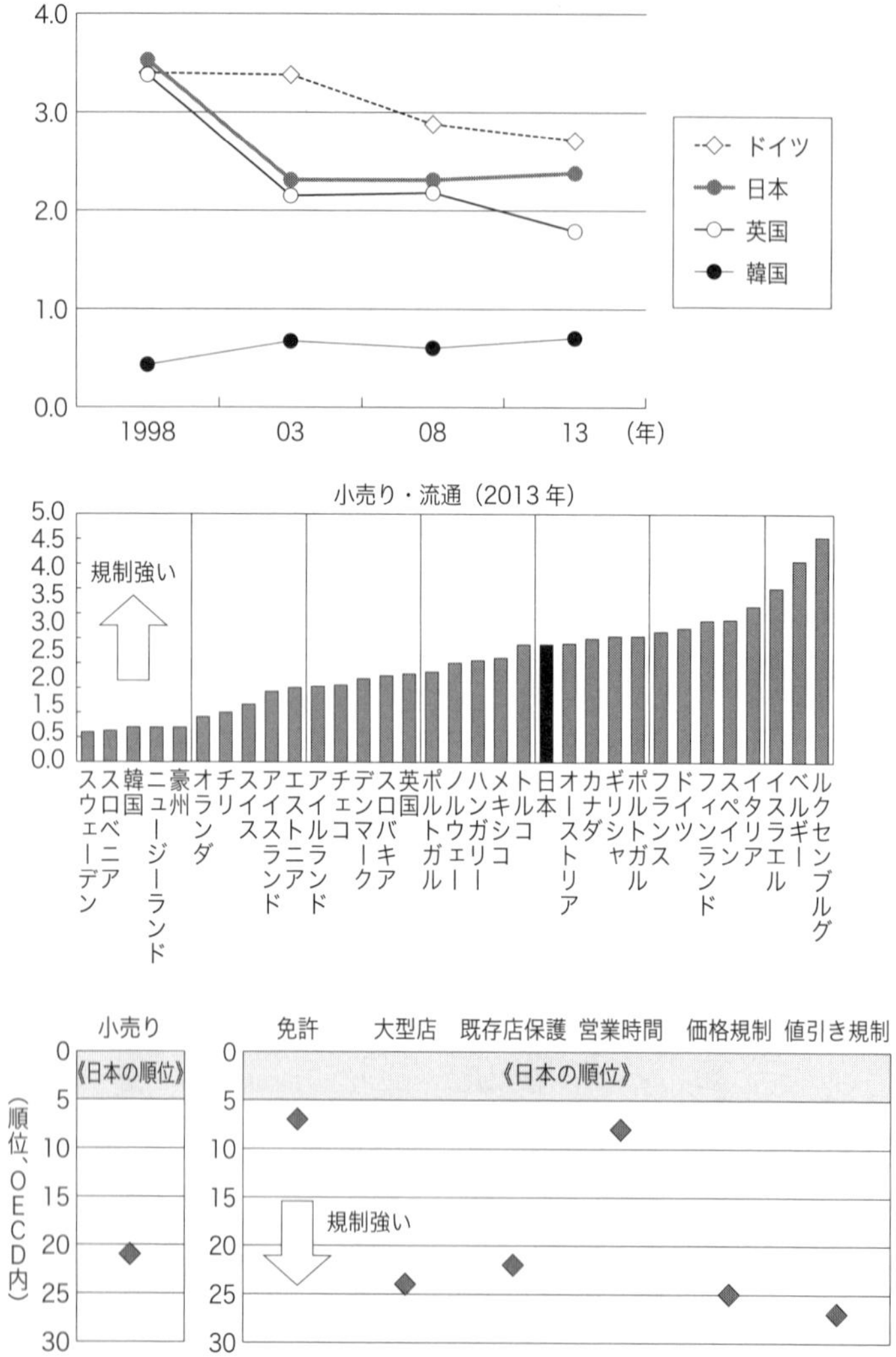

（資料）OECD, Sector Regulation Indicators

規制は外国企業の立地にも影響を与える可能性がある。コンウェイらは、全雇用に占める外国企業雇用比率と規制の関係も調べた。それによると、規制が強いほど、外国企業の雇用比率が低かった。

(3) アベノミクス、**規制改革に逆行例も**

規制改革が足踏みというのは、単に統計数字の上の話ではない。2016年5月27日、量販店などが酒類を過度に安売りするのを防ぐための改正酒税法と改正酒類業組合法が成立した。酒類の取引に新たな基準をつくり、違反業者には免許取り消しもできるようにした。

「反競争」はさかのぼると2013年にも起きている。同年11月に成立した「タクシー減車法」(改正タクシー特措法)だ。国土交通省が指定する特定地域では、事業者や首長からなる協議会が、増車や新規参入を止めたり、料金の下限を定めたりすることができるようにした。既存事業者が、新規参入を阻める仕組みであり、既得権保護の度合いが大きい。

安倍首相は、2014年1月の世界経済フォーラム年次総会(ダボス会議)で「いかなる既得権益と言えども私の『ドリル』から無傷でいられない」と述べた。その発言には、抵抗が強かった分野でも規制改革を進める決意があったはずだ。しかし、実際には改革を逆行させている(図表3－3－7)。

先に挙げた研究が示すように、規制があると新しい技術の採用や波及を遅らせ、それが生産性上昇を阻害する恐れがある。自家用車を使って有償で人を運ぶライドシェアや、一般家庭が外国人観光客などを有料で宿泊させる民泊など、最近、規制の是非が議論になっているのは、まさに情報通信技術（ICT）によって容易になったサービスだ。経済成長の源泉は突き詰めれば、より優れた技術や事業モデルを携えた企業や産業が台頭し、それに劣るものに取って代わる「創造的破壊」だ。規制緩和には、そんな新しい産業の担い手を増やす触媒の役割がある。

規制緩和は海外から事業者を引き寄せる効果もある。健康・医療分野では、2014年11月に薬事法が改正されたことにより、医薬品を早期に承認することが可能になった。再生医療に用いる細胞などの承認は世界最速とも言われるようになった[16]。海外の製薬大手と国内の有力大学との提携が増えているともいう[17]。

アベノミクスは、金融政策に過度に依存した成長政策に手詰まり感が出ている。安倍政権は、2016年度に補正予算を組み、大型の経済対策を打ち出したが、財政出動の効果は一時しのぎだ。持続的な成長をも

図表 3-3-7　アベノミクス下の「反競争」

2013年11月　タクシー減車法（改正タクシー特措法）が成立。
- 国土交通省が特定地域を指定。
- 同地域では事業者や首長からなる協議会に増車禁止や料金下限設定の権限が与えられる。

2016年5月　酒類安売り禁止法（改正酒税法・改正酒類業組合法）が成立。
- 財務省が「公正な取引の基準」を設定。
- 過度な安売りをしている販売業者の免許を取り消すことができる。

たらすため、一層のサービス規制改革を打ち出し、アベノミクスの再起動を図るべきだ。

(4) 日本企業との協業も選択肢に

前節で明らかになったのは、外国企業の投資を引き込む上で、商社との協業が有効であることだ。外国企業には、依然として、日本の制度や慣行などがわかりにくい場合が多いとみられる。新しい技術や製品など潜在需要のあるシーズを外国企業が持ち込み、商社は販路確保や規制対応などの面で貢献する。それが、日本の消費者・利用者に新しい価値をもたらす。外国企業を単独で引き込むというより、日本と外国企業が組んで相乗効果を発揮するという発想も重要ではないか。

(16) 日本経済新聞「細胞の承認『世界最速』――海外勢、日本が主戦場」(2015年8月24日)。
(17) 日本経済新聞「日本の頭脳狙う製薬外資続々」(2016年5月20日)。ジェトロ(2016)では、米国大手医療機器メーカーや中国のジェネリック医薬品メーカーの日本進出事例が報告されている。

グローバル・リーダーを育成――異文化への理解も養う（国際大学）

外国人の招き入れ、グローバル人材の育成を実践している場がある。国際大学（International University of Japan：ＩＵＪ）だ。同大学は、１９８２年、世界が直面するグローバルな課題の実践的解決に貢献できるリーダーの育成を目的に、経済４団体（経済同友会、経済団体連合会、日本商工会議所、日本貿易会）など日本の経済界が主導して設立した。日本初の大学院大学であり、全て英語を用いた教育を基盤としたプロフェッショナルスクールだ。

同大学（ＩＵＪ）は世界のさまざまな国や地域の人々、あるいは、政府・企業・ＮＧＯ等の組織が直面するグローバルな問題の実践的解決に貢献できるリーダーを育成し、異文化への深い理解と人間的な共感を培うことのできる学習と研究の場を提供している。

自然環境豊かな新潟県南魚沼のキャンパスからは、これまでに１２０余カ国４０００人を超えるグローバルリーダーを世界に輩出した。設立35周年を迎えた本年も、アジア（19カ国約２３０人）・アフリカ（25カ国80人）を中心に、55の国と地域から約３６０人の大学院生が集まり、教職員と寝食を共に日々研鑽を積み、世界でもユニークかつグローバルな知的コミュニティーが構築されている。

ダイバーシティに富む学びの場であり、異文化を理解しあう場ともなっている国際大学。同大学の内なるグローバル化への貢献を、同大学の理事長を務める槍田松瑩・日本貿易会名誉会長と小林栄三・同会会長が語った（「日本貿易会創立70周年、国際大学創立35周年の記念対談」より）。

小林　槍田さんはご存じですが、我々企業からすると、カネ、モノ、情報のグローバル化は進みましたが、人材だけは上手くいっていないと感じています。日本から海外に行く、つまり外へのグローバル化については、企業も海外留学させたりしていますが、逆に、私がいつも申し上げている「内なるグローバル化」については、企業にももちろん責任もありますが、ほとんど努力もしていませんよね。海外から人や企業に来て頂くことについては、後手を踏んだなという感じがしますよね。

槍田　確かにそうですね。

小林　そういう意味では、スピードを上げて「内なるグローバル化」に向けた対応をしていかないと、日本全体が片方向のグローバル化だけで終わってしまうのではないかと思います。

槍田　仰るとおりです。いつも小林さんがお話しされる「内なるグローバル化」は、私も本当に大事だと思います。

小林　ダイバーシティに富んだ多国籍な環境に身を置けば、色んな価値観に遭遇しますから、自分の力もつきますよね。もちろん、英語の勉強や海外に行くのも大事ですが、違った価値観の人と上手くやれるかというのが大きなポイントだと思います。そういう意味でも、国際大学は本当に良い環境だと思います。

槍田　国際大学は３６０人程度しか学生がいませんが、食堂は、他大学に先駆けて5年前からちゃんとハラール（注1）ですからね。

小林　そうですか！

槍田　日本ではあまりハラールが知られてない頃から、当たり前にやっています。だからこそ、多文化、多宗教、多国籍の人が集まってくるんでしょうね。

小林　いやー、それは素晴らしいことですね。

檜田　政府派遣も多いので家族連れでいらしている学生さんもおられます。皆さん、学校の寮など南魚沼市内に住みますから、小さなお子さんは地元の幼稚園や小学校に入って、まさにローカルに飛び込んで楽しんで生活されています。年に一度、お国自慢の料理をふるまうインターナショナル・フェスティバルというお祭りがありますが、民族衣装を着て遊んだりしている幼稚園の子を見ると、本当に多様性にあふれていて、とても意味あることだなと思います。

小林　ご家族で来ている方も、みなさんエンジョイされているんですね。

檜田　とっても地元の方と仲良しですよ。35年も続いていますから、現地の方もわかって慣れていますから、変な緊張感や珍しさもないんでしょうね。

小林　現地サイドの受け入れ態勢も、しっかりできているんでしょうね。

檜田　長年続いていますから、いろんな国の人があの大学にいるんだよねと言うのは、地元の方に本当によく理解して頂いてます。

（注1）　ハラール…イスラム教の戒律に沿った食事。

小林　素晴らしいです。まさしく、内なるグローバル化の先駆けですね。例えば、家族が来られて日本語ができないときに、サポート体制などはあるんですか？

槍田　国際大学の授業や論文は１００％英語ですが、日本語の先生もおり、学生向けに日本語の授業も実施しています。また、学生センター事務室が家族も含めた生活全般のケアをしています。この他、地元の国際交流団体も日本語のサポートをしてくださっています。

小林　それは大事ですね。国際社会貢献センター（ＡＢＩＣ）もお台場の東京国際交流館の支援を長年続けていますし、外国人の方が日本で暮らすためのサポート体制はやはり重要ですよね。

槍田　ＡＢＩＣといえば、活動会員の方は色々な国に長く駐在して愛情持っている方が多いですから、ぜひうちの大学でも講師になって頂ければと思っています。いろいろな国の留学生がいますから、講師が親近感を持って接してくだされば、学生もほっとしてすごく良い効果があるんじゃないかなと思っています。

小林　いいですね、それはぜひともお願いしたいです。ＡＢＩＣの活動会員もいまでは３０００人近くになっていますし、全国の大学で講義をしている方も多く、とにかく人材が豊富です。日本貿易会、ＡＢＩＣとの連携が生まれれば、さらに充実した大学環境が生まれるでしょうね。

槍田　国際大学は、２０１４年、文部科学省にスーパーグローバル大学として選定されました。現在のベトナムに加え、ガーナ、ミャンマーなどにサテライトオフィスをつくる予定です。留学生支援に更に力を入れることで、日本の「内なるグローバル化」にも貢献していきたいと思っています。そして、経済界のご支援で設立頂いた大学院大学ですから、ぜひ多くの企業や日本の方にも国際大学（ＩＵＪ）を活用して頂きたいと願っています。

※本稿は、日本貿易会創立70周年、国際大学創立35周年を記念した対談からの抜粋。全文は日本貿易会月報２０１７年９月号「グローバル時代を生き抜く人材を育てよ」（http://www.jftc.jp/monthly/）に掲載。

第4章　商社による日本発信と外国人支援

――インバウンドの裾野広げる

本章では、まず1節において、商社が行っている海外での広報的な活動・事業から「日本発信」につながる放送事業、奨学金などの教育関連支援、国内での在日ブラジル人支援などのCSR活動の現状を紹介する。これらは、インバウンドブームの裾野を広げ、在日外国人の定着に寄与してきた。さらに2節においては、日本貿易会が国際社会貢献センター（ABIC）を通じて推進している活動を紹介する。商社などで海外経験を積んだ専門人材が対日ビジネスや国際交流を支え、日本経済や文化への理解者を育てる導き役となっている。

1節　商社の海外での放送事業と教育支援・国際交流

1．まず知ってもらうことが肝心

近年のインバウンドブームは、第2章で紹介したように数年前には誰もが想像しなかった規模に達している。訪日外国人数は、東日本大震災があった2011年の622万人から、16年には2404万人へと約4倍に急増した（第2章1節）。増加の背景には、確かに円安や、アジア諸国の所得水準の向上などもあろうが、日本に彼らの足を運ばせる点で大きな役割を果たしたと推測される事業がある。WAKUWAKU JAPAN（事例①、伊藤忠商事）とJAPAN HOUR（事例②、住友商事）である。これらの活動は、近年のいわゆるインバウンドブームの素地をつくり、今後も「内なるグローバル化」を着実に後押ししていくだろう。以下では、この二つの放送事業に加えて、日本文化や芸術の世界に向けた発信に貢献している事例として、海外の美術館・博物館への支援（事例③、三菱商事）、世界各地の大学での冠講座（事例④、三井物産）を紹介する。

事例①　日本情報で観光客だけでなく留学生拡大へ（伊藤忠商事）

海外から日本に人を呼び込んで内なるグローバル化を進めるためには、まずは、日本について知ってもらうことが必要だ。最近でこそ、アニメや漫画など日本のコンテンツも広く知られるようになったが、Ｊ－ＰＯＰやグルメ、伝統芸能や歴史的建造物など、まだまだ、知ってもらいたいことはいくらでもある。伊藤忠商事では、関連会社の WAKUWAKU JAPAN を通じて、日本で毎日放送されているあらゆるジャンルのテレビ番組を、アジア諸国において現地語で24時間365日、放映している。日本の魅力を広く世界に広めることにより訪日外国人が増えていけば、今度は、訪日外国人の情報をまた世界にフィードバックしていくことで、インバウンドの好循環が生まれる。この動きを推進していけば、外国人の行動が「旅行」から「留学・就職」へと進み、やがては外国人材の増加をもたらす。後述するように、WAKUWAKU JAPAN の取り組みは、そうした兆しを感じさせる。

衛星放送およびケーブルテレビ（CATV）、IPTV（インターネット回線を利用して視聴するテレビ）、地上波デジタル放送にて、WAKUWAKU JAPANの有料放送を視聴しているのは、インドネシア、ミャンマー、シンガポール、タイ、台湾、スリランカに、2016年12月からベトナム、17年2月からモンゴルが加わり、計8カ国・地域で約965万世帯に及ぶ（タイは地上波無料放送のため集計対象外。タイの視聴可能世帯数は約1673万世帯。17年2月時点）。

同社は、伊藤忠商事から見ると、ひ孫会社に当たる。つまり、伊藤忠商事がフジテレビとの合弁会社である伊藤忠・フジ・パートナーズを通じてスカパーJSATホールディングスに22・2％を出資、そのスカパーJSATが60％、海外需要開拓支援機構が40％を出資して設立したのが、WAKUWAKU JAPANとなる。社長には、伊藤忠商事からスカパーJSAT常務を務めた川西将文が就任している。なお、総合商社では住友商事も単独でスカパーJSATに3・23％を出資している。

同社は2015年5月に産声を上げたばかりの若い会社である。そもそものきっかけは、日本側からは、日本のコンテンツの海外販売を支援できないかというものであり、他方、現地側にも、最初の開局場所となったインドネシアには、日本のコンテンツを見たいという強いニーズがあった。これをつなげればビジネスが成り立つという発想が、同社の始まりである。

実際に立ち上げるとなると、まずは現地プラットフォーム（有料放送管理事業者）と契約する必要がある。厳しい交渉とはなったものの、現地最大のIndovisionで放送することに成功。

また、放送に当たっては大規模なプロモーションも展開した。具体的には、地上波でのスポットCM放映、AKB48とJKT48との合同コンサートなどの音楽イベント、ウルトラマンショー、ガンバ大阪と現地チームとの親善試合、WAKUWAKU Caféの運営などである。WAKUWAKU Caféには12万人以上が来場した。

その結果、認知度が確実に上昇、インドネシアでは、Indovision以外のプラットフォームの視聴者からも、WAKUWAKU JAPANを見たいという要請が増えて、現在では8プラットフォームにまで広がっている。また、インドネシア以外にも、放映地域が計8カ国・地域にまで拡大したことは、冒頭に紹介した通りである。

観光客インバウンドに貢献

番組の人気度については、実際に放映してみて予想外の結果に驚かされることがある。アニメ人気は当初から想定していた通りではあったものの、日本の文化や旅、グルメを紹介するカルチャー番組も、アニメに勝るとも劣らぬ人気で高視聴率を記録している。

その一つに、2016年2月から放映を開始した「四季折々JAPAN FOOD & FESTIVAL」がある。この番組では、日本各地に点在する「食」や「祭り」を中心に、各地の魅力、さらにはその場所への交通アクセスを具体的に紹介するなど、番組を通じた観光客の誘致と地域活性化への貢献も積極的に行っている。番組では、これまで、宮崎の冷や汁、高知のよさこい祭り、山形の樹氷などを紹介した。これらの各話は日本各地のローカル局が制作した番組で、日本ではそのエリアでしか見ることができず、ガイドブックに載ることもあまりない。地元でしか知られていないような情報を集めて紹介する本番組は、市販のガイドブックよりも濃密な情報が得られるとして、日本へ何度も訪れるリピーター観光客からも支持を集めた。

こうした日本紹介番組は、視聴者に日本を訪問したいという気持ちをかき立てる大きな役割も果たしている。2016年3月にインドネシアで開催された「Astindo Fair 2016」（インドネシア旅行協会が主催する旅行博で約10万人が来場）で行われたアンケート調査では、WAKUWAKU JAPANが地上波放送番組を抑えて、「訪日旅行で参考にするテレビ番組」で1位となった。

WAKUWAKU JAPANでは、ここからさらに一歩進んで、旅行商品開発にまで踏み込んでいる。ジェイティービー（以下JTB）と連携し、日本の地域の観光資源を紹介するテレビ番組をWAKUWAKU JAPANが制作、テレビ番組で紹介された観光素材をJTBが商品化し、番組はパイロット版として2017年1月から2月にかけて放映された。この番組は、「日本〝通〟人」というタイトルで、日本の地域に点在する魅力を〝通〟人が案内。定番スポットではなく、知る人ぞ知る〝通〟な旅情報を紹介している。〝通〟人には、主婦の友社「Ray」「mina」、日本食文化観光推進機構などから日本を知り尽くしたプロたちが出演。海外にぜひ紹介したい体験をプレミアムな旅として演出し、日本の新しい魅力や楽しみ方を紹介する。

初回では、水の都・大阪を取り上げ、貸し切りクルーザーで水上の旅を満喫すると、大阪独特の食文化「昆布だし」を体験。熟練の技を要する昆布削りを職人の手ほどきのもとで体験した後、削りたての昆布だしを使った絶品料理を堪能する。第2回は、「瀬戸内　小豆島編」。瀬戸内を貸し切りセスナで遊覧飛行して「多島美」と評される絶景を空から楽しんだ後は、島ごとに根付く独特の文化を体験。小豆島のご当時グルメ「ひしお丼」や、伝統芸能の「農村歌舞伎」では自らが衣装を身にまとい演じるなど、貴重な体験の数々を紹介した。

「日本〝通〟人」に登場したプレミアムな旅は、JTBが商品化し、放送エリアにあるJTB海外支店が販売する（一部未対応エリア有り）。今回の2回の放送後には効果検証を行い、レギュラー放送を検討する。

「日本〝通〟人」より大阪昆布削りの様子

外国人留学生拡大に向けて

WAKUWAKU JAPANでは、観光客のみならず、日本への留学生をも番組のターゲットとしている。２０１６年11月から17年1月にかけての毎週土曜日に、総務省放送コンテンツ海外展開総合支援事業の一環として、日本各地のローカル局と連携し、外国人留学生の目線で日本各地の大学およびその周辺地域を紹介する「Catch Your Dream！—Study in JAPAN—」を放映した。

この番組では、外国人留学生がどのような夢を持って日本に来たのか、どのような学生生活を送っているのかを取材し、カリキュラム、留学生支援制度、サークルなどの大学情報をはじめ、住居、アルバイトなどの生活情報や悩み・困りごとなどまで、現役留学生ならではの体験談を紹介している。取材を通して留学生に多く見られた共通点としては、日本のアニメをきっかけに日本に興味を持った者が多かった。アニメをきっかけに生まれた興味は、日本の歴史や技術などに拡大して留学につながっている。日本の歴史文化を学ぶ者、日本語教師を目指す者、建築家を目指す者、薬剤研究を行う者など、さまざまな日本の力を身につけ自国に生かしたいと考えていた。

放映期間中に紹介した大学も、山口大学、国際教養大学、長崎大学、山形大学、東北大学、京都大学、熊本大学、工学院大学、帝京大学、北海道大学、新潟大学、京都外国語大学の計12大学に上った。

また、番組と連動したデジタルプラットフォームも設け、留学に必要な情報などを提供するとともに、現役留学生に質問できる交流の場も提供した。プラットフォームのサービスは放送終了に伴い2月に閉鎖したが、放送エリア各国からの大学資料請求は450件以上、アンケートキャンペーンへの応募は約3000件、インドネシアで開催したリアルイベントの大学フェアには1日で5200人以上が来場するなど予想を上回る反響があった。今後、本取り組みを継続し、自社プロジェクトとして自走化を計画している。

こうした番組制作を通じて、取材先の大学や連携した日本各地のローカルテレビ局と共に、日本各地の国際化、内なるグローバル化の推進と地域活性化に対して、貢献できたものと考えている。

このほかにも、WAKUWAKU JAPANでは、日本の音楽アーティストの海外活動のプロモーション活動も支援している。これまで、「ゆず」や「flumpool」のアジアツアー支援を行ってきた。J-POPのアーティストやアニメなどが海外で人気を博せば、ライブやショー目当ての観光客が日本に来ることも期待できる。WAKUWAKU JAPANは、日本の良いものを世界に紹介することにより、日本の双方向のグローバル化を引き続

「Catch Your Dream! —Study in Japan—」より
京都大学の紹介

き支援していく。

事例② 長寿番組で日本をアピール（住友商事）

住友商事では、日本の放送コンテンツをシンガポールで放送するという活動を事業として行っている。当初は日本人駐在員向けの情報提供という形で始めたものだ。しかし、次第に現地での認知度が上がり視聴率が上昇するにしたがってスポンサーも集まるようになり、今や現地向けビジネスとして成り立っている。こうした活動を通して日本ファンを増やし、訪日観光客を増やすことは、必然的に日本人と外国人との接触の機会を増やし、外国人との接触の機会が増えれば、それはこれまでグローバル化という観念が希薄だった日本人の目を外に対して向けることにつながる。

シンガポールでの放送長寿記録を更新中

住友商事がシンガポール地上波で日本語番組（英語字幕）JAPAN HOURを週末に放映し始めて25年が経過した。在留邦人向け情報発信用にニュース・ワイドショーなどをSBC（Singapore Broadcasting Corporation）の教育専門チャンネル「12チャンネル」で１９９１年に放映を始めた。その後、ドラマ・バラエティーに特化したり、ニュース専門チャンネル（Channel News

Asia：CNA）での放映に切り替えたりするなどの経緯はあったものの、04年以降はテレビ東京の紀行番組「土曜スペシャル」を配信しており、CNAで放映しているスポンサー付き番組の中ではトップクラスの視聴率を誇る最長寿の番組となっている。

CNAはMediaCorp. が運営する公共テレビ局であり、シンガポールではニュース専門チャンネルとしては、CNNやBBCよりも人気がある。2014年7－9月～15年4－6月の調査では1日平均63分と、毎日1時間以上の平均視聴時間を維持しており、同時期調査のCNN（48分）、BBC（46分）を上回っている。CNAのシンガポールでの視聴世帯（無料放送）は130万世帯である。加えて、衛星放送、CATV、IPTV（有料）などを通じて、西は中近東から東は豪州、インドネシア、パプアニューギニアまで、28カ国・地域にまで放送は広がっており、視聴可能世帯はおよそ6200万世帯に上る。

現在放映中のJAPAN HOURは土曜日19時30分からの1時間番組であり、再放送が土曜の深夜24時30分と、翌日曜日13時から放映されている。内容は、テレビ東京の日本での放映版（土曜スペシャル）に英語字幕を付けたもの。芸能人リポーターが日本各地の名所・秘境などを巡り、各地の食文化・特産品等を紹介する日本では1986年から続く長寿番組で、日本でもあまり知られていない観光地やアイテムの紹介も多くなっている。

住友商事のJAPAN HOUR運営での役割は、事業主体としてのJAPAN HOURのオペレーション全般の統括である。具体的には、番組の企画・選定、調達、英語字幕手配、スポンサー企業の募集（広告会社を通じて現状9社のスポンサーを確保）、放送・ネット・紙面でのスポンサー広告内容の設計、関連イベントの企画・実行などである。スポンサー企業の募集や関連イベント運営などについては外部広告会社と共同で実施しており、広告では、近年はMediaCorpのホームページや動画配信上でのオンライン広告の充実を図っている。開局から日が浅く、収益の安定化に苦労していたテレビ局に協力する形で事業を開始した経緯から、現在でもテレビ局との良好な取引関係を維持できており、これが事業の継続につながっている。

住友商事が運営するJAPAN HOUR

日本ファンを拡大

以上のようにJAPAN HOURは25年の長きにわたって続いている長寿番組である。その効果は以下の3点ほど挙げられる。まず第一に、シンガポールを中心に「日本ファン」を拡大できたことである。シンガポールでのJAPAN HOURの月間の延べ接触率は、現在では約12％と、ピークの約20％（２００７年）を下回ってはいるものの、高所得で社会的影響力のある視聴者層から堅固な支持を得ている。07年の安倍首相とリー・シェンロン シンガポール首相（当時）の会談では、リー首相が両国の良好な関係を象徴するトピックスとしてJAPAN HOURを取り上げたという。

第二に、いわゆるインバウンドの潮流、Visit Japanへの貢献である。その日本紹介の貢献は極めて大きく、昨今の東南アジアからのインバウンドブームの一つのきっかけになったとも言える。シンガポール人を中心に、放送エリアからの訪日旅行者は激増しており、例えばシンガポール人の訪日者数は、JAPAN HOURが紀行番組に衣替えした２００４年と比較して3倍以上に増加し、16年には36万人を超えた。

第三に、事業主体としての住友商事の知名度の上昇、イメージアップである。シンガポールでのビジネスシーンで「先週のJAPAN HOURのあの場面」といった形で取り上げられることも多く、その事業主体であることがビジネス上イメージアップにつながっている。

事例③　海外の博物館・美術館支援で日本美術紹介（三菱商事）

三菱商事では、日本文化や芸術を世界に発信する貢献施策として、海外の博物館・美術館を支援している。２００８年には、世界最大規模を誇る大英博物館と10年契約を締結し、企業が単独で支援するのは初めて、日本文化を紹介する常設展示室「三菱商事日本ギャラリー」を支援、18

年からの10年間の支援継続を決定した。三菱商事は、その単独スポンサーを務めるとともに、17年春に開催した企画展「北斎展」のメインスポンサーも務めた。また、米国では、15年に、米国に日本文化を広め、日米の友好関係が一層深化することに寄与したいとの考えから、米国を代表するスミソニアン博物館（ワシントンＤＣ）のフリーア美術館・サックラー美術館に対し、20年9月末までの約5年間で１００万米ドル（約１・２億円）の拠出を決定した。両美術館は、共に東洋をテーマとした美術館であり、日本を中心とする約4万点の東洋関連の美術品を収蔵している。三菱商事の寄付は、常設展、17年春に開催した企画展「歌麿展」のほか、両美術館と日本の美術館との結び付きを深めるための日英バイリンガルのコーディネーター養成、ホームページのバイリンガル化等に充てられている。

事例④　世界に広がる冠講座（三井物産）

三井物産では、世界各地の9大学に冠講座を設けている。米国の3大学（コロンビア大学、ニューヨーク州立大バルック校、ジョン・キャロル大学）、中国の2大学（北京大学、復旦大学）、サンクトペテルブルク国立大学（ロシア）、ワルシャワ大学（ポーランド）、ハノイ国家大学外国語大学（ベトナム）、サンパウロ大学（ブラジル）などである。各国の将来を担う若い優秀な若者に向けて日本という国、さらには日本の商社を知ってもらい、相互理解を深め、将来にわたって両国の友好の発展と交流の拡大に寄与する人材育成を図っていく。例としては、２００６年に開始した北京大学での冠講座である。テーマは「イノベーション」であり、講師として中国の著名人・有識者、日本の大手企業の会長、社長を迎えている。16年には10周年を記念して、三井物産安永社長が登壇した。また、ロシアのサンクトペテルブルク大学の冠講座は07年に開始し10年になる。講師としては、北京大学と比べやや幅広く、日本の大手企業のトップだけでなく、ロシアに縁のある学術、スポーツ界関係者やジャーナリストも迎えている。

一部大学には冠教授基金を設けている。例えば、米国のダートマス大学には堀内勇作氏を「三井冠教授」として招聘《しょうへい》し、「現代日本政治」の講義を２０１１年夏以降開講している。日本をよく知り、日本のサポーターとなる米国人材育成を狙ったものだ。

北京大学の三井物産冠講座で講演する安永社長

2. 内外で教育と国際交流を支援

各国での奨学基金設置も各社で多く行われており、日本の紹介につながるとともに、日本社会・経済への興味を高める一つの要因となってきた。内外の奨学金基金の設立などによって、日本に興味のある若者や、日本で勉学・研究を進めている学生に対して行われている助成の最近の例として、ASEAN諸国を中心とする教育支援（事例⑤　丸紅）を紹介する。また、その他の事例としては、「三菱商事留学生奨学金」と「MC International Scholarship」による国内外の大学での留学生支援（事例⑥　三菱商事）、インドネシア高校生への日本への留学支援（事例⑦　三井物産）、双日国際交流財団を通じた日本への私費留学生への支援と研究費補助（双日）などがある。

また、国際交流では、新潟での露中韓との4カ国での「はばたけ21未来の子どもたちへ」プロジェクト（事例⑥　三菱商事）や、豪州大学生の日本研修と日米学生の相互訪問・研修などのプロジェクト（事例⑦　三井物産）がある。

事例⑤　ASEANやカタールで奨学基金を幅広く（丸紅）

丸紅は、新興国の青少年の教育と育成に寄与するため、主にASEAN地域で奨学基金制度を設けている。その歴史は1989年にフィリピンから始まり、その後94年にベトナム、99年にインドネシアで奨学基金を設立し、各国の教育事情に合わせた運営を行っている。また、06年に丸紅グループのイグアスコーヒーと共にブラジルに奨学基金を設立し、07年には、丸紅創業150周年記念事業として、カンボジアとラオスで奨学基金を設立した。さらに、12年、丸紅ヤンゴン支店開設70周年を記念し、ミャンマーに対する社会貢献活動の一環として、丸紅ミャンマー奨学基金を新設した。これまでの海外奨学基金設立は次に紹介するカタールを含めれば8カ国に上り、毎年、小学生から大学生までを対象に奨学金を給付するほか、パソコンや文房具等の物品も供与するなど、地域の要請に応じた支援を行っている。

また、丸紅は2012年から中東のカタールで文化・教育活動を通じた社会貢献活動を続けている。12年4月、主に文化・教育面でカタールに貢献するプロジェクトをカタール大学と共同で立案、実施するために、5年間にわたる寄付を含む覚書を締結し、2017年にこれをさらに3年間延長している。

これに基づき、これまで左記のようなプログラムを行っている。

プログラム	概　要
アラビア語版日本小百科の製作	現地の青少年を中心に、日本理解を深めてもらうことを目的に、初のアラビア語版日本小百科を発行。カタール大学を通じて、現地の小中・高等学校に配布。
丸紅冠講座	現地学生たちが日本への理解と興味を深めてもらうことを目的として、丸紅のスポンサーシップの下、講師を招聘してカタール大学に日本関連（日本語、社会科学、人文科学）の講座を開講。
日本での就業体験	カタール大学の学生を日本に呼び寄せ、丸紅および関係会社での就業体験を実施。滞在期間は約2週間。
日本文化視察	日本文化への理解と関心を深めてもらうことを目的として、カタール大学の学生を日本に招き、東京、大阪、京都、広島などを見学、日本の文化に接してもらう。

和菓子・茶道を通じた文化交流	日本のお菓子文化に触れてもらうことを目的として、日本の和菓子メーカーならびに東京大学茶道部の協力の下、和菓子作りの実演、和菓子文化についての講演、試食会、お茶のお手前披露などのイベントを開催。
幅広い日本文化に対する理解	伝統文化のみならず、「クールジャパン」を含む幅広い日本文化への理解と関心を深めてもらうため、気鋭の日本人若手アニメーターを招聘、アニメーション講演会をカタールで開催。
日本語弁論大会	在カタール日本大使館の協力を得て、日本語弁論大会を実施。
東日本大震災からの復興をテーマとしたパネル展示会	東日本大震災からの復興をテーマに、復興の様子を写した写真や被災地の子供が描いた絵を展示した他、丸紅が宮城県七ヶ浜町で行っているボランティア活動の様子などを紹介するパネルを1カ月間にわたり展示。

丸紅は新たなプログラムの実施についても、カタール大学とと共にその可能性を検討している。今後も、日本に関する文化・教育活動を同大学と共に企画、実行し、より一層日本への理解を深めてもらうべく活動を広げていく予定だ。

奨学金や文化・教育活動は、例えば商社が海外で手掛ける大型の投資案件等に比べると少し地味な活動かもしれない。しかし、現地の人たちに日本という国を知ってもらう、興味を持ってもらう、好きになってもらうという点においては、大型の投資案件と比べても、果たしている役割は決して小さくないだろう。

このようにして学んだ子どもたち、交流を深めた若者たちが、自分たちの経験をもとに日本でビジネスを起こす、そんなことが当たり前になる日を期待したい。

トピックス　夢を追いかけるベトナムの小学生を支える――丸紅ベトナム奨学基金

1994年、丸紅は「Marubeni Educational Fund in Vietnam（MACFUND）」を設立し、経済的に恵まれない優秀な学生の支援を始めた。この基金はベトナムで外国企業が設立した中で最も古い基金の一つで、これまでにベトナムの63の地域（58省5中央政府直轄市）のほとんどで、約8000人の教師や生徒たちに累計20万米ドルの支援をしてきた。

ベトナムの農村部ニンスアンに住むMACFUNDの奨学生であるトゥー（11歳）の母親の一日は午前3時に始まる。家事だけでなく、畑仕事やレストランでの皿洗い、観光用ボートのこぎ手まで、彼女の仕事は18時間続く。新興国の人々にとって、朝から晩まで働いても十分に稼ぐことのできない状況は、決して珍しいことではない。しかし、親たちが子どもたちの未来のために進んで犠牲を払おうとする気持ちは、世界の他の国々と何ら変わらない。

1986年に始まったドイモイ政策と教育の強化は、世界的に最も貧しい国の一つであったベトナムの所得水準を押し上げ、今やベトナムは日本企業にとっても最も有望な市場の一つとなった。しかし、ニンスアンのような農村部では、現在も貧しい生活を送る人々が少なくない。トゥーは幼い頃に父親をがんで亡くしている。

「夫の死は深い悲しみとたくさんの借金を残しました。」と母親は言う。

「10年先の利益のためには、木を植えよ。100年先の利益のためには、人材を育てよ。そういうホーチミン間しかない小さな家で、母親は話してくれた。

「息子が学校へ通うために、私はできる限りのことをします。十分な教育を受け、トゥーには私よりもよい人生を送ってほしい。そして社会にも貢献してもらいたいのです。」

奨学金は母親の負担を軽くし、科学者かお医者さんになりたいという自分の夢へ一歩近付けてくれた、とトゥーは言う。

「トーマス・エジソンのように人々の生活をよりよいものにし、また亡き父のような病気の人々を治したい。そのために僕は算数と英語をすごく頑張っていて、いくつか賞ももらったんだ。将来は技術力の高い日本で勉強してみたい。」

MACFUNDは、丸紅の150周年を記念して、従来の奨学金に加え、財政状態の苦しい地域の学校建設を援助することを決めた。五つの候補学校を検討した結果、ニンスアン小学校が選ばれ、15万米ドルの援助を受けることとなった。「この地域は所得が低い家庭が多く、また大きな崖の下に建てられた当時の校舎は落石などの危険もあった」とMACFUNDの副理事長のトラン氏は選定理由を振り返る。新しい校舎には、MACFUNDが寄付したコンピューターを備えた専用の教室もできた。ニンスアン小学校の教育の質やテス

MACFUND が設立を支援したニンスアン小学校

MACFUND 奨学生トゥーと母親

トの成績は向上し、生徒たちや教師の受賞も増えてきたという。
丸紅ベトナム会社の相良社長は、ＭＡＣＦＵＮＤの活動をベトナム全域まで広げていきたいと考えている。そして、ビジネスのパートナーだけではなく、一般の、特に若いベトナム人たちにも丸紅や日本のことを好きになってもらいたいと言う。「われわれにとってＭＡＣＦＵＮＤの活動はあらゆる面で重要であり、これからも続けていきたいと考えています。」

（参考ＵＲＬ：http://www.marubeni.co.jp/insight/scope/macfund/）【動画】

事例⑥　国内外で奨学金、新潟では国際交流も（三菱商事）

三菱商事が実施する奨学金制度には、「三菱商事留学生奨学金」と「MC International Scholarship」がある。同奨学金は、１９９１年度に開始され、日本国内の大学に在籍する世界各国からの留学生に奨学金を支給している。91年度の開始以来、05年度までは毎年20人程度の学生への支給にとどまっていたが、08年度から規模を拡大し、毎年約１００人に支給している。91年度の開始以来、累計１２００人を超える学生を支援してきた。また、MC International Scholarship は00年度より開始された。海外各地の大学で学ぶ現地の学生に奨学金を支給する制度である。16年度は、32カ国、43拠点において、55大学５６５人を支援した。

海外の子どもたちに日本のことを知ってもらうための場として、三菱商事では、1992年度以来、新潟で「はばたけ21未来の子どもたちへ」を開催している。この国際交流事業は、三菱商事が主体となり92年に新潟市の姉妹都市であるロシアのハバロフスクとウラジオストクの子どもたちを新潟に招待して始まった。現在では、中国と韓国も加わり、4カ国の子どもたちの交流の場となっており、新潟県内の自治体、地元企業、学生ならびに三菱商事社員がボランティアとして数多く参加している。すでに25周年を迎えたが、ロシア側ではかつて子どもとして参加して日本に関心を抱き、その後通訳となって日本に来ている方や、日本側では子どもとして参加し、大学生、社会人となって今度はボランティアとして参加している人も出てきている。

事例⑦　米豪の若者と対話・交流図る（三井物産）

日豪の若者の相互理解と友情の深化を図り、両国の関係強化に寄与するため、三井物産では、豪州・三井物産教育基金による研修プログラムを設けている。1971年に始まり、45年間続いている。毎年8~10人の豪州人大学生に3週間の日本研修を実施し、企業訪問や大学生との交流会開催、歴史的旧跡視察、ホームステイなどを体験してもらう。

米国では、TOMODACHI-Mitsui & Co. リーダーシップ・プログラムがある。これは将来にわたって日米関係の強化に寄与する若手世代の育成を狙って2013年に開始された。両国から選抜された若手社会人各10人が約1週間にわたって相手国を訪問する。代表団は、メンバー間の交流や、政府系部門、産業界トップ層や若手リーダーとの対話、現地視察などを通じて、日米関係の強化につながる次世代のグローバルリーダーとして必要な知見と視野を広げ、幅広いネットワークを構築することができる。このプログラムは東日本大震災直後の米軍の「トモダチ作戦」による貢献にヒントを得て始められた。5年目となる17年も、日本での米国代表団の現地視察では、陸前高田市と釜石市の復興状況の視察が実施された。

その他、公益信託三井物産インドネシアは日本とインドネシア間の交流ならびにインドネシアの発展に寄与する優秀な人材を育成することを目的に1992年に設立された。毎年2人のインドネシア人高校生を現地で選抜し、1年間の日本語教育の後、日本の大学に留学させて4年半にわたる学費等を支援する奨学金制度である。16年度まで奨学生は卒業生を含めて38人に上っている。

TOMODACHI-Mitsui & Co.
リーダーシップ・プログラム

3. 国内での在日外国人支援

国内で就労する外国人やその家族向けの支援も地道に行われている。外国人就労の多い地域での在日ブラジル人支援（三井物産、事例⑧）が代表的なものである。

また、これらの社会貢献活動の一部は、2節で紹介する国際社会貢献センター（ABIC）と共同して行われている。

事例⑧　在日ブラジル人を長期支援（三井物産）

三井物産は1930年代からブラジルに進出し、累計9000億円の直接投資残高がある。在日ブラジル人への支援は、NPO法人への支援にとどまらず、児童生徒向け奨学金制度を持ち、在日ブラジル人集住都市での「子どもの将来を考える懇談会」開催など幅広く支援活動を続けている。また、ブラジル三井物産基金を設立している。

まず児童生徒向け奨学金制度である。これは在日ブラジル人学校に通学する児童生徒の授業料補助のための奨学金制度であり、2009年度に創設された。現状、在日ブラジル人の小学生から高校生までの3人に1人が学校に通えていないという状況であり、経済面からはさらなる支援が必要である。在日ブラジル人が多い自治体は真剣に取り組んでいるが、自治体によって濃淡があるのが現状である。

次にＮＰＯやボランティア団体などの活動支援である。在日ブラジル人のための生活支援、教育支援などを行うＮＰＯやボランティア団体などの活動を支えている。

また、「子どもの将来を考える懇談会」の開催も地道な活動である。これは「カエルプロジェクト」と呼ばれ、東海・北関東など４県にある在日ブラジル人集住地区を中心に、ブラジルに帰国する、あるいは日本に住み続ける子どもたちの社会への適応や教育に関する保護者支援が主目的である。ブラジルから専門家を１カ月間招聘し、各地で心理療法士などによるセミナーやワークショップを年１回開催している。

東京総領事館管下のブラジル人学校の課外授業への協力も行っている。これは２０１４年に始められたものであり、毎年６校を選んで、東京の博物館や三井物産本社訪問により課外授業を行っている。その訪問の際には、ブラジルでの修業経験のある若手社員が自らのブラジルでの経験談なども含めて会社紹介をポルトガル語で行っている。

以上の在日ブラジル人支援活動では、国際社会貢献センター

子どもの将来を考える懇談会

（ＡＢＩＣ、２節参照）と業務委託契約を結び、奨学金アドバイザリー委員会などの開催も含めて、密接な連携を保って活動を進めている。

移民を受け入れている国では、かつては出身国の文化、言語を尊重する多様性尊重型の傾向であったが、徐々に同化政策に転換しつつある。そうなると非常に重要な役割を担うのが教育である。日本はまだ移民を受け入れていないが、三井物産が取り組んでいる在日ブラジル人支援活動は、将来の日本を先取りしている面もあり、内なるグローバル化という観点から見ても、とりわけ意義のある活動である。

2節　専門人材生かし対日ビジネスと国際交流を支援（日本貿易会・ＡＢＩＣ）

２０００年に日本貿易会が内部組織として設立した国際社会貢献センター（Action for a Better International Community 以下ＡＢＩＣ）は、２０１１年にＮＰＯ法人としての認証を受け、グローバルな社会貢献活動を推進している。設立後17年が経過した現在も会員数を着実に増やし（設立初年度９１１人から17年8月末には初年度の３倍以上となる２７８９人へ）、商社や貿易会社出身以外の会員比率も年々増えている。

日本貿易会は、国際化支援等に関する主要な社会貢献事業をＡＢＩＣに委託している。ＡＢＩ

Cでは、国内外のビジネスで多年にわたり培われたノウハウや豊富な知識・人脈などを活用し、幅広い支援・交流活動を続けている。

ＡＢＩＣの事業活動は、政府関係機関、地方自治体、民間の企業・組織・団体、学校・教育機関など多岐にわたる。毎年延べ２０００人以上の活動会員が、さまざまな分野、さまざまな形で活躍している。

以下では、ＡＢＩＣの活動の中から、外国企業の対日ビジネス支援、教育関連、商社との協働案件など、専門家活用の側面から「内なるグローバル化」推進を進めている活動を中心に紹介する。

1. 外国企業の対日ビジネス支援

日本への輸出や進出を計画している外国企業が、その規模や経験の不足等で対応が困難な場合、各社のニーズに応じた人材の紹介を行い、日本での販路開拓支援を行う。在日大使館・政府機関が関与するイベント等では、通訳だけではなく商談や市場調査を行うなど、ビジネス・コンサルタントとしての役割も果たす。外国企業や外国政府機関への人材紹介も行う。具体的には次の様な支援を行っている。

(1)　国際展示会で活躍

メキシコ、スペイン、オーストリア、ベネズエラ等、各国の在日大使館の要請を受けて、各種の国際展示会に会員を紹介している。例えば、アジア最大の国際食品展示会「FOODEX JAPAN」や、最先端技術を展示する「ナノテクノロジー国際会議・展示会」、「東京モーターショー」では、豊富な国際ビジネス経験と専門性を有する会員がバイリンガル・アドバイザーとして活躍している。

(2)　商談通訳から市場開拓支援まで

ホームページを見て海外から直接コンタクトしてくる外国企業も多いが、ABICの活動状況を見聞きしてさまざまなルート・人脈を通じた要請がある。一例がフィリピンの企業から寄せられた、情報関連ビジネスに詳しい会員の「ソフトウエア開発環境展」でのブースアテンド・通訳の要請だ（写真）。ほかにも、「ツーリズムEXPOジャパン」に海外各国の事情に精通している会員を送り出したり、日本政府の海外プロジェクト絡みで外国政府機

JAPAN IT WEEK 第22回
「ソフトウェア―開発環境展」にて
ABIC担当者とフィリピン出展社の担当者

関が来日した時の商談通訳や日本での市場開拓・代理店設立支援などの例がある。

2. 在日外国人児童・生徒への支援

(1) 外国籍児童や帰国子女に「日本」を教える

増えつつある在日外国人の子どもや帰国子女が日本語や日本文化を正しく理解し、学校・社会に適応できるよう、教育への支援にも力を入れている。海外駐在経験があり、言葉の壁がない会員が指導にあたっている。2016年度は、13の小中学校で21人の児童・生徒に対して支援を行った。その国籍は、中国、台湾、韓国、フィリピン、ロシア、ベトナムなど多岐にわたる。

(2) 高校生国際交流のつどい

関西学院大学、青山学院大学と「高校生国際交流の集い」を共催し、関西地区、関東地区それぞれで、日本に留学中の世界各国の高校生と日本の高校生を招聘した国際理解の研修・交流を2007年より毎年行っている。

本プログラムは、大学生が中心的役割を担い、企画から運営までをリードし、大学やABICなどの社会人が側面支援を行う。産学共同で海外と日本の高校生の交流、異文化理解を深めることを目的とした高大連携教育の一環の国際交流の場である。関西学院大学で開催された集い

（2017年度）では、留学生29人（13カ国）、日本人高校生60人（9校）が一堂に会して1泊2日で交流を行った。また青山学院大学で開催された集い（16年度）にも留学生9人（9カ国）、日本人高校生23人（5校）が集まり、熱い議論を通じて互いの理解を深めた。

(3) 在日留学生支援・交流等

東京・お台場の東京国際交流館（独立行政法人日本学生支援機構が運営主体）は、世界の優秀な大学生や研究者に質の高い生活空間と交流の場を提供するため政府が設立した施設だ。ABICは、宿舎である東京国際交流館への入居マニュアルの作成を手始めに、日本語や日本文化教室の開設や生活支援の輪をひろげ、80カ国からの留学生・研究者およびその家族約1000人を対象に支援・交流活動を行っている。兵庫・灘の兵庫国際交流会館においても2014年より留学生の支援・交流プログラムを行っている。日本語広場はレベル別に複数のクラス、日本文化教室は週末に華道、茶道、書道、囲碁・将棋、空手教室を実施。またABIC会員、支援企業社員、日本貿易会職員からの寄贈品を提供するバザーを春秋2回開催している。

(4) 在日ブラジル人などへの支援

2008年の経済不況の影響を受けたブラジル人などの定住外国人児童・生徒への就学支援事

業として、文部科学省が09年より実施した「定住外国人の子どもの就学支援事業～虹の架け橋教室」事業を6年連続で受託した。開校した2教室に参加した児童生徒数は6年間で382人に上り、日本語・日本文化の教育・教科指導などを通じて就学支援に貢献した。

また、筑波大学が実施した定住外国人児童の職育プロジェクトにも参加した。このプロジェクトでは、在日ブラジル人学校の卒業生や公立学校の青少年に対し、将来に夢を託す進路・職業指導のため、筑波大学と協働で「職業育成（職育）プロジェクト」を立ち上げ、日本語指導やワークショップなどを実施した。

さらに、ABIC法人正会員である三井物産のCSRプロジェクト「在日ブラジル人児童生徒支援プログラム」の実施業務を長期にわたって受託している。2005年より「在日ブラジル人学校への支援」として30校に対して教育資材等の寄贈を行っているほか、09年からは、奨学金供与に切り替え、17年には26校の生徒453人に対し奨学金支給業務を実施しており今後も継続する。また、日本の公立学校に通学するブラジル人児童生徒のための副教材開発プロジェクトにも参画。さらに、日系ブラジル人支援NPO法人SABJAへの協力、在日本ブラジル学校協議会への協力なども実施している。また、ブラジルへ帰国した子どもの教育サポートを行うNPO法人「カエルプロジェクト」に対する支援も行っている。三井物産が10年から毎年、NPO関係者を日本に招聘しブラジル人集住都市約十数カ所で在日ブラジル人の保護者や教育関係者を対象に

「在日ブラジル人の子どもの教育を考えるセミナー」を継続して開催しており、その実施業務をＡＢＩＣで行っている。

3. 政府機関関連への協力

政府機関への協力として、国際協力機構（ＪＩＣＡ）やジェトロ、シニア海外ボランティア、外務省領事相談員、在外公館職員、研修機関等へ人材を紹介している。また、「日本の良さ」を正しく伝える広報活動として、以下の米国、ロシア向けの活動例がある。

(1) 内閣府の対米広報活動

２０１４年度から開始された「歩こうアメリカ、語ろうニッポン」（Walk in U.S., Talk on Japan）プログラムに毎年多くの会員がチームメンバーとして参加している。参加した会員は政府の一員として日本の魅力や考え方、実像を英語で伝える対米広報活動を行っている。チームはさまざまなバックグラウンドを持つ日本人で編

"Walk in U.S., Talk on Japan"
(「歩こうアメリカ、語ろうニッポン」)
さまざまなバックグラウンドを持つ日本人でチームを編成し、アメリカ各地で日本の魅力、今の姿を語る（写真は2014年に訪問したケンタッキー大学）。

成され、日米協会を中心とする集まり、地元の大学教授、日本クラブ、商工会議所、NPO、市民団体などを訪問し、講演やレセプションを行い、儀礼を超えた実のある意見のやり取りを通じ、米国各地で日本の姿を語る。

(2) ロシアへの講師派遣

外務省が所轄している在ロシア日本センターがロシアの企業経営者・幹部・教育関係者・大学生等を対象としてロシア各都市で開催するセミナーへ講師を派遣している。セミナーはロシアの複数都市を巡回するもので、1回の講義は6時間にもなる。言葉や文化が日本と異なるロシアの聴講生に対して理解を深めてもらうため、さまざまな工夫を行っている。

ロシア巡回セミナー

ロシアの企業経営者やビジネスマンなどを対象に日本の専門家がロシア側の求めに応じ市場経済の強化や経済交流促進について講義を行う（写真は2017年のヴェルキーノヴゴロド（左）、ヴォルゴグラート（右）でのセミナー）。

海外子女教育環境の拡充（グローバル人材育成）を

日本貿易会は「グローバル人材」の育成を図るため、海外子女の教育環境充実を数次にわたり要望している。

対日投資促進や外国人受け入れ増強による「内なるグローバル化」の促進に加え、毎年1万人を超える帰国子女は、海外での学校や生活に適応しながらグローバル人材の素養を体得したグローバル人材の有力候補であり、また派遣教員も帰国後に国内でグローバル人材教育に重要な役割を果たすため、海外子女教育の拡充こそがグローバル人材育成の早道であると考える。しかし、海外子女数が右肩上がりで増加し続けている事実に対し、政府派遣教員数の不足をはじめ、教育環境はいまだ十分な水準に至っていないのが実情である。こうした状況に鑑み、日本貿易会は海外子女への教育環境整備を喫緊の課題と捉え、２００９年12月より日本在外企業協会、海外子女教育振興財団と共に、政府、国会議員ら関係者に対する働き掛けを継続しており、17年6月には7回目の要望書を自由民主党海外子女教育議員連盟会長宛てに提出し、同議員連盟により、連盟の決議書と共に、外務省、文部科学省、財務省に提出された。17年度海外子女教育関連予算（文部科学省&外務省）では、派遣教員定数が前年度比で18人増加され1203人となるほか、日本人学校などの安全対策に対する援助の増額など拡充が図られつつある。

要望書詳細については日本貿易会ホームページ(http://www.jftc.or.jp/proposals/2017/20170630_1.pdf）を参照。

在外日本人学校・補習授業校の子女数と派遣教員定数

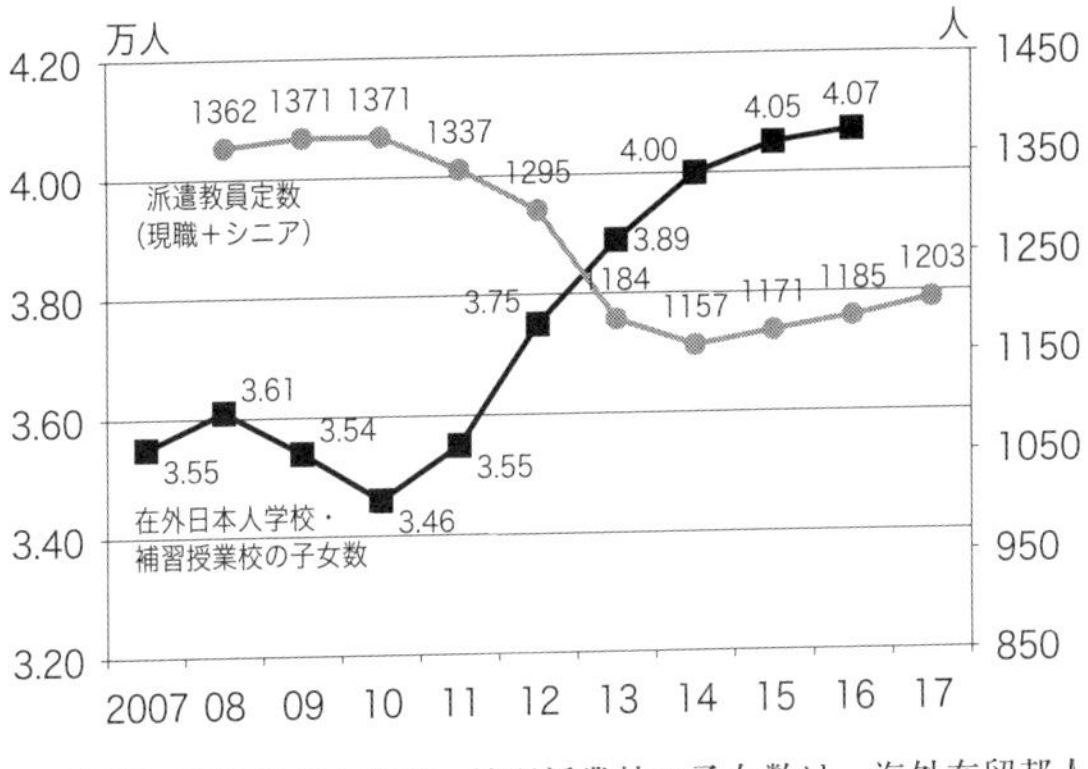

（資料）在外日本人学校・補習授業校の子女数は、海外在留邦人数調査統計、派遣教員定数は文部科学省および（公財）海外子女教育振興財団の資料より作成

第5章　総　括

1節　なぜ、いま「内なるグローバル化」が必要なのか

日本は懸命に〝外へのグローバル化〟を実践してきた。海外に出ればいろいろと発見もある。これまで国内で培った日本式ビジネス・スタイルだけではなかなか通じない。これを治そう、あれを変えよう、郷に入っては郷に従えだ、と苦労と工夫を重ね、日本企業は世界に進出を果たした。

一方、日本人も、ひとたび海外に出て外から日本を見れば、さまざまなことに気が付くものだ。諸外国に比べて遅れている分野もある。日本という国は、日本人の手によって日本人のために発展を続けてきた。もちろん、世界に誇れる素晴らしさがある反面、外国人の視点で見ると、国際標準の感覚には欠けており、このままでは外国人が日本に長く住みたいと思わない。最近でこそ、訪日観光者は随分と増えたものの、日本語をわからない外国人が日本で暮らしたり、日本の独特な商習慣を理解できない外国ビジネス・パーソンが日本で仕事をするのは決して簡単ではなかろう。かかる中で、日本のグローバル化が外に向かって偏り過ぎた進展をすれば、日本産業の空洞化も加速しかねず、日本経済はジリ貧状態になる恐れもある。

そんな日本が直面するもう一つの大きなリスクが、少子化と高齢化だ。人口動態に起因する社

会構造の変化は、日本の消費市場を縮小する圧力となることは言うまでもない。今私たちは〝日本市場の一層の活性化〟と〝グローバル化のさらなる深化〟に向けて、大いに知恵を絞らねばならない。すなわち、従来の〝外へのグローバル化〟と同時並行的に、「内なるグローバル化」を進め、〝双方向のグローバル化〟を実現するための戦略が必要である。

日本貿易会は、２０１５年７月に本特別研究会を立ち上げ、以下のステップでこの説の検証を行った。

(1)「内なるグローバル化」の定義

(2)〝双方向のグローバル化〟の実現のための、内なるグローバル化の課題整理

(3) 内なるグローバル化を推進するための事例研究

具体的には、

- 外国人材の日本における活動実績と活用事例
- 外国企業の日本国内展開や対内投資事例
- 内なるグローバル化の推進に資する商社の事例
- 日本をより知ってもらうための対外広報活動の事例

(4) 総括

私たちは、特別研究会における議論の数々を、意義、人材、対内投資、そして日本広報、という構成に整理して、本書にまとめた。各章の要点を以下に総括しながら振り返ってみる。

1.「内なるグローバル化」とは何か（第1章）

本書では、まず日本がたどった〝グローバル化〟を分析した。一言でまとめれば、その特徴は「外へ出るばかりのグローバル化」と言える。日本は諸外国と比べると対外投資は十分に行ってきたが、海外からの投資の受け入れは極端に少ない。日本の企業は、成長を続ける海外の市場を求めて、次々に海外に進出した。初期の狙いは海外市場獲得で、主に日本製商品を輸出した。次は製造設備を海外に移転させるための対外投資。そして原材料を安定調達するための資源開発への投資なども行った。さらには規模の拡大や新たな商品ラインアップ獲得のためのM＆A（合併・買収）投資、といった展開である。

その一方で、日本に進出する外国企業の状況を象徴する一つの数字が、東京証券取引所に上場する外国企業数である。1990年末には125社あった外国企業の上場数は、16年末に何と6社まで激減した。外国の〝日本素通り〟はそれだけではない。日本国内に在住する外国人比率はOECD諸国で最下位である。海外から日本向けの投資が低迷している理由は、日本の企業文化やビジネス慣習が海外企業の事業展開になじまない、高い法人税率や複雑な手続きなど事業活動環境が企業に敬遠される、人口減による市場縮小などである。

ではなぜ内なるグローバル化が必要なのか。人口が減少していく中で、日本の経済を成長させるには、生産性の向上が欠かせないが、その際に市場の開放度が高いほど、生産性向上を通じた1人当たりの所得が高くなる、という相関関係がある。日本の市場開放度は先進国の中でかなり低い。よって日本が成長するためには開放度の向上が鍵になる。

開放度は、生産性向上を支えるイノベーションに大きな影響を及ぼす。しかし日本の組織はほとんど上から下まで日本人で構成されており、イノベーションに欠かせない多様性が著しく不足している。日本企業における外国人材の登用には、実際のところいろいろな問題もあろうが、内なるグローバル化にとって乗り越えねばならないハードルの一つと言える。また市場開放度の向上は、言うなれば内なるグローバル化の必要条件である。現在米国や欧州などを中心に自国第一主義的な空気が漂っているが、日本は率先して開放度を上げるべきだ。

2. 海外からの人の受け入れ（第2章）

内なるグローバル化の進展には、市場開放や多様化が欠かせない理由を論じたが、第2章では人材の多様化や海外からの人材の受け入れについて考察した。

日本における外国人労働者は8年で倍増し、100万人超となった。ただし外国人労働者に比べて、日本に来る海外留学生数はそれほど目立って増加しておらず、世界の留学生数に占める比率も低下気味だ。留学生は、外国人労働者の潜在的母集団になるので、この人数を増やしていく必要がある。現在、日本への海外留学生の9割はアジア出身者で、卒業後の進路は、日本での就職率が3割弱と、過去のピークに近づく勢いである。この就職率もさらに引き上げを目指したい。

他方、ジェトロのアンケートでは、日本市場におけるグローバル人材の不足が示されている。多数の企業が、グローバルに活躍できる人材を確保する手段として、「外国人社員の採用・登用」を挙げている。外国人材を採用する企業は増えており、このうち約半数は日本国内に在住する外国人留学生を採用している。

企業がグローバル人材を求める理由としては、①日本市場縮小のため海外市場の重要性がより高まったこと、②非日系企業との取引や海外展開などの増加、③多様性によるイノベーション活発化といった回答が多い。この他に、国内の人手不足対策、海外拠点の現地化推進といった背景もある。

日本政府も、「日本再興戦略」等により高度外国人材の積極受け入れ策を推進しており、日本版グリーンカード、留学生の日本国内での就職率アップ、技能実習制度緩和、地方でのマッチング等が進んでいる。ところが採用した外国人材の処遇方法などに悩む企業も増加している。外国人材が働きやすい環境作りや、留学生誘致のための関係者連携などが課題となっている。

商社の取り組み事例としては、双日と伊藤忠商事の外国人材活用状況が興味深い。両社共、国籍を問わず世界のいずこでもビジネスを遂行・拡大できる人物を〝グローバル人材〟と定義する。しかしながら、外国人材活用への意識は高まっているものの、本社経営層レベルまでの外国人材登用は進んでいない点も、両社に共通している。また徐々に定着はしつつあるものの、やはり外国人社員の離職率は高く、試行錯誤を繰り返している。この他に豊田通商のダイバーシティ推進や、日立製作所のグローバル人財戦略などの取り組み事例も紹介した。

かかる現状認識に基づき、本書では、多様な働き方を提案するとともに、双方向の人材交流を推奨した。

企業のビジネス・チャンスは成長も著しい海外にあること、また海外進出が進み海外拠点を動かす現地人材も必要になっていることから、外国人材登用の必要性は高まっている。しかし、日本人や外国人といった枠を超えたグローバルな人材が必要であると、多くの企業が考えているにもかかわらず、実際には日本における外国人労働者比率は極めて低い。外国人登用の阻害要因としては、キャリアに対する考え方の違いから来るところが大きい。日本企業の経営者が外国人材に対して、〝今頑張れば、いずれ報いる〟という終身雇用を念頭にした昇給・昇格プランを提案しても、彼らには魅力的に思えない。

こういった現状を踏まえれば、日本社会も徐々に個別の職務型雇用を増やす方向に向かうであろう。この流れは、女性や高齢者などに多様な選択肢を用意する働き方改革にもつながる。また外国人材登用に向けたもう一つの課題である日本式の人事評価や報酬は、もっと透明化するなどして、外国人労働者の不満を軽減することが必要だ。具体的には、人材データベースを本社勤務人材のみならず、海外人材も含めて整備するなどの努力をしている企業もある。また日本人社員に国際感覚を身に付けさせることも重要であり、若いうちに外に出して海外流を理解させる試みは今後も人材育成のための柱になろう。

3. 海外からの投資の受け入れ（第3章）

近年、海外から日本への投資は順調に推移し、2000年から15年までの15年間で、投資残高は4倍に拡大した。しかしながらGDP比で見ると、世界最低レベルにとどまっており、日本の経済規模を考えれば実に物足りない状況だ。また日本から海外へ向かうカネと国内に入ってくるカネを比べると、著しくバランスが悪い。対内投資を業種別に見ると、徐々に製造業から非製造業へシフトしているが、一方で、足元では、研究・製造が復調している。

対日投資増加の背景には、日本の投資環境改善がある。政府による政策の効果が表れており、アンケート調査によれば、外国企業は、法人税減税、規制緩和、入国管理改革、行政手続き改善などを評価している。また、外国企業は対日投資の魅力として、日本市場の規模、アジアへの展開可能性、インフラの充実、研究開発の質、パートナーの存在などを挙げ、知財保護やオープンイノベーション等の観点から日本の立地環境を評価している。

対日投資促進策は2003年頃から本格化し、基準・制度の見直しから、投資誘致のための優遇措置へと施策は進んだ。〝岩盤〟と評された規制の緩和は、エネルギー(電力小売り等)、ライフサイエンス(医薬品審査の迅速化等、特に再生医療関連)、観光(ビザ緩和、免税対象の拡大等)などで一定の進展が見られた。また、法人減税、コーポレートガバナンス(企業統治)強化、東京開業ワンストップセンター設置等もプラス要因として挙げられる。

欧米諸国の状況を見ると、近年は域内や近隣国からの対内投資が大きな比重を占めており、日本としての今後の取り組み方向性として、アジアからの投資拡大が期待される。経済産業省―ジェトロでは、成長が見込まれる技術分野を対象にして、外国企業の日本国内での研究開発施設設置などに補助制度を設け実施した。政府や自治体は、在日外国商工会議所や商社などと協力して、外国企業の日本拠点の拡大を積極的に支援すべきであろう。

こうした状況を踏まえて商社の対日投資関与の事例を見ていくと、外国企業による日本向け投資を促進する上で、商社との協業は有効であることがわかる。そこでは商社が、日本の制度や慣行などをクリアする役割を果たしている。日本と外国企業が組んで相乗効果を発揮するという発想も重要だ。

本書では、具体例として、「海外からの新たな食文化導入」（ケンタッキーフライドチキン／三菱商事）、「スニーカー市場拡大に寄与」（ナイキジャパン／双日）の2事業に加え、「物流施設事業」（伊藤忠商事）、「不動産開発」（住友商事）、「タイヤ販売」（豊田通商）、「空港業務サービス」（丸紅）、「電力需給調整ビジネス」（丸紅）、「ITサービス」（三菱商事）、「クラウドIoTサービス」（三井物産）を紹介した。また商社は関与していないが、外国企業の対日進出成功例として、1950年代から日本で事業展開をする「ロイヤル・フィリップス」も取り上げ、その成功の理由も考察した。

海外から日本への投資受け入れ拡大には、日本市場のさらなる環境整備が欠かせない。本書では、税・規制・雇用の壁の解消を提言した。世界的引き下げ競争が行われている法人税だが、日本もさらに税率を引き下げ、アジア諸国並みを目指すべきである。法人税率が低い国は、開放度が高いという相関がある。また、規制が緩いと生産性は高まり、外国企業の雇用比率も高くなる、といった実証研究もあり、日本には一層の規制緩和が必要である。

日本型雇用は、海外の投資家から見れば、まず解雇ルールが曖昧かつ不透明で、外資が対日投資の二の足を踏む原因となっている。また、職務定義を明確にしない、日本企業のゼネラリスト文化が専門人材を減らしており、転職市場も薄くしている、とする指摘にも注意を払うべきだ。専門家が多いと対内投資も増える、といった研究結果もある。多様な働き方の導入が、外国企業人材難の解決策になりうる。

4. 商社による日本発信と外国人支援（第4章）

「内なるグローバル化」を推進するためには、まず海外の人に日本についてよく理解してもらうことが必要だ。第4章では、日本の魅力を世界に広める〝日本発信〟の事例として、商社による放送事業、文化支援事業、奨学金事業、CSR活動などを紹介した。放送事業としては、主にアジア向けにアニメ、文化、グルメ、観光など、日本に関わる情報を提供する「WAKUWAKU JAPAN」（伊藤忠商事）、同じくアジア向けに日本の観光や食文化などに関連するTVコンテンツを提供する「JAPAN HOUR」（住友商事）などがある。また英米の博物館や美術館を支援し、日本美術を紹介する活動（三菱商事）、海外の大学における冠講座（三井物産）、内外におけるさまざまな奨学金事業（丸紅、三菱商事、三井物産、他）なども取り上げた。

さらに、日本貿易会が設立したNPO法人「国際社会貢献センター（ABIC）」の事業の中で、外国企業の対日ビジネス支援活動他、内なるグローバル化に資する活動も本書で紹介した。

2節　ピンチをチャンスに変える発想を

ここまで、「内なるグローバル化」によって海外のヒトやカネを日本に振り向けることの重要性について本書の主な論点を振り返った。内なるグローバル化を推進するための課題は数多くあり、産官学が協力して、一つずつ障壁を取り除く努力を続けることが肝要だが、その多くは日本の既存システムや慣習の変更になるため、どれも簡単ではないことも事実だ。そこで、読者諸氏からいろいろなご指摘を受けることを覚悟の上で、内なるグローバル化に向けた試案をいくつか提示してみたい。

1．高齢化社会のモデル国に

日本の少子高齢化は疑問の余地のないトレンドである。規模が縮小する日本市場は海外から魅力ある投資先として認知されにくい。そもそも日本の社会システムは、人口増加を前提要件として作られている。人口減少と高齢化の同時進行は、この日本社会の前提条件が崩れることを意味する。政府の成長戦略においても、「新三本の矢」（強い経済・子育て支援・社会保障）で日本の構造問題に立ち向かうことを明らかにしている。

しかし実は〝高齢化〟は日本だけに限った社会現象ではなく、今やアフリカの一部を除き、世界中の人口が老齢化に直面している（図表5－2－1）。高齢化はわれわれの社会に劇的な変化をもたらす。医療や福祉制度も当然であるが、普段の国民生活に直接関わるような、住宅、雇用、社会インフラ、消費、そして労働などに関する基本的な考え方や設計も、根本から修正せねばならない。人口動態の変化によって市民の暮らし方や消費パターンなどにも変化が表れ、世界各地において、新たな商品やサービスが生み出されることになろう。

また、労働人口の高齢化によって、一人の人間の働く期間はより長くなる。キャリア・カウンセリング理論に、ドナルド・スー

図表 5-2-1　高齢者（65 歳以上）比率の推移

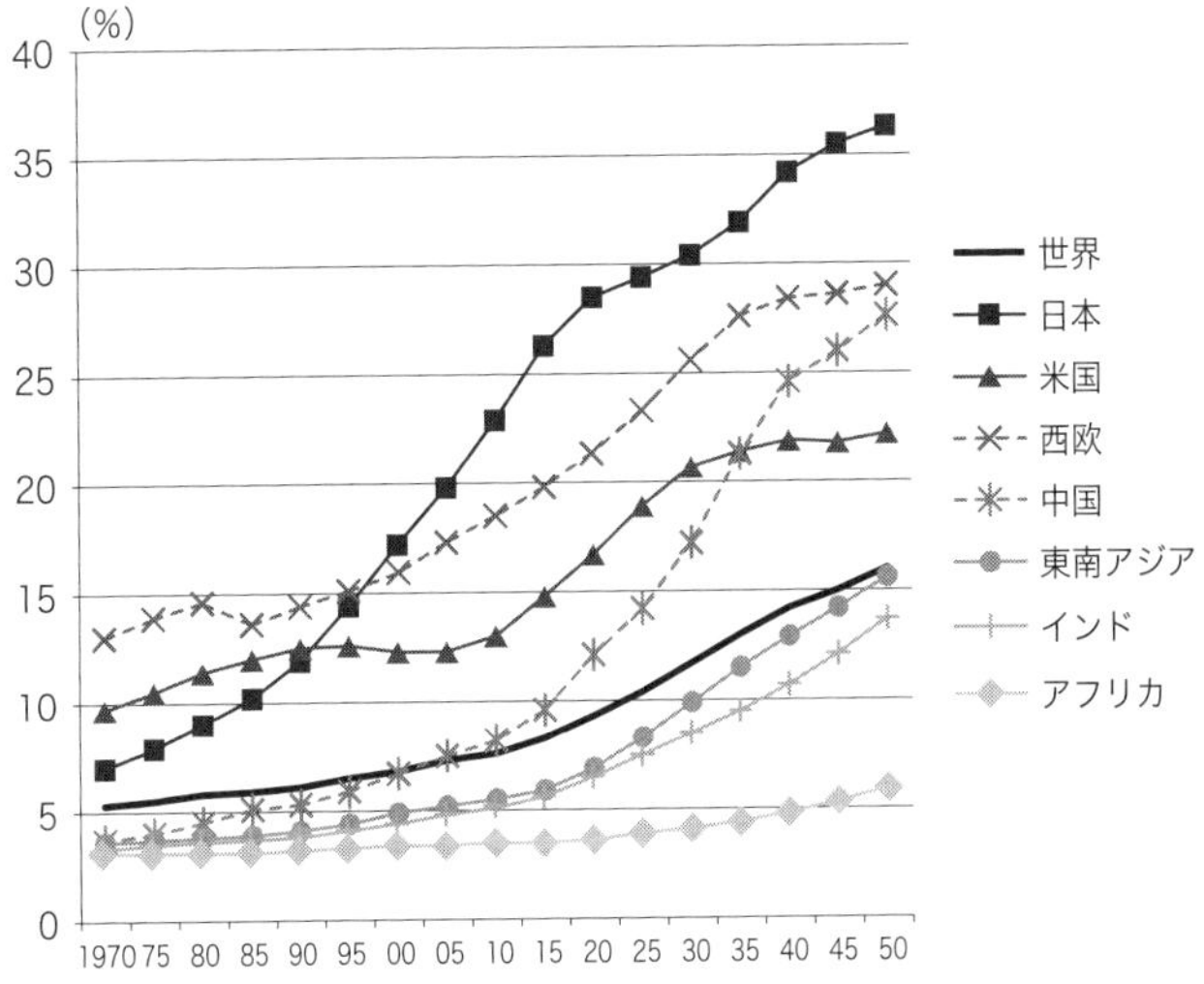

（資料）国際連合推計（2015 年改定版）

パーが提唱した「ライフキャリア・レインボー（Life career rainbow）」という考え方がある。スーパーの唱えた概念は、〝人は、生涯において八つの大きな役割（子ども・学生・余暇を楽しむ人・市民・労働者・配偶者・家庭人・親）を演じる〟、というものだ（図表５－２－２）。高齢化によって、〝労働者〟の役割を演じる期間が長くなる一方、他の役割に投じる時間にも変化が生じよう。これは人のライフスタイルが変化することを意味する。この結果、個人と企業の双方のニーズのマッチングに向けた働き方改革が起きることになる。

　高齢化時代の本格到来を目前に控えた日本には、取り組むべき課題が多くある一方で、残された時間は少ない。この大ピンチを脱するには、日本の持つ強みを最大限生かす知恵が必要だ。日本の長所と言えば、質の高いインフラ、安心・安全な社会、総じて少ない所得格差、高度な医療システム、国民の健康リテラシーの高さなど、来るべき世界高齢化社会の先端モデルを構築するために必要な環境や要素が整っていることに気が付く。

図表 5-2-2　ライフ・キャリア・レインボーのイメージ

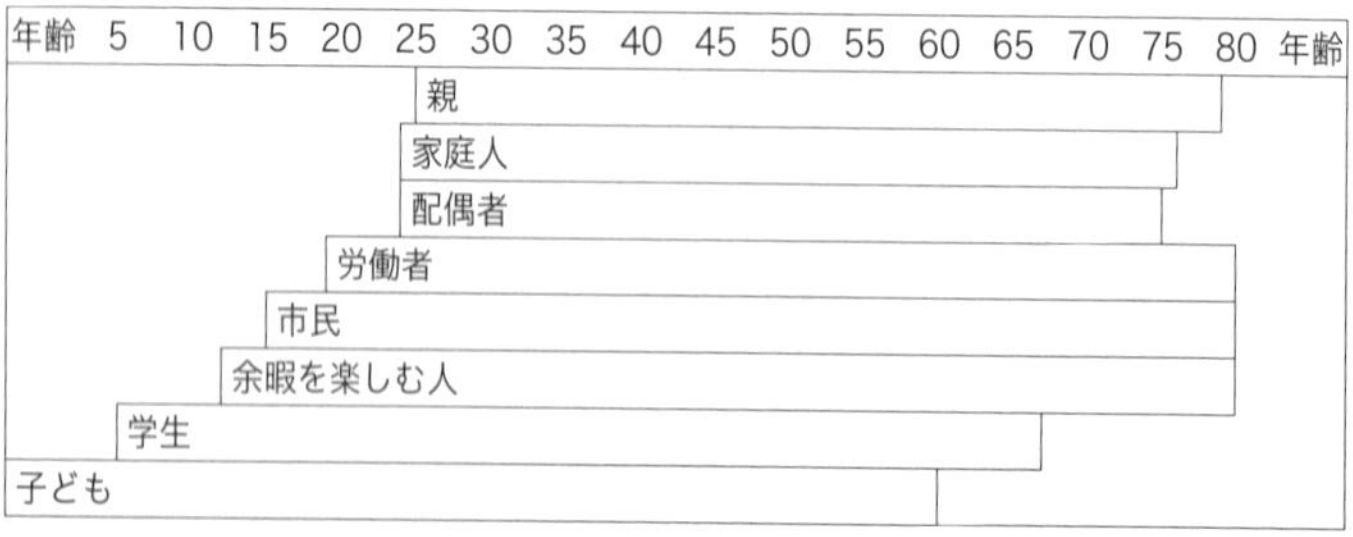

（資料）D. E. スーパーの「ライフ・キャリア・レインボー」を参考に作成

日本は、自らを、高齢化社会の先端モデルを実証・実践する市場と位置付け、この分野に参入したい外国企業や研究者、およびその家族などを一気に引き寄せる〝場〟を提供することができるのではないか。高齢化社会を支える技術として必要な、先端医療、人工知能、ロボット、バーチャルリアリティー、新素材等に関する投資や高度技術者を世界中から受け入れ、日本の産官学も協力した、〝高齢化社会国際研究センター〟を日本社会全体で実現するといった発想だ。その周辺には高齢化社会における理想的なインフラやサービスを提供する産業クラスターができるであろう。「高齢化」をキーワードにして、自動運転技術や新都市交通システムの研究と実践が可能な街として手を挙げる自治体も多数出てこよう。そういった中で、コンビニや宅配など、日本ならではのきめ細かなサービス産業を、高齢化社会に併せてさらに進化させるビジネス・モデルの研究なども可能であろう。内なるグローバル化で、高齢化というピンチをチャンスに変えることができるかもしれない。

2. アジアの成長力を日本に

日本の魅力を高めて世界の投資家を広く日本に引き付けることが王道だが、日本がさらなる内なるグローバル化を進めるためにはターゲットを絞り込んだ差別化戦略も重要である。現状を見ると、留学生や観光客もアジアから日本に訪れる人がダントツに多い。本書に記載した、商社によるさまざまな〝日本発信〟もこういった流れに貢献しているはずだ。また外国企業の日本市場進出理由として、近隣のアジア展開に有利という回答が目立った。何と言ってもアジアは世界の中でも重要な経済成長のエンジンである。

これらの点を総合的に勘案すると、日本市場に最優先で呼び込むターゲットは、アジアの企業や人材、そしてマネーであると考えられる。アジア諸国にとって日本は物理的に近く、市場規模も大きい。インフラも見事に整備されている。文化、生活、メンタリティーなどの側面を見ても、日本とアジアの相性は悪くない。アジア企業が海外進出する場合、日本は比較的安心してビジネスを展開できる市場であろう。日本にしても、成長するアジアのエネルギーを停滞気味の国内市場に取り込むことは、極めて大きなメリットがある。

したがって、内なるグローバル化の呼び込みターゲットとするアジア諸国の人材や企業に対し、思い切ったキャンペーンを打つ価値があろう。例えば、政府に内なるグローバル化推進担当大臣を設置し、省庁横断でアジアからの呼び込み活動を展開するのも一案だ。ジェトロのアジア要員を増員し、呼び込み強化対象国に厚く布陣する手もある。日本企業の国内拠点・営業所における アジア学生インターン採用は、将来の本採用に向けて効果を発揮すると考えられる。さらに日本企業が、アジアの民間企業経営幹部や有識者、政府・官庁経験者などを、積極的に社外取締役やアドバイザーとして受け入れる案はどうだろう。アジアの有識者や政治経済のトップ層に日本企業をもっと理解してもらう、日本企業の経営層にアジア目線の経営論を学んでもらう、といった双方向のトップレベル人材交流が実現すれば、アジア企業や留学生の日本への呼び込みにも大きな効果があるのではないだろうか。

現在のように世界中がネットワークで結ばれた社会では相互依存度が高まる。そしてグローバルにヒト・モノ・カネ・情報が流れる中では、これらが中継するハブの役割を築いた国の競争力が高まる。アジアからの人材や企業誘致に成功すれば、徐々に日本にも、リトル・バンコックやリトル・ジャカルタが登場するかもしれない。こうなれば日本がアジアの真のゲートウェイとなれる可能性が広がる。

3節 「内なるグローバル化」とは21世紀の日本開国

本書の主題である「内なるグローバル化」とは、言葉を換えれば、21世紀の日本開国論だ。260年続いた江戸幕藩体制にピリオドを打ち、重くさびついた日本の扉を、世界に向けて開け放す原動力となったのは、当時の下級武士層であったが、坂本龍馬が創設した「亀山社中」、そしてその系譜を引き継いだ「海援隊」という商社が果たした役割も大きかった。

時代が明治に変わると、新生「日本」は貪欲に、世界の先端技術や効率的な社会システム、教育制度や軍隊制度などを次から次へと吸収し、一気呵成《かせい》に当時の工業先進国の仲間入りを果たした。その頃に創業した後の商社各社も、明治日本の発展とともに業容を拡大し、力強く海外への展開を進めた。しかし世界は帝国主義全盛の時代である。早過ぎる成長は国家のバランス感覚をも狂わせてしまったか、日本はいつしか植民地戦争の渦中に自ら飛び込む。世界中を巻き込んだ大戦の結果、日本は敗戦で廃虚と化し、商社を中核とする日本コングロマリットも解体の憂き目にあう。

それから敗戦というリセットを経て、再び日本の躍進が始まった。戦後の日本は、米国率いる自由主義経済圏の恩恵を十分に受けた。そして磨きをかけた「加工貿易」という得意技で、日本経済は再び世界に勝負を挑んだのだ。「貿易立国ニッポン」は、積極的な海外展開に国家繁栄の活路を見い出す。これを力強くけん引し、日本の国際化の先兵となったのは、戦後に再スタートした現在の商社である。このように、明治から昭和の時代、日本は官民が協力して〝国際化〟にまい進した。その中で商社は常に世界の最前線に出て、〝外へのグローバル化〟をけん引してきたのであった。

平成の現在、グローバル化は商社だけの専売特許ではない。企業がグローバル化を進めるのは、国境のない国際競争に勝ち残るためである。激しい競争の荒波にもまれながら、商社の役割は時代の要請に応じて常に変化する。その波瀾《はらん》万丈の移り変わりは、日本経済の歩みのみならず、グローバル経済の浮沈の歴史そのものである。戦後初期の商社の役割と言えば、貿易の仲介業が専らであった。その後、輸入や輸出、さらには与信や金融機能も担うようになる。そして、複雑なプロジェクトのオーガナイザー機能やリスク分散機能の発揮にとどまらず、次第に事業経営機能も提供する。昨今では、資源ビジネスや食糧ビジネスなど、バリューチェーンの上流から下流までの商流に絡み、投資やトレードを組み合わせた厚みと幅のある事業展開がウエートを占めている。

しかし商社が世に提供する常に変わらない価値は「つなぐ力」だ。商社が、時代を超えて受け継ぐ最強で最重要な付加価値とは、〝業界の壁〟、〝官民の壁〟、〝地域の壁〟や〝文化の壁〟、そして、時としては〝常識の壁〟を越えて、ヒト・モノ・カネ・情報を自在にネットワーク化する力なのだ。「内なるグローバル化」の実践事例でも示した通り、海外発のビジネスを日本市場につなぐ、外国企業を日本のパートナーにつなぐ、外国投資家と日本企業をマネーでつなぐなど、商社の「つなぐ力」は、次々と新たな付加価値を生み出している。

4節　新生オール・ジャパンを目指して

第3章に、「日本に進出した外国企業がぶつかる〝オール・ジャパン〟という障壁」というくだりがあった。長年にわたり日本でビジネスをしているのに、外資ということで〝よそ者扱い〟をされるという外国企業悲話だ。日本人には、団結心や連帯感を想起させる〝オール・ジャパン〟という言葉であっても、外国人にとっては、日本の閉鎖性や島国根性を連想させる言葉なのかもしれない。そんな〝オール・ジャパン〟が、世界に驚きと感動を与えた出来事を、今も記憶している読者が多くいるはずだ。「ワールドカップ・ラグビー２０１５」（イギリス大会）で、日本チームが奇跡の大逆転劇を演じた南アフリカとの一戦である。

この日の〝オール・ジャパン〟はやや風変わりに映った。今大会の日本代表メンバー31人の内、実に10人が外国出身選手である。もちろん、日本チームの編成は大会規定に合致している。しかしこれまで〝日本代表選手〟と言えば、日本的な外見をしていることが当たり前であった。だが、この日の選手は、顔つきも肌の色もさまざまだ。全ての選手たちに共有していた外見的特徴は、皆が桜ジャージに身を包み、日の丸を胸にしていたことである。

試合は開始早々から接戦、熱戦が繰り広げられ、そして激闘から死闘に展開し、興奮はますます高まる。そしてあっと言う間に驚きと感動のフィナーレを迎えた。その時、オール・ジャパンに感じた違和感は消え、日本中が歓喜に沸いた。そして世界中が、〝オール・ジャパン〟の大健闘に賛辞を送ったのである。

ここに「内なるグローバル化」の鍵が隠れているのではないか。日本は歴史的に見れば常に外国の優れたものを手本に仰いできた。他人から素直に学び、共に進化することこそが多様化のダイナミズムであり、強さである。南ア戦の日本チームは、日本が目指すべき〝オール・ジャパン〟の姿だ。日本は今こそ、明治の開国の頃の真摯《しんし》な態度を思い出し、海外の素晴らしい人や企業、技術や文化を積極的に迎え、新しいオール・ジャパンを創造する時である。

おわりに

この特別研究会は、まずは「内なるグローバル化」とは何か？という委員間での勉強から始まった。それが、分科会を加えた20回以上の会合で委員の理解が深まるにつれ、議論は百出するようになり、1年で研究終了の予定が3カ月延び、半年延び、結局本書をまとめ上げるまで2年をかけたことになる。こうした研究会のプロセスは、商社の事例紹介においても見られた。委員諸氏に商社の事例原稿の提出を依頼すると、初めは「うちの会社、適当な事例あまりないんですよねえ…」と鈍い反応となる。ところが、議論を深め、委員による本研究の目的や内容についての説明が各社営業現場に浸透するに従い、1、2社からポツリポツリと提出が出始める。やがては、「同様の事例がうちの会社でも見つかりました。提出期限過ぎてますが、載せてください」と、事例原稿の提出が後から後から五月雨式に現れて、その都度事務局は編集のし直しでうれしい悲鳴を上げることになった。出版社への入稿期限とにらめっこしながら作業を進めたが、本書の完成までこういった議論と編集作業の〝熟成期間〟があったのである。

本書では、「日本貿易会月報」の「内なるグローバル化」関連のバックナンバー記事をコラムに、海外子女教育関連の当会の要望や「日本貿易会賞懸賞論文」の過去の受賞論文のうち、本書の論点に触れていると思われる2点を掲載した。

日本貿易会は２０１７年６月に創立70周年を迎えた。この節目の年に本書発刊の運びとなったことは誠に光栄なことである。いろいろと紆余《うよ》曲折あったが、なんとか本書発刊にこぎつけられたのは、一重に特別研究会委員諸氏と商社、日本貿易会関係者の皆さまのご協力のたまものであり、厚く御礼申し上げる次第である。

日本貿易会編集事務局　田代　肇

参考文献

第1章

齋藤ウィリアム浩幸（2012）『ザ・チーム』日経BP社

日本経済研究センター（2014）『グローバル長期予測と日本の3つの未来――経済一流国堅持の条件』報告書

藤田昌久／マーカス・バリアント（2011）「知識創造社会における文化と多様性」経済産業研究所

Lee (2014) "Migrant and ethnic diversity, cities and innovation: Firm effects or city effects?", Journal of Economic Geography

Ottaviano, Peri and Wright (2015) "Immigration, Trade and Productivity in Services: Evidence from UK Firms", CEP Discussion Paper No 1353.

Parrotta, Pozzoli, and Mariola (2012) "The nexus between labor diversity and firm's innovation", Discussion Paper Series, Forschungsinstitut zur Zukunft der Arbeit, No. 6972

Tomohara (2015) "Effectively Opening Labor and Capital Markets: The Interplay among foreign direct investment, trade, and immigration", RIETI Discussion Paper Series 15-E-079

第2章

ジェトロ（2016a）『2016年版ジェトロ世界貿易投資報告―広域経済圏と日本企業の成長戦略―』

ジェトロ（2017）『2016年度日本企業の海外事業展開に関するアンケート調査』

ジェトロ（２０１６ｂ）『２０１５年度日本企業の海外事業展開に関するアンケート調査』
ジェトロ（２０１５）『２０１４年度日本企業の海外事業展開に関するアンケート調査』
椎野幸平「人口ボーナス期でみる有望市場とは」『ジェトロ・センサー』２０１５年３月号
OECD (2016) "Education at a glance 2016"
川村隆「ライバルは世界だ、甘えるな」『文藝春秋』２０１５年12月
経済同友会（２０１２）「日本企業のグローバル経営における組織・人材マネジメント」報告書
日本経済研究センター（２０１４）『グローバル長期予測と日本の３つの未来――経済一流国堅持の条件』報告書

第３章

ジェトロ（２０１６）『ジェトロ対日投資報告』
ジェトロ（２０１５）『ジェトロ対日投資報告』
経済産業省『外資系企業動向調査』各年版
経済産業省『欧米アジアの外国企業の対日投資関心度調査』各年版
UNCTAD "World Investment Report 2016"
椋村良和「インド系グローバルＩＴベンダー「Tata Consultancy Services」との協業を通じて」『日本貿易会月報』２０１６年７―８月
大内伸哉（２０１４）『雇用改革の真実』日経プレミアシリーズ
猿山純夫（２０１６）「サービス市場、国内改革急げ――規制見直し、アベノミクス再起動を」日本経済研究センター・メガ・リージョナリズムの時代研究報告書『反グローバリズムを超えて』所収
服部哲也・舘祐太（２０１６）「対内直接投資残高倍増は可能か――カギは雇用流動化と専門職教育」日本経済研究セ

ンター・メガ・リージョナリズムの時代研究報告書『反グローバリズムを超えて』所収
Arnold, Jens (2008) "Do tax structures affect aggregate economic growth? empirical evidence from a panel of OECD countries", OECD Economics Department Working Papers No. 643
Conway, P., de Rosa, D., Nicoletti, G., and Steiner, F. (2007) "Product market regulation and productivity convergence", OECD Economic Studies

第５章

国際連合推計（２０１５年改定版）
D・E・スーパー『ライフ・キャリア・レインボー』

資料　日本貿易会賞懸賞論文

「日本貿易会賞懸賞論文」について

日本貿易会では、2005年度から商社や貿易に関する理解を深めてもらうことを目的として、国内外の重要課題をテーマに国籍・年齢などを問わず、日本語、英語で懸賞論文を募集している。例年、外国人の他、海外在住経験のある日本人からも応募があり、日本在住者が持つ視点とは異なる、ユニークな発想に基づいた分析や提言が数多く見られ、本書テーマである「内なるグローバル化の推進」への具体的な取り組みにおいても有益な提言が少なくない。そこで過去の受賞論文の中から、参考になると考えられる次の2論文をご紹介したい。

【2014年度第10回日本貿易会賞懸賞論文】

募集テーマ：グローバル経済における〝商社〟のあり方

応募数：日本含む41カ国195点

優秀賞受賞論文：「日本の真のグローバル化に向け商社に期待すること
～グローバルマインドを持ったグローバルプレゼンスに向けて～」

受賞者名：松山宏昭氏（日本）

論文要旨：松山氏は、ルクセンブルク駐在時代の経験を踏まえ、同国が進める官民協働による内なるグローバル化に向けた取り組みを紹介しており、金融立国ルクセンブルクを事例として、日本社会の今後のあり方を考える際の参考となる議論を展開している。

【２０１５年度第11回日本貿易会賞懸賞論文】

募集テーマ：内なるグローバル化の推進
　　　　　　―日本国内への海外人材・モノ・資金の積極的受入のためのアクション・プラン
応募数：日本含む37カ国１７４点。
優秀賞受賞論文：「ＳＴＥＭによる日本のグローバル化推進戦略」
受賞者名：シャンユー・マ氏（豪州）
論文要旨：マ氏は特に日本が比較優位を持つＳＴＥＭ（Science（科学）・Technology（技術）・Engineering（工学）・Mathematics（数学））分野を中心に人材を受け入れる体制を整備し、内なるグローバル化の推進を提言している。なお、マ氏の作品は英語で執筆されており、原文は左記日本貿易会ホームページで閲覧可能である。
http://www.jftc.or.jp/discourse/archives/index.html

第10回日本貿易会賞懸賞論文（2014）優秀賞

募集テーマ　グローバル経済における〝商社〟のあり方
論文題名　日本の真のグローバル化に向け商社に期待すること
～グローバルマインドを持ったグローバルプレゼンスに向けて～
執筆者氏名　松山　宏昭

【論　文】

1. 日本のグローバル化推進に向けた問題点

現在、世界経済は、インターネットの発達、外資系企業の誘致政策の推進、各国間の規制緩和、関税の低減、グローバル人材の育成などで、グローバル化が加速度的に進んできている。各国間の境界線が低くなり、企業が国境を越えてグローバルに他国の国益になる商売を展開している。

翻って、日本の状況はどうだろうか。日本企業の海外進出は、１９７０年代後半以降に主にメーカーから始まった。その製品の質の高さを武器に、積極的に世界にモノやサービスを売り込んできた。そして、商社の支援の元、工場や事務所を世界各国に設立し現地生産を始め、その資金を供給する邦銀がこれらメーカーをサポートするために現地に海外支店や海外現地法人を設立した。当初は日系メーカー、日系商社、邦銀は協働し合いながら海外進出してきたが、今では個社の海外展開のノウハウが蓄積され、個社毎の戦略によって海外進出を展開している。

その結果、2012年のUNCTADの統計では、日本の対外直接投資額は米国に次いで世界第2位(USD123bil)である(UNCTAD World Investment Report 2014)。しかしながら、どういうわけか日本への対内直接投資額の対GDP比率は他主要国に比べ極端に低く、UNCTAD統計では187カ国中183位となっており、G20諸国の中でも最低水準である。対内直接絶対投資額は第76位(USD2bil弱)(UNCTAD World Investment Report 2014)となっており、先進国の中で、これ程まで対外直接投資額と対内直接投資額間の金額的な差がある国は他にない。一般的には、対外直接投資額が多ければ対内直接投資額も多い。例えば、対外直接投資額で世界第1位の米国は、対内直接投資額においても世界第1位である。また、2013年の対外直接投資額が多い国の上位20傑に名を連ねる13カ国(米国、中国、ロシア、香港、ドイツ、カナダ、オランダ、イタリア、シンガポール、スペイン、アイルランド、ルクセンブルク、イギリス)は対内直接投資額が多い国の上位20傑以内に入っている。安倍政権は、この対内直接投資額を2020年までに2012年対比で2倍(USD3.5bil)に増やす目標を掲げている。しかしながら、2倍に引き上げられたとしても、近隣国であり人口が日本の半分にも満たない韓国(USD10bil)への対内直接投資額と比べても遠く及ばない。

2. 外資系企業から見た日本進出における阻害要因

ジェトロが過去に誘致した外資系企業を対象に、日本市場のビジネス環境に関するアンケート調査を2013年2月から3月に実施し、日本国内のビジネス阻害要因を集計・分析した結果は以下の通りである。第一に、ビジネスコストの高さである。第二に、日本独特の行政手続や許認可制度の厳しさ、手続の複雑さ、関連法規の多さである。規制の中味が世界の主要国と異なっていることや、その対応に多くのコスト、時間がかかることが問題視されている。申請書類が日本語のみであることも指摘されている。第三に人材確保の難しさ、中でもグローバル人材確保の難しさを挙げる企業が最も多く、英語が話せる技術者や専門人材の確保の難しさも指摘されている。第四に、市場の特殊性、閉鎖性や、英語によるコミュニケーションの難しさもビジネス阻害要因として約半数の企業が指摘している。以上4つについて、各々考察を加えたい。

第一のビジネスコストで代表的なものは、人件費と税金である。人件費の高さは、裏返せば購買力の高さを意味しているため、高付加価値製品の販売拠点としての意義は外資系企業にとって大きい。また、日本の所得水準の高さは国際的に高く評価されているという側面もあるため、客観的に見れば一概にデメリットとは考え難い。ただ、法人実効税率の高さについては改善要であるが、今年の6月24日に閣議決定された「経済財政運営と改革の基本方針2014」では、「日本の立地競争力を強化するとともに、我が国企業の競争力を高めることとし、その一環として、法人実効税率を国際的に遜色ない水準に引き下げることを目指し、成長志向に重点を置いた法人税改革に着手する。そのため、数年で法人実効税率を20%台まで引き下げることを目指す。」となっており、政府により解決に向けた矢は放たれた。

問題はそれ以外の障壁である。第二の障壁としてあげた日本の行政手続や許認可制度については、世界の主要国と比べ極端に煩わしい。更に、当局は、過度なまでにそれら手続や製品等承認プロセスを事細かに管理する。また、多くの手続において日本語が理解できないと前に進まないことがある。行政手続の障壁として、日本の税関の例を挙げる。日本の税関では、非関税障壁の最たるものと言うくらいのルールの逸脱が認められない検査となっている。例えば、肩ロース肉を海外から輸入したとする。その中に1枚のロース肉が入っていただけで「これは肩ロース肉ではない」と通関が一からやり直しになる。当然、書類のやり取りに数週間かかったら、その肉は全て廃棄せざるを得なくなる。また、肉の種類が違っただけでなく、書類に記載ミスがあっただけで通関はやり直しになる。そのような場合は、送り手である外資系企業が損失を全額負担することになる。ここで指摘したいのは日本人の異常なまでのルールへの遵守心である。欧米においては、ルールの主旨を超えない範囲での逸脱は寛容なのだが、日本ではその国民性故、「ルールに記述してあること」から少しでも外れることは悪と考える。このグローバル的な視点では奇異に見える、日本の当局のルール遵守への固執したアクションが、外資系企業から敬遠される日本独特の高い障壁となっている。

第三と第四については共通した二つの問題がある。

一つ目は、日本人の生来の閉じこもり型の性格や、「言わなくてもわかるだろう」という日本特有の「伝統」ともいえる文化である。外資系企業がこの日本市場の特殊性や閉鎖性に慣れるには相当な時間がかかるが、これは日本人が変わる努力をしない限り、根本的な問題解消にならない。

二つ目は、日本流の英語教育を起因とした日本人の英語力の低さである。勿論、文法力は厳しい受験戦争で鍛えられたおかげで世界でもトップクラスであるが、ライティング力、スピーキング力、ヒヤリング力は非常に低い。欧米人と対等に交渉するには、彼等のビジネス手法を体得していなければならないが、そのノウハウと実践的な英語力を持っている日本人は、外資系企業で入社当時から揉まれてきた人材や欧米のビジネススクール卒業生以外にはあまりいない。対外直接投資額世界第2位という数字から推測可能だが、海外駐在を経験した日本人サラリーマンは非常に多い。しかし、海外に派遣された駐在員の全てが真の英語を習得し、グローバルマインドを持った人材に育ったかというと疑問を感じる。海外に駐在したとしても、日本企業の手厚い福利厚生制度のおかげで、地域によっては英語をほとんど使わずに生活できる場合も多い。会社に行けば経営層は日本人であることも多く、彼等と日本語で意志疎通できていれば、最低限の英語だけでビジネス上も問題ない。それ故、個人レベルで現地化し、ビジネスに使える本当の英語力を習得した日本人は相当少ない。英語を使って意志疎通できる日本人は多いが、欧米人と対等な英語力を使ってビジネス上で収益を上げられる日本人はあまりにも少ない。そういう役割は現地人に任せているケースがほとんどである。

3．日本市場の魅力

既述の通り、日本市場は鎖国とも言えるような外資系企業進出を阻む障壁があるために、対内直接投資が低い水準のまま長期間改善していない。しかし、きっかけがあれば、日本に進出したいと目論んでいる外資系企業は小売店から大企業まで非常に多い。外資系企業が日本市場に魅力を感じている点は以下の通りである。

第一に所得水準が高く、顧客ボリュームが大きいことである。例えば、あるドイツの自動車製造業者は「日本は年間250万台が売れる巨大市場である。高級自動車市場では、長期的に見ても潜在性を十分に持っている」と答えている。世界経済危機以降、中国、インドを始めとする新興国は高い国内需要を背景に着実に成長を続けており、欧米以外の新たな市場として認められてきている。しかしながら、世界における日本の経済的な位置付けは依然として高く、GDPの国別規模は世界第3位の経済大国である。それ故、日本の市場規模や成長性に魅力を感じている外資系企業は非常に多い。

第二に、日本はモノやサービスを消費者に届けるインフラが非常に整っている。海外ではモノやサービスを購入しても、消費者の手元に届く時間が相対的に遅い。特に、欧州のラテンの国々では国民性故、もっと遅れが顕著になる。一方、日本では、モノやサービスを消費者の元に届ける手段が他国比とても多く、祝祭日でも時間指定で受け取れる。このように、モノやサービスを必要な時に適時に受け取れるという観点で、ストレスがほとんどない国は他に例を見ない。

第三に、当たれば爆発的に売り上げが伸びる潜在性を持つ日本人の購買行動である。日本人は製品の品質に細部まで拘る厳しさと、ブランド品や有名人が持っているというだけで、すぐに飛びつくような流行に左右されやすいというイージーさの両面を持っている。欧州でも例えばドイツ人は、製品の品質には相当拘るが、日本人のようにブランド品や流行に一目散に飛びつくことはあまりない。日本は流行り廃りが激しい市場だとも言えるが、タイミングや日本人の好みを見極めることが可能であれば、大ヒットする可能性が大いにある国である。

実際に日本に進出している外資系企業のアンケート結果を見ると、以上のような日本市場の特性が良く分かる。経済産業省の外資系企業動向調査（第47回外資系企業動向調査〈2013年調査〉の概況）では、日本のビジネス環境の魅力として「所得水準が高く、製品・サービスの顧客ボリュームが大きい」と答えた外資系企業が構成比62・5％で最も多い。また、「インフラ（交通、エネルギー、情報通信等）が充実している」（構成比50・2％）、「製品・サービスの付加価値や流行に敏感であり、新製品・新サービスに対する競争力が検証できる」（同48・6％）と5割近い企業が回答した。

日本でモノやサービスが売れたら世界のどの国でも売れると考えている外資系企業は多い。彼らにとって、日本進出は「Must」であり、「自分たちの商品が世界で通用するかの試金石」と考えている外資系企業は多い。

4. 対内直接投資の増加メリット

既述したように、対内直接投資を活性化するためには障壁は多いのだが、実現できた場合のメリットは非常に大きい。理由を大別すると以下の2つに分けられる。

まず、外資系企業が提供するモノやサービスを日本へ輸入することによる、既存のモノの品質向上やサービスの多様化である。外資系企業が新しい技術を日本に持ち込むことにより国内メーカーの技術革新をもたらす。また、海外の新しいサービス手法が国内に持ち込まれることになり、サービス産業全体の競争力を高め、画期的なサービスが生まれる可能性がある。

次に日本人のグローバル化である。海外企業の経営手法が日本へ持ち込まれることにより、国内企業の経営者に刺激を与え、進出した外資系企業の経営者との直接的な交流が増えることによって、グローバルな頭を持った経営層が増える。言わなくても分かるだろうという日本特有の伝統的な文化に基づいた企業風土に刺激を与え、日本的経営と欧米のグローバル経営の良い点を持ち合わせた新しい経営手法が生まれる可能性もある。また、日本で外資系企業で勤務可能な機会が増えることにより、語学が堪能な人材が増える。規制緩和等により、海外の教育機関が日本へ進出すれば、海外に行かずとも手軽にグローバル教育を受けることが可能となるかもしれない。

このように、対内直接投資を増やすと人のグローバル化が進み、今までの一方向的な対外直接投資の流れが、対内直接投資の流れが増えることにより、今までにないポジティブサイクルが生まれ、対内対外双方の直接投資増加による日本経済の真のグローバル化が進むはずである。

5．対内直接投資の活性化手法

それでは、どのようにして対内直接投資を増やすかだが、欧州の小国であるルクセンブルク（以下ルクスという）の例を紹介する。ルクスは人口約9百万人の神奈川県とほぼ同じ面積の小国で、人口50万人強であるにもかかわらず一人当たりGDPが世界一の国である。1960年頃から鉄鋼業で国の基盤を作り、当局の自由主義的な政策のもと、2014年現在150行もの銀行が集まる金融立国となっている。特に、投資信託業界では、欧州内では第1位、世界的には米国に次ぐ第2位の市場規模を誇っている。また、最近では国策として通信分野のインフラを整備したことから情報通信企業の欧州本部が集まってきている。

日本がルクスを手本にすべきことは、まず第一に、政府、労働組合、経営者の協議機関の存在である。ルクスでは「ラ・トリパルティット」という、1970年代に導入された政治、使用者、労働者の間での制度化された三社協議機関があらゆる経済と社会問題に対処している。このアプローチは「ルクセンブルク・モデル」と呼ばれており、公労使の建設的な対話のおかげで、ルクスでは目立った社会的紛争はほとんど発生したことがない。

第二にルクスの各産業の監督官庁が、非常に多くの外資系企業の意見を十分に調査した上で様々な規制をコントロールしていることである。ルクスの監督官庁が、各企業の意見を聞かずに規制の内容を一方的に決めることはほとんどない。監督官庁は、その進出国毎に企業専門窓口を設け、常に末端の企業の声を吸い上げる仕組みを作っている。例として、現在のルクスを牽引する金融産業の監督官庁であるＣＳＳＦ（Commission de Surveillance du Secteur Financier）のケースを示したい。先般、Alternative Investment Fund Managers Directiveという投資信託のＥＵ規制の総仕上げと言われる私募投信の規制がＥＵ全域で施行された。ＣＳＳＦは、他ＥＵ各国に先駆けて当該規制をルクスの国内法に法制化し、各国の金融機関の要望に絶えず耳を傾けながら国内の私募投信市場を整備した。規制と実務とのギャップにも寛容で、規制の裏にある精神に反していなければ細かいことには拘らない姿勢は日本の当局も見倣うべきである。このように、新規制の導入にあたっても事前に企業側との合意形成が図られているため、導入後の混乱が非常に少ない。

第三にルクセンブルク人（以下 ルクス人という）の他の欧州人に比して高い語学力である。この国の義務教育においては、小学校1年生からドイツ語、2年生からフランス語、日本でいう中学校1年生から英語を学び始める。遅れをとっている生徒には補習授業を行ない義務教育終了時には完全な多言語話者になる。欧州人が数カ国語を話すのはさほどめずらしいことではないが、異なる言語圏が集まって国を形成しているベルギーやスイスと、国民の誰もが4カ国語（ルクセンブルク語、フランス語、ドイツ語、英語）を話せるルクセンブルクでは、ひとくちに多言語国家と言っても全く性質の違うものである。ルクスはフランス、ドイツ、ベルギーに囲まれており、フランス語、ドイツ語、英語を全て話せるということは、ビジネスにおいてノウハウさえあれば近隣の列強諸国の企業と対等に商談可能ということである。例えば、ルクスのミシュランの一つ星レストランの女性シェフのレアリンスターは、フランス料理のオリンピックと言われるボキューズドールという料理の世界大会において、1989年にルクス人初の金メダルを獲得した。この女性シェフが、とても興味深いことを語っている。「ルクスは小国故、自分自身の力で有名になるには限界がある。しかし、自分達の語学力で近隣諸国にアピールすることにより、他国が私達を有名にしてくれている。私の場合も、ドイツやフランスの食通やマスコミが私のレストランを有名にしてくれた。」と。ルクス人の卓越した語学力を示すために、ルクスの政治家の例を挙げる。フランスやドイツの政治家が国際会議において通訳付きで母国語で話すのに対し、ルクスの政治家はフランスの政治家に対してはフランス語で、ドイツの政治家に対してはドイツ語で、英国や米国の政治家に対しては英語で話す。前ルクス首相で次期欧州委員会の委員長であるユンケル氏が各国首脳と通訳なしで交渉し、目的を達成していく姿を見ると、交渉相手と同じ言語で議論できるということは、主体的かつ円滑に目的を達成する点において大きなメリットなのではないかと強く感じる。

このように、ルクスは小国というデメリットを、卓越した語学力で他の列強国の力を利用し克服してきた国である。ルクスは小国であるが故、その危機感を国と国民が認識し、国策を官民協働で推進している。国策として決めた鉄鋼業、金融業、情報通信業等については様々な規制緩和、税制等の優遇措置の整備により外資系企業を呼び込み、国内経済を活性化させてきた。良く欧州内の旅先で現地人からどこから来たのかと聞かれることがあるが「ルクスから来た」と返答すると、必ずと言っていい程、「あなたは銀行員か」と、即座に聞かれる。それ程ルクスの金融立国としてのネームバリューは欧州中に知れ渡っている。

6．日本の真のグローバル化へ向けた商社の役割

このようなルクスの外資系企業の誘致の体制や、語学力を巧みに操った官民一体となった国策への取り組みについては、日本は大いに参考にすべきである。また、ルクスの成功事例を日本に活用するためには、国際ビジネスのプロである商社が長年培ってきたノウハウが不可欠である。以下に、期待する商社の具体的な役割を述べる。

まずは、海外企業が日本に投資し易くするための、煩雑な行政手続の撤廃や許認可制度の緩和についての商社機能の活用についてである。商社は、一般企業では独自では輸入が難しいモノやサービスを、世界に張り巡らされたネットワークをもとに、日本の規制当局との手続を経て一般企業の代わりに仕入れ、卸すといった仲介役としての役割や、海外に進出する企業に、現地の政治、経済、規制、法律、税務情報など多岐にわたる現地情報を伝え、日本企業の海外進出を積極的に支援するというサポート役としての役割を果たしてきた。それ故、商社は、モノやサービスを各国間で取引する際、世界各国の行政手続や許認可制度を知り尽くしており、今の日本の手続や制度をどのように変えたら海外企業が進出し易くなるかを把握している。

この商社のノウハウは、次の二つの手段で活用可能である。一つ目は、商社がルクセンブルク・モデルの

ような公労使で話し合う協議機関の設立を関係者に促し、旗振り役や仲介役となる方法である。ルクスのような小国であれば官民それぞれの利害関係者はそれ程多くないので、当事者同士だけで様々な問題に対処可能だが、日本では利害関係者が星の数ほど存在するので、それら利害関係者間の合意形成を取り持つ仲介役や旗振り役が必要となる。二つ目は、実際に行政手続や許認可制度を作っている監督官庁へ商社の社員が直接出向する方法がある。このいずれかの方法で、監督官庁を動かすことができれば、煩雑な行政手続の撤廃や許認可制度の緩和が可能になるはずである。

次に、日本人の英語力向上に向けた海外の教育機関の日本への誘致である。日本人はその旧態依然とした英語教育や遠慮がちな国民性の影響で、他のアジア諸国の中でも国民のグローバル化が遅れている。また、日本企業の英語力における人材育成は、欧米企業のそれと比して時間を要するため、海外進出しても、安定稼働するまでのスピードが遅い。安定稼働しても、必ずしも本当のグローバルマインドを持った日本人が現地企業を経営しているわけではない。それ故、現地人との摩擦も長く解消されず、結果的に批判の対象となる期間が長いことが、海外の日本企業が現地化しないことについての批判に繋がり易いことの原因になっている。日本人のグローバル化を抜本的に図るには、若い時期からの的確な英語教育が肝要である。具体的には、海外のトップクラスの大学の日本分校を開設したり、現地で定評のある教育プログラムや研究室や教員をそのまま日本へ誘致することが必要である。もし、そのような環境で勉強した人材が、日本の国立大学や私立有名大学の卒業生よりも将来的には世界で通じる人材になれる、ということになればその世代以降の日本人のグローバル化は一気に進む。特に他国民に比べ、日本人はブランドに拘るという国民性があり、右に倣えでそのような環境で学びたいという生徒が急増する可能性が高い。また、これら日本分校を卒業した欧米の外国人留学生には特別なビザを与え、卒業後も日本国内のグローバルな成長に寄与してもらうことも可能である。

既述の通り、日本は対外直接投資においては米国に次いで世界第2位である。海外拠点を世界各地に設立し、グローバルプレゼンスにおいては確固たる地位を築いている。しかしながら、卓越した英語力を使ってグローバルな頭を持って現地社員と接しそれら海外拠点を運営しているか、つまり、高い英語力を駆使し、グローバルマインドを持って経営できているかどうかという観点では、相対的に不充分である気がしてならない。勿論、外資系企業から優秀な外国人を雇用して成功している例はあるが、日本人自らがグローバルな頭を持って全社的に海外展開をしている企業は少ない。これを根本から解決するには、とりわけ欧米のトップスクールを丸ごと日本へ誘致し、日本国内で手軽にグローバル教育を受けることを可能とすることが必要である。

7. 総　括

グローバル化が進むビジネス環境の中で、海外の企業が商社に期待しているのは、日本進出への障壁緩和や撤廃、日本国民のグローバル化に向けた推進役としての役割であり、その商社のアクションは間違いなく国益にも直結することとなる。そのためには、第一に海外企業による国内直接投資を活性化させるためにルクセンブルク・モデルを活用し、公労使の協働による各種規制や行政手続の緩和を進め、第二に海外のトップスクールのユニットあるいはその大学自体を日本へ誘致し、日本国内にいながらにして語学力だけでなくグローバルマインドを習得可能なインフラを整備し、世界に通用する日本人ビジネスマンの育成を促す環境を整備することが肝要である。

今年9月に入り、東京都が東京を国際金融拠点にするために各省庁や民間からなる分科会を設置した。分科会では、国際金融会議の開催、高度金融人材の受け入れや起業の強化、グローバル人材の育成を推進すべく各種施策を実施していくという。東京都という限定した範囲ではあるが、ルクセンブルク・モデルのような官民一帯となった協議機関が出来たことは喜ばしい。今後、他の産業においても同じような動きが出てくることを期待したい。

対内直接投資が飛躍的に伸び、世界で一番企業が活動し易いビジネス環境が構築され、内向きのグローバル化が進み、それが自然と更なる対外的なグローバル化を生み、対外対内、双方向に開かれた市場となるためには商社の力が不可欠である。

特に2020年の東京五輪開催は絶好のチャンスである。五輪開催までの間に、可能な限り外資系企業にとっての阻害要因を解消し日本の強みをアピールすれば、世界の優良な外資系企業が一気に進出し、内なるグローバル化が進み、日本国内で真のグローバル人材が多く生まれることも夢ではない。

参考文献：
○ UNCTAD World Investment Report 2014

○http://www.jetro.go.jp/news/releases/20130417285-news
「日本における投資阻害要因に関する外資系企業の声と改善要望」について　２０１３年４月17日
○http://www.meti.go.jp/statistics/tyo/gaisikei/result/result_47/pdf/2013gaikyo.pdf
第47回外資系企業動向調査（２０１３年調査）の概況
○イベリコ豚を買いに　野地秩嘉著　小学館

第11回日本貿易会賞懸賞論文（2015）優秀賞

募集テーマ　内なるグローバル化の推進
論文題名　STEMによる日本のグローバル化推進戦略
　　　　　―日本国内への海外人材・モノ・資金の積極的受入のためのアクション・プラン
執筆者氏名　Shuangyu Ma

【論　文】

背　景

20世紀以降、技術、社会、政治の分野において集中的に発生した数々の変化によって、国境を越えた人々や資本の往来がより自由になった。その結果、経済的成功を遂げる上で、海外からの資源がますます重要な役割を果たすようになってきた。海外資源があれば、国内の労働力や資本によって制限されるその国本来の生産力以上の生産が可能となり、技術や思想の移転も促進されるからである。例えば、豪州史上最大のインフラ開発事業であるスノーウィー・ハイドロ水力発電所は、主に移住労働者によって建設された。この事業によって、現在に至る経済活動を支える灌漑施設が誕生しただけでなく、資源が豊富で自立した経済国であるという豪州のアイデンティティーが確立した。一方、戦後の「アジアの虎」と呼ばれる国々や近年の中国では、多額の海外直接投資（ＦＤＩ）の流入が成長の重要な原動力となった。

　開発経済学において海外資源がますます重視される中、日本は世界第３の経済大国でありながら主に自国の資源で賄われているという点で異例である。確かに、明治維新と第二次世界大戦後の二度にわたって、日本には外国の思想や技術的ノウハウが流入し、それが国の変革を助長した。にもかかわらず、日本は外国の労働力や資本に対して概して閉鎖的なままだ。西洋の影響を受けながらも日本のアイデンティティーを保持したいという強い願望は、明治時代に広まった「和魂洋才」という言葉に表されている。[1] 興味深いのは、この言葉自体も、平安時代の中国の思想の流入に対して日本の精神を守ることを提唱した「和魂漢才」に由来するという点であり、この考え方が古くから存在することを示している。

　こうして日本独特のアイデンティティーと文化を標榜してきた結果、現在の日本は世界で最も孤立した国の一つとなった。例えば、日本のＧＤＰに占める直接投資残高の割合は経済協力開発機構（ＯＥＣＤ）加盟国の中で最も低く、２０１２年末の数値ではＯＥＣＤ平均が30・6％であるのに対し、わずか２・４％であった。[2] 人材面でも、労働人口全体に占める外国人の割合は１％未満である。[3]

（1）S. J. Bytheway and M. Schiltz, 'The dynamics of wakon yōsai (Japanese spirit, Western technology): The paradoxes and challenges of financial policy in an industrializing Japan, 1854-1939', in D. Bennet (ed.), *People, Place and power: Australia and the Asia Pacific*, Black Swan Press, 2009, pp. 57-79.

日本の成長戦略は実行可能であり、人口が増えるにつれて効果も上がるといわれていた。しかし、人口は2008年をピークに減少の一途をたどっているため、この戦略はこのままいくと維持できなくなる。戦後生まれの団塊世代の退職によって、経験と知識を備えた労働力が失われていくだけでなく、経済全体の貯蓄も減少する。労働者世帯は働いている間は財産を蓄え続けるが、退職者世帯は貯蓄を切り崩して退職後の生活を支えるからだ。(4) 団塊世代が抜けた穴は、減り続ける若い世代では完全に埋めることができないため、政府は将来の経済成長を支えるために海外からの人材と投資に目を向け始めた。とりわけ、この二点については次のような野心的な目標を設定した。

・30万人の留学生(入学者)を日本に誘致する
・2020年までに対内直接投資残高を35兆円へ倍増する

ある程度うまくいっている部分もあるが、この戦略は限定的にしか進んでいない。その原因の少なくとも一部は、政府の取り組みが本質的に分散しており、的が絞られていない点にあると思われる。資源を広く薄くばらまく全般的な政策の代わりに、本論文では日本の比較優位に基づいて慎重に競争優位を築くという選択と集中のアプローチを提唱している。

一つの重点分野を理解し、それを基盤にすることにより、これまでの対応の特徴であった決まりきった対策ではなく、持続可能な成長を支える長期的なビジョンの展開を進められる。また、この取り組みは産官民による全面的な協力を伴うことになる。

日本の比較優位

１８１７年にデヴィッド・リカードが最初に提唱した比較優位の概念は、経済学の根幹をなす基本的な要素の一つである。この概念では、機会費用が他の国と比べて最も低い分野に特化することが推奨されている[5]。この概念はグローバル化の推進に当てはめた際にも有効であり、比較優位を活用することによって、最大の利益を求める海外の資源を誘致するのが成功への道である、というのが私の考えである。

例えば、豪州の人口は日本の約5分の1だが、２０１４年には日本の目標値を超える35万３０００人超の留学生を受け入れている[6]。さらに、豪州の労働人口の28％超が外国生まれである。海外からの人材の豪州経

（2） R. Bebenroth, *International Business Mergers and Acquisitions in Japan*, Springer Japan, 2015.
（3） J. Breaden, 'Global attributes or local literacy? International students in Japan's graduate employment system', *Japan Forum*, vol. 26, no. 4, 2014, pp. 417–440.
（4） F. Modigliani, 'The Life Cycle Hypothesis of Saving, the Demand for Wealth and the Supply of Capital', *Social Research*, vol. 33, no. 2, 1966, pp. 160–217.
（5） D. Ricardo, *On the Principles of Political Economy and Taxation*, John Murray, 1817.
（6） Austrade, 'International student data', https://www.austrade.gov.au/Australian/Education/Education-Data/2014,…

済への貢献度は、移民二世を考慮すればさらに大きくなるだろう。[7]豪州の成功は、アジアに近い英語圏の国としての比較優位に基づいている。

同様に、中国は人件費の低さという比較優位を用いて直接投資を誘致し、世界の製造業の拠点となった。現在、中国は直接投資先として世界第2位の規模を誇り、1990年にわずか250億米ドルだった直接投資流入額は、2014年には1・1兆米ドルに拡大した。[8]

日本も、比較優位を有する分野に特化することで海外の資源を誘致すべきである。そこで私が提案する分野は、Science（科学）、Technology（技術）、Engineering（工学）、Mathematics（数学）からなる集合的な分野を示すSTEMである。しかし、STEMは純粋な知識よりも広範囲にわたるものである。STEMの応用が農業から通信まで多様な産業の基盤となり、私たちが当たり前と思っている交通や公衆衛生など、さまざまな現代の便利な生活を支えているのだ。

日本は天然資源に乏しいが、STEM産業をもとに繁栄を築いてきた。STEM分野の教育機関や企業も、今後海外の資源を誘致する上で日本の比較優位になり得る。というのは、日本のSTEMは既に世界的に評価されており、資源をめぐる競争が世界的に激しくなったときに、他国に正面から立ち向かうことができるからである。STEMはこの点において、一般的に孤立していると思われている日本経済の大部分とは大きく異なるのだ。

例えば、東京大学はＱＳ世界大学ランキングの総合順位で見事32位にランクインしているが、ＳＴＥＭ関連の科目の順位は、化学工学が８位、化学が９位、土木・構造工学と薬学・薬理学が10位と、総合より大幅に高くなっている。[9] 表１は、総合順位と比較したＳＴＥＭ科目別順位の一覧である。この傾向は、京都大学、東京工業大学など他の日本の大学にも同様に表れている。

日本のＳＴＥＭ分野の教育レベルの高さは、日本が科学技術の分野で世界的にも優れた成果を挙げていること

…(accessed 21 August 2015).

(7) Australian Bureau of Statistics, 'Labour Force, Australia', 2015, http://www.abs.gov.au/ausstats/abs@.nsf/mf/6202.0, (accessed 21 August 2015).

(8) UNCTAD, 'World Investment Report 2015', 2015, http://unctad.org/en/Pages/DIAE/World%20Investment%20Report/World_Investment_Report.aspx, (accessed 21 August 2015).

(9) Top Universities, 'QS world university rankings by subject 2015', 2015, http://www.topuniversities.com/subject-rankings/2015, (accessed 08 August 2015).

表１：QS 世界大学ランキング（2015 年）における東京大学の順位

	東京大学
総合	32
化学工学	8
土木・構造工学	10
コンピューター科学・情報システム	18
電気・電子工学	18
機械工学	14
生物科学	20
薬学・薬理学	10
物理学・天文学	11
数学	18
化学	9

にも反映されている。２０１５年9月の時点で、19人の日本人がＳＴＥＭ関連の分野でノーベル賞を受賞しており[10]、３人がフィールズ賞を受賞している。こうした努力は学術分野だけにとどまらず、産業においても実用的な価値を生み出している。２０１４年の日本の特許出願件数は、総数で世界3位、一人当たりの件数で世界2位であった[11]。

さらに、日本のＳＴＥＭ産業のブランドは、世界中で確固とした名声を築いている。ニューヨークやシドニーの通りにはトヨタや日産の自動車が並び、ロンドンや北京の家庭にはソニーやパナソニックの電化製品が置かれている。消費者にはあまり知られていないが、日本はＳＴＥＭのバリューチェーンの上流部においても優勢を占めており、ファナック、キーエンスといったロボット工学やオートメーションの会社も、世界屈指の革新的な企業として評価されている[12]。

このように、ＳＴＥＭ分野における優れた教育機関や製造業者として世界的に認められていることは、海外資源を誘致する上で重要な鍵となる。マサチューセッツ工科大学（ＭＩＴ）で学びたい留学生や、Googleの成功に倣いたい直接投資家にとって米国が魅力的であるように、日本もそのＳＴＥＭ分野のブランドを世界中で活用して、海外の人材や投資を魅了していく必要がある。

しかし、そのためには比較優位だけでは不十分である。例えば、豪州では常に英語が話されており、中国では常に安価な労働力が提供されているが、これらの国は必ずしも海外の資源にとって魅力的ではなかった。その国の比較優位を最大限に活用するには、その根底に正しい政策と考え方がなければならないのだ。豪州に海外の人材が集まるようになったのは、１９７３年に差別的な白豪主義が廃止され、多文化主義が支持されてからである。中国に海外からの投資が集まるようになったのは、１９７８年に改革開放政策が敷かれてからである。

したがって、日本のＳＴＥＭブランドは海外の資源を集めるには有効なきっかけとなり得るが、それだけでは不十分である。これらの資源を中長期的に保持するには、比較優位に基づいて慎重に競争優位を築いていく必要がある。最大の成功を得るためには、海外の学生や企業が日本進出によって何を達成しようとしているのかを理解し、産官民が一体となってその意向に合った対応をする必要がある。

海外の人材

日本の社会は閉鎖的であることでよく知られているが、時代とともに少しずつ開放的になってきており、留学先や就職先に日本を選択する外国人も増えてきている。現在では18万４０００人以上の留学生が日本で

(10) Ten were in physics, seven for chemistry, and two for physiology or medicine.
(11) WIPO, *World Intellectual Property Indicators*, Economic & Statistics Series, 2014.
(12) Forbes, 'The world's most innovative companies', 2015, http://www.forbes.com/innovative-companies/list/#tab:rank, (accessed 08 August, 2015).

学んでおり、そのうち13万9000人が高等教育機関に通っている。[13] これらの留学生の多くは、卒業後日本に残って就職する道を選択しており、2013年には11600件以上の就労ビザが発給された。[14] この件数は、10年前のわずか3700件余りと比べると大幅な増加である。[15]

海外の人材を誘致するという点では、今のところ日本のSTEM分野はそのレベルの高さに見合った効果を発揮していない。実際、人文学や社会学を学ぶ留学生は70%超を占めるのに対し、STEM分野を専攻する留学生は全体の14%にとどまっている。[16] この傾向は卒業後も続いており、卒業生に発給される就労ビザ全体のうち、69%が人文知識・国際業務の分野のビザであるのに対し、技術ビザはわずか21%である。[17]

STEMの優位性は現状では十分な効果を発揮していないため、しっかりと戦略を練れば来日する海外の人材を大幅に増やすチャンスとなる。そうすることで、留学生30万人という目標の達成に近づけるだけでなく、次のような問題への対策としても効果がある。

・理系専攻の大学生の数が1999年から10%減少しており、[18] 日本人学生のSTEM分野への関心が低下していること（理科離れ）
・日本企業が人材不足に悩む職種の上位10位以内に、エンジニア、IT人材、技術者といったSTEMの職種がすべてランクインするなど、[19] STEM産業における技術力が不足していることしかし、海外からより多くの人材をＳＴＥＭに誘致するには、日本が達成すべき単なる数値や目標として留学生をとらえるのではなく、彼らが日本で学ぶことを選択する（または選択しない）動機を理解した上で、そうした観点を考慮した長期的な政策を策定することが重要である。そのためには、産学官が一体となって学生の生活を入学から卒業後まで支援するアプローチが必要である。

この分野においては、豪州の成功から学べる点がいくつかある。まず、有能な学生が日本に留学しやすくなるように、大学入学制度を豪州のようにもっと柔軟なものにすることを検討すべきである。現在、豪州の大学の入学手続きでは、１２０種類を超える世界各国の高校生向けの大学入試結果が受け入れられている。一方、日本では、トップレベルの国立大学も含め、ほとんどの大学において日本留学試験（ＥＪＵ）しか考慮されていない。海外では限られた場所でしか実施されないＥＪＵは、留学への不要な障壁となっているだ

(13) JASSO, *Results of an Annual Survey of International Students in Japan 2014*, 2015.
(14) Ministry of Justice, heisei nijyūgonen ni okeru ryūgakusei nado no nihon kigyō nado e no shūshoku jyōkyō ni tsuite, 2014, http://www.moj.go.jp/content/00125770.pdf, (accessed 12 August, 2015).
(15) Ministry of Justice, heisei jyūgonen ni okeru ryūgakusei nado no nihon kigyō nado e no shūshoku jyōkyō ni tsuite, 2004, http://www.moj.go.jp/nyuukokukanri/kouhou/press_040827-1_040827-1.html, (accessed 12 August, 2015).
(16) Includes Science and Engineering only. JASSO, *ibid*.
(17) Ministry of Justice, 2014, *ibid*.
(18) M. Fackler, 'High-tech Japan running out of engineers', 2008, http://www.nytimes.com/2008/05/17/business/worldbusiness/17engineers.html, (accessed 12 August, 2015).
(19) ManpowerGroup, *2015 Talent Shortage Survey*, 2015.

けでなく、最終学年の学生に新たな試験によるストレスを与えている。

ただし、それと同時に、高等教育を受ける留学生には、必要な日本語レベルの条件を設けなければならない。日本の大学と他国の大学では始業時期が6カ月ずれているため、留学生はこの期間を利用して集中語学コースを修了することができる。これによって、日本での学生生活がより充実したものとなり、学業成績の向上にもつながる。

また、STEM分野の留学生には、業界での実習体験を必須科目とするべきである。その方法としては、研究助手として働くこともあれば、正式なワークプレイスメント（有償型就業体験制度）で働く場合も考えられる。参考までに、豪州の工学系の学生は、学士課程の期間中に2カ月間の産業実習を修了することが求められている。[20] この取り組みには、外国人従業員を雇うことに対する抵抗感を払拭する効果が期待できるため、業界から全面的な支持を得られるはずである。特に、企業が外国人従業員を雇わない理由として常に上位に挙がる日本のビジネス文化と言語の理解度は、実際に体験することで大幅に向上できる。[21] また、留学生にも日本人学生にもいえることだが、実際に仕事を体験することによって、就職活動の際に自身のスキルとのミスマッチを防ぐこともできる。

また、卒業後の留学生の就職支援にも、より手厚い対応が必要である。というのは、卒業後に日本での就職を希望する留学生のうち、就職先が決まって就労ビザを取得できる学生はわずか50%しかいないからだ。[22]

日本人学生の97％が卒業後の就職先を見つけられているという統計と比較すると、この数字は深刻である。[23]そこで、日本のＳＴＥＭ企業には、率先して外国人を採用してもらいたい。特に、楽天やファーストリテイリングの革命的な人事制度から学び、ビジネスの成長を支えるためにはグローバルな人的資本が重要であることを認識してもらいたい。例えば、上記の2社では英語が社内公用語になっていて、新卒採用者の3分の2を外国人学生が占めている。[24]

最後に、移住政策を変革するとともに、留学生を「一時的滞在者」ではなく、日本社会の重要な一員としてとらえるように人々の考え方を転換する必要がある。日本は、既に認められた有能な人材を海外から誘致しようとするよりも、時間をかけて才能ある人材を育てることに前向きになるべきである。このことが如実に表れているのが、「高度人材ポイント制による出入国管理上の優遇制度」に対する期待外れな反応である。[25]豪州や米国に見られるような働き始めたばかりの有能で適切な外国人を対象とした移住制度があれば、

（20） UNSW, 'Engineering students industrial training', 2015, http://www.engineering.unsw.edu.au/study-with-us/industrial-training, (accessed 12 August, 2015).
（21） Breaden, *ibid.*
（22） JAFSA, 'Career opportunities in Japan for international students and scholars', 2010, http://www.eaie.org/dms/pdf/archive/nantes/907.pdf, (accessed 21 August, 2015).
（23） JAFSA, *ibid.*
（24） Breaden, *ibid.*
（25） T. Osaki, "Skilled foreigner 'invite too rigid a bar'", 2013, http://www.japantimes.co.jp/news/2013/09/04/national/skilled-foreigner-invite-too-rigid-a-bar/, (accessed 08 August, 2015).

長期的に日本の繁栄に貢献できる人材を誘致することができる。

このような政策を中長期的に実施していけば、日本に留学したSTEM分野の有能な外国人が、卒業後も滞在を続け日本社会に貢献するようになり、こうした人材からなる新たな世代が台頭してくるだろう。

海外の資本

時代とともに着実に増加してきた留学生数と違い、対内直接投資をはじめとするそれ以外の海外の資源の流入には、一貫した傾向は見られない。日本における直接投資残高は、1990年の98億米ドルから徐々に増加し、2011年に2258億米ドルでピークを迎えた。しかし、2011年3月に東北を襲った地震と津波により、外資が日本から逃避してしまった。日本経済の将来に対する新たな不安が生まれ、投資家の自信が揺らいだからだ。[26] 日本の直接投資の純流入額は2014年には21億米ドルを記録し、ある程度の回復傾向は見られるものの、日本の対外直接投資が過去最高額を記録したことを考慮すると、全体的には依然としてマイナスの状態が続いている。[27] 現在、日本は米国に次ぐ世界第2の対外直接投資国である。しかし、米国は直接投資の受入額も世界最大であり、それによって総資本が補われているが、日本はそのようにはなっていない。

最近では、近年の傾向を逆転させるための取り組みが政府により実施されている。外資系企業に減税や助成金等の特別なインセンティブを与える国家戦略特区の導入がその一例である。[28] しかし、国内企業に課せられる高い法人税と事業コストを減らすという全体的なアプローチを追求することでも、効果の向上が期待できる。なぜなら、こうすることによって、日本の対外直接投資の国内回帰が促進されるからである。これは、「インソーシング」と呼ばれ、厳密にいえば海外の資源ではないが、同様に重要なものである。また、そうすることで、海外からの対日投資の最大の障壁を回避することができる。その障壁とは、もともと特定の地域のみで営まれていた企業の閉鎖的で異質なビジネス文化である。[29] ２０１４年に国内回帰した対外直接投資は、ＳＴＥＭ産業だけで３０５億米ドル、対外直接投資全体の27％を占める。この数字は、既に現在の対日直接投資の総額を上回っている。[30]

海外のＳＴＥＭ企業が長期的に日本に投資できるようにするための特別なインセンティブも導入すべきである。このようなインセンティブは、政府の財政状態の悪化を招くとして批判されるかもしれないが、他の分野にもプラスの波及効果を与え、全体としては経済に純便益をもたらす可能性が高い。ＳＴＥＭ産業では研究開発への投資が特に重点的に行われているため、生産性が向上する画期的な進歩や、新たな商品化の機

(26) UNCTAD, *ibid.*
(27) JETRO, *JETRO Global Trade and Investment Report*, 2014.
(28) Prime Minister of Japan and His Cabinet, *Japan Revitalization Strategy*, 2013.
(29) US department of State, 2014.
(30) Includes the following industries: Chemicals and pharmaceuticals, general machinery, electric machinery, transportation equipment, precision equipment, transportation, and communications. JETRO, *ibid.*

会があれば、非ＳＴＥＭ産業に比べるとさらなる便益が生まれる見込みが高い。

これらのインセンティブ政策には、総資本を増加させる効果があるかもしれないが、長期的なビジネス上の意思決定においては、インセンティブは派生的な動機にしかならないことが研究で示されている[31]。企業は、その期間中に機会があるかどうか、そしてその機会を活用できるかどうかによって、最終的な判断をするのだ。

高齢化が急速に進む日本には、世界最大の市場機会をもたらす分野が一つある。それは、高齢消費者向けの「シルバービジネス」である。これにより、製薬、生活支援ロボットといった人口構成の変化に対応するＳＴＥＭ市場は、これから目覚ましい成長を遂げるだろう。日本のＳＴＥＭ産業には有能な（そして願わくはグローバルな）労働力があり、近くには将来成長する韓国や中国の市場もあることから、この分野は今後直接投資を受け入れるために重要な分野となるかもしれない。

この市場を活用しようとする海外企業の進出を促進するには、日本はもっとグローバルなつながりを築くことが重要である。ＳＴＥＭの研究は協力をもとに進められる。そこで、グローバルな視点の育成と、将来に向けたネットワークづくりのために、日本人学生に留学を奨励すべきである。また、ＳＴＥＭ企業には、グローバルなビジョンを持ち、海外企業との協力や合併に前向きに取り組むことが求められる。これを怠ると、過去にその島国根性が原因で機会を逃してしまった携帯電話メーカーのように、「ガラパゴス」産業になってしまうかもしれないからだ。かつて日本の携帯電話は、カメラやEメール等の画期的な機能を導入するなど、先進的な技術を誇っていた。しかし、日本はこれらの携帯電話を国内に閉じ込めてしまい、海外へ展開しようとしなかった[32]。国内市場で満足してしまったことが、孤立、やがては衰退を招き、現在ではAppleやSamsungのような後発の海外競合企業に市場を奪われてしまった。国際市場である程度存在感を示しているのは、日本の電機メーカーとスウェーデンの通信会社の合弁企業であるソニー・エリクソンだけである。このようなことが二度と起こらないように、ＳＴＥＭ企業は自社の技術を広く発信して外資を誘致し、国際提携を結んで積極的に協力する必要がある。

このような提案を中長期的に実施していけば、日本経済の成長への海外企業の参加と貢献を促進するグローバルな視点が日本にも根付くようになるだろう。

結　論

本論文はＳＴＥＭを比較優位の分野として提唱し、日本はそこからグローバル化への取り組みを始めるべ

(31) J. Kim and J. Park, 'Foreign direct investment and foreign-educator labor', 2010, http://www.eco.nihon-u.ac.jp/center/ccas/pdf/ccas_wp023.pdf, (accessed 26 August, 2015).
(32) H. Tabuchi, 'Why Japan's cellphones haven't gone global', 2009, http://www.nytimes.com/2009/07/20/technology/20cell.html, (accessed 26 August, 2015).

きであると論じている。その理由は次の二点である。

・日本の他の分野に比べて孤立的ではなく、変化を受け入れやすい。

・競争の激しい環境で海外の資源を誘致するために必要な世界的なブランド認知度がある。

海外の資源を獲得することによって、日本のＳＴＥＭ産業は競争力を維持し、将来の繁栄を支えることができる。ＳＴＥＭは現代の便利な生活を支えているだけでなく、過去60年間の経済成長においても計り知れない役割を果たしてきた。例えば、米国主任科学官局の試算によると、１９６４年から２００５年までの期間の一人当たりの経済成長の65％は、資本および労働力の活用の改善と、技術革新に起因しており、その大部分がＳＴＥＭにより可能となったものである。(33) もはや人口増加に依存することができない日本では、今後の経済成長を推進する上でＳＴＥＭ産業が特に重要になってくる。

ＳＴＥＭ分野の教育機関と産業がグローバル化すれば、好循環が生まれる可能性もある。海外の学生の日本への留学と日本人学生の海外留学を奨励することによって、新たにグローバルな友好関係が育まれる。そして、留学を経験した学生たちが働くようになり、国や産業のリーダーとなれば、協力や相互投資がさらに進む。グローバルな視点を備え、より多くの資源が海外から集まる国ほど、グローバル化が進み、その効果が徐々に波及・拡大していくのだ。植物の茎（stems）が葉や節につながっているのと同様に、ＳＴＥＭ産業はその他の日本経済とつながっている。したがって、ＳＴＥＭ産業を切り開くことは、長期間にわたって日本全体を切り開いていくための効果的な第一歩となる。

ただし、この長期的なビジョンを実現するためには、産官民が一体となってグローバル化の推進に取り組むことが必要だ。就職活動でより優秀な外国人学生に負ける日本人学生や、参入した海外企業との競争にさらされ、市場シェアを奪われる国内企業など、短期的には敗者となる人々が生じるかもしれない。しかし、日本にとって重要なのは、ここで引き下がって孤立主義や文化的特異性をうたう古い論法に立ち戻らないことである。長期的なグローバル化に全力を尽くすことによってのみ、日本は今まで以上の競争力と活力を得ることができるのだ。

(33) The Australian Industry Group, *Progressing STEM Skills in Australia*, 2015.

「内なるグローバル化と商社の役割」特別研究会開催実績

第1回（2015年10月27日）事務局より本研究会発足の経緯説明、主査より「なぜ今内なるグローバル化推進が重要なのか」について説明。その後、研究内容および進め方を検討。

第2回（2015年12月11日）主査より「内なるグローバル化への壁─日本的働き方の功罪」についてのプレゼンテーションを実施。それを踏まえ内なるグローバル化の課題につき意見交換。

第3回（2016年1月25日）アドバイザーよりそれぞれ「対日直接投資促進の取り組み」および「外国人材・対日直接投資にみる内なる国際化の現状と課題」について説明。これを踏まえ、内なるグローバル化の課題につき意見交換。

第4回（2016年3月24日）双日人事総務部グローバル・人材育成課課長 阿部洋司氏から「外国人材の活用・育成事例」につき説明を受け質疑応答。各社の外国人材の活用事例について説明があり、意見交換。

第5回（2016年5月13日）日立製作所人財統括本部グローバル人財戦略推進部部長 田中憲一氏から「日立グループの人財マネジメント施策」につき説明を受け質疑応答。

第6回（2016年6月21日）フィリップスエレクトロニクスジャパン ガバメント&パブリックアフェアーズ部部長 濱田いずみ氏から「フィリップスの紹介と日本でのビジネス」につき説明を受け質疑応答。

第7回（2016年7月29日）過去6回の研究会での議論を振り返ると同時に、今後の研究会で議論する点および方向性について意見交換。

第8回（2016年9月28日）　三菱商事ビジネスサービス部門CEOオフィス経営企画ユニット　伊藤洋平氏、ビジネスサービス部門ITサービス事業本部デジタルビジネス開発部インドIT事業室室長　桒村良和氏から「ビジネスサービス部門ご紹介」として日本タタ・コンサルタンシー・サービシズにつき説明を受け質疑応答。

第9回（2016年10月27日）　国際社会貢献センター常務理事・事務局長　山口俊之氏から「ABICの活動について」の説明を受け質疑応答。報告書構成案第2章につき検討。

第10回（2016年11月18日）　報告書構成案第3章対日投資のシナリオ案について各執筆担当者から説明の後、委員で検討。

第11回（2016年12月21日）　住友商事放送・映画事業部部長付　脇谷浩司氏から「ジャパンアワーの取組」、三井物産環境・社会貢献部部長　菊地美佐子氏、同部社会貢献室長　寺澤明子氏から「三井物産の社会貢献活動」につき説明を受け質疑応答。報告書構成案第1章のシナリオにつき検討。

（2016年12月～2017年6月）　報告書の執筆・とりまとめ。

第12回（2017年6月15日）　報告書の全ての原稿・構成等の最終確認を行い、留意点等を議論。

以　上

「内なるグローバル化と商社の役割」特別研究会委員名簿

（敬称略、社名五十音順　２０１７年４月末現在　＊印は前委員　役職は当時のもの）

主　査	猿山　純夫	日本経済研究センター	首席研究員
副主査	門多　治	日本経済研究センター	特任研究員
座　長	秋山　勇	伊藤忠商事	伊藤忠経済研究所長
委　員	鈴木　裕明	伊藤忠商事	伊藤忠経済研究所 上席研究員
〃	大代　修司＊	住友商事	住友商事グローバルリサーチ エネルギー問題担当部長（任期：～２０１７年３月）
〃	池　毅	〃	住友商事グローバルリサーチ 渉外担当部長
〃	山本　大介	双日	双日総合研究所 副所長 主任エコノミスト
〃	稲垣　明知	豊田通商	豊通ファイティングイーグルス名古屋 総括部長（豊田通商より出向）
〃	近内　健	丸紅	米戦略国際問題研究所（ＣＳＩＳ）客員研究員（丸紅経済研究所より出向）
〃	横地　明	三井物産	三井物産戦略研究所 業務統括部 業務室長
〃	澤田　淳＊	三菱商事	グローバル渉外部 グローバル調査チーム（任期：～２０１６年７月）
〃	宮崎　真洋＊	〃	調査部 部長代行（任期：２０１６年８月～２０１７年３月）
〃	畑中　達也	〃	業務部 渉外チームリーダー
〃	河津　司	日本貿易会	専務理事
〃	齊藤　秀久	〃	常務理事
アドバイザー	仲條　一哉＊	日本貿易振興機構	対日投資部長（任期：～２０１６年９月）
〃	高島　大浩	〃	対日投資部長
〃	椎野　幸平＊	〃	海外調査部国際経済課長（任期：～２０１７年３月）
〃	米山　洋	〃	海外調査部国際経済課長
事務局	岩城宏斗司	日本貿易会	理事 政策業務グループ担当
〃	田代　肇	〃	政策業務グループ 部長
〃	鈴木　靖之	〃	政策業務グループ 主幹
〃	竹村　晃子	〃	政策業務グループ
陪　席	亀岬　睦也	〃	広報調査グループ 部長

日本貿易会法人正会員名簿

（社名五十音順　2017年4月1日現在　＊印：常任理事会メンバー会社）

＊伊藤忠商事
伊藤忠丸紅鉄鋼
＊稲畑産業
＊岩谷産業
岡谷鋼機
＊兼松
共栄商事
極東貿易
＊興和
＊CBC
＊JFE商事
神栄
神鋼商事
スマイル
＊住友商事
西華産業
全日空商事
＊双日
茶谷産業
＊蝶理
帝人フロンティア
東京貿易ホールディングス
東商アソシエート
東邦物産
＊豊田通商
＊長瀬産業
長田通商
西田通商
＊日鉄住金物産
野澤組
野村貿易
＊阪和興業
＊日立ハイテクノロジーズ
ホンダトレーディング
＊丸紅
＊三井物産
＊三菱商事
明和産業
メタルワン
森村商事
八木通商
ユアサ商事

＜執筆者紹介＞

猿山 純夫（さるやま・すみお）

——担当：第１章、第２章３節、第３章３節

椎野 幸平（しいの・こうへい）

——担当：第２章１節

門多　治（かどた・おさむ）

——担当：第２章２節、第３章２節、第４章

仲條 一哉（なかじょう・かずや）

——担当：第３章１節

秋山　勇（あきやま・いさむ）

——担当：第５章

「内なるグローバル化」による新成長戦略と商社
～世界人材・企業と拓く新生ジャパン

2017年10月20日第１版第１刷発行　　　　　検印省略

監修者——猿山純夫

著　者——日本貿易会
「内なるグローバル化と商社の役割」特別研究会

発行者——前野　隆

発行所——株式会社 文 眞 堂
〒162-0041 東京都新宿区早稲田鶴巻町533
TEL：03（3202）8480 / FAX：03（3203）2638
HP：http://www.bunshin-do.co.jp/
振替 00120-2-96437

印刷……モリモト印刷
製本……モリモト印刷
装丁……菊地雅志

©2017　ISBN978-4-8309-4964-7　C3034
定価はカバー裏に表示してあります